colección
DataPro

ITIL® 4

Entender el enfoque y adoptar las buenas prácticas

Jean-Luc Baud

2ª edición

ISBN: 978-2-409-04794-7
Edición original: 978-2-409-04586-8

Ediciones ENI

P° Ferrocarriles Catalanes, 97-117, 2a pl. of. 18
08940 - Cornellà de Llobregat (Barcelona)

Tel: 934 246 401
Fax: 934 231 576

e-mail: info@ediciones-eni.com
http://www.ediciones-eni.com

Autor: Jean-Luc BAUD
Edición española: Angel Mª SÁNCHEZ CONEJO
Colección **DataPro** dirigida por Émilie VILLETORTE

Prólogo

ITIL 4 es la versión actual del enfoque ITIL. Más de cinco años después de que se publicara la versión principal de ITIL V3 en 2011, la OGC (*Office of Government Commerce*, una rama del Ministerio de Comercio del Reino Unido, propietaria de ITIL y responsable del enfoque ITIL desde el principio) creó una empresa llamada AXELOS, para desarrollar y dar vida, es decir, gestionar y explotar, las mejores prácticas de gestión de servicios. En 2016, AXELOS comenzó a trabajar en el enfoque ITIL 4. Reuniendo a una decena de expertos para redactar los distintos libros, estos son revisados y modificados por una comunidad de consultores voluntarios de todo el mundo. Este trabajo ha dado lugar a una nueva versión que describe el enfoque ITIL, denominada ITIL 4.

ITIL 4 Fundamentals se publica en marzo de 2019, los demás libros de ITIL 4 en 2020. ITIL 4 no se considera la versión 4 del enfoque ITIL. El 4 significa adhesión a la cuarta generación industrial. ITIL 4 adopta los principales estándares del mundo de la informática y la tecnología y los integra en las mejores prácticas, como las metodologías ágiles de gestión de proyectos, Lean, el Cloud, etc.

ITIL 4 proporcionará a las organizaciones la orientación que necesitan para afrontar los nuevos retos de la gestión de servicios. El enfoque de ITIL 4 se basa en gran medida en el concepto general de agilidad en la prestación de servicios, no solo en la agilidad en el desarrollo de software y la gestión de proyectos.

ITIL 4 aprovechó la oportunidad para desempolvar la versión ITIL V3, eliminando la noción de ciclo de vida con sus veintiséis procesos e implementar la agilidad en la gestión de servicios.

Por otra parte, en aras de un mayor pragmatismo y apertura a las nuevas tecnologías, ITIL 4 define una serie de principios rectores (marcos de trabajo), uno de los cuales trata de la forma en que se abordan todas las actividades de mejora de los sistemas de información mediante iteraciones sucesivas, con retroalimentación. Para cada actividad, se define un objetivo a corto plazo, se planifica, se lleva a cabo, se comprueba, se ajusta y se vuelve a iniciar una nueva actividad, basada en la retroalimentación. Esto es muy similar a los sprints definidos en las metodologías ágiles. Ya no se trata de alcanzar el objetivo final de golpe, sino de definir objetivos alcanzables a corto plazo y avanzar iterativamente por una trayectoria hacia el objetivo final.

Otro principio rector del enfoque ITIL 4 es el enfoque centrado en el valor entregado a las partes interesadas. Esto significa que cada organización (individuo o equipo) debe conocer el valor aportado por cada actividad que lleva a cabo, tanto si se trata de valor percibido directamente como de valor indirecto, y quiénes son las partes interesadas que se beneficiarán de ello. La consigna es "eficacia y eficiencia", lo que significa aportar valor a las partes interesadas lo antes posible, pero con un nivel suficiente de calidad de servicio.

ITIL 4 complementará o incluso sustituirá, los procesos con 34 prácticas. Estas prácticas definen las tareas que se deben realizar, pero no se impone ninguna secuencialidad en la forma de llevarlas a cabo. Como resultado, se pueden optimizar varias tareas. Las prácticas también incorporan todos los aspectos de recursos humanos (perfiles, roles, habilidades, etc.) que no estaban presentes en la versión anterior, ITIL V3. Tareas, recursos y habilidades se agrupan e identifican en las prácticas. Esto también está en línea con la filosofía de las metodologías ágiles.

Por lo tanto, este libro permitirá a los lectores comprender por qué era necesario desempolvar ITIL V3 y cómo ITIL 4 ofrece las respuestas para implementar la gestión de servicios en un contexto ágil.

El capítulo titulado Recordatorio de los grandes principios de ITIL V3 ofrece una visión general del enfoque de ITIL V3.

Prólogo

A partir del capítulo Los grandes principios de ITIL 4, este libro se dedica exclusivamente al enfoque de ITIL 4 y sus fundamentos.

La nueva edición de este libro se ha enriquecido con un capítulo sobre el posicionamiento de todas las prácticas en las actividades de la cadena de valor. El capítulo sobre las relaciones específicas entre prácticas se ha completado con los comentarios de los últimos años.

Contenido ____ 1

Prólogo

Capítulo 1
La gestión de los servicios ITIL y las normas

Capítulo 2
Recordatorio de los grandes principios de ITIL V3

Capítulo 3
Los grandes principios ITIL 4

Capítulo 4
Las cuatro dimensiones de la gestión de servicios

Capítulo 5
Un sistema global

Capítulo 6
Los principios directores de ITIL 4

Capítulo 7
La mejora continua

Capítulo 8
La dirección de la gestión de servicios

Capítulo 9
Actividades de la cadena de valor de los servicios

Capítulo 10
Las prácticas

Capítulo 11
Las prácticas generales

Capítulo 12
Las prácticas de gestión de servicios

Capítulo 13
Las prácticas de gestión tecnológica

Capítulo 14
Posicionamiento de las práticas

Capítulo 15
Implementación del enfoque ITIL

Capítulo 16
Las relaciones privilegiadas entre las prácticas

Capítulo 17
La migración de ITIL V2 a ITIL 4

Capítulo 18
La migración de ITIL V3 a ITIL 4

Capítulo 19
Las prácticas esenciales de ITIL 4

Capítulo 20
El programa de formación de ITIL 4

Capítulo 21
Conclusión

Glosario del enfoque ITIL 4

Capítulo 1
La gestión de los servicios ITIL y las normas

1. Introducción

Empecemos por explicar qué significan las siglas ITIL.

Information Technology Infrastructure Library, en castellano es "colección de libros sobre tecnologías de la información".

ITIL se basa en las buenas prácticas, la experiencia y el pragmatismo, lo que permitirá a los equipos informáticos trabajar con mayor eficacia.

El objetivo de este primer capítulo es recordar las buenas prácticas de ITIL. Examinaremos la gestión de servicios, su importancia, la necesidad de que un departamento de informática lo aplique, los aspectos fundamentales del enfoque y los actores implicados.

Para facilitar la comprensión entre todos los implicados en el enfoque, las buenas prácticas ITIL definen un cierto número de términos: en este primer capítulo, veremos los principales términos utilizados por el enfoque, en las distintas versiones V1, V2, V3 y 4. Este vocabulario se irá ampliando a lo largo del libro, en particular con los nuevos términos definidos por ITIL 4.

2. Gestión de servicios

2.1 Presentación

La informática ha formado parte durante mucho tiempo de una cultura de "proyectos" y ahora están evolucionando hacia una cultura de "servicios". La cultura orientada a proyectos es la capacidad de la informática para implantar nuevas funcionalidades vinculadas a las nuevas necesidades de la empresa, la nueva legislación y los avances tecnológicos. La cultura orientada al servicio, en cambio, es la capacidad de producir el servicio requerido con el nivel de calidad exigido, controlando al mismo tiempo los costes y los riesgos.

Hay tres puntos clave en el enfoque de buenas prácticas de ITIL:

- adaptar los servicios informáticos a las necesidades de los clientes,
- mejorar la calidad de los servicios informáticos,
- controlar el coste de la prestación de servicios informáticos.

Una cultura orientada a servicios significa situar al cliente y las líneas de negocio de la empresa en el centro de la informática.

La gestión de servicios comienza con una comprensión clara del concepto de servicio.

2.2 El concepto de servicio

La noción de servicio es una forma de aportar valor a los clientes facilitándoles los resultados que desean conseguir, sin asumir toda la responsabilidad de los costes o riesgos.

En otras palabras, un servicio es una aplicación que se ejecuta en una infraestructura, con documentación asociada, formación adecuada, soporte, asistencia al usuario y, sobre todo, un compromiso de resultados. Por otra parte, un servicio es un compromiso del departamento de informática de ofrecer resultados a sus clientes y a los negocios de la empresa, asumiendo los riesgos. Un servicio permite mejorar el rendimiento de las actividades que producen resultados para la empresa, reduciendo al mismo tiempo las limitaciones y los riesgos.

Un servicio está ahí para añadir VALOR a la empresa. El valor se basa en dos conceptos: utilidad y garantía.

La utilidad

La utilidad describe las funcionalidades del servicio y, por tanto, las funcionalidades de la aplicación que soporta este servicio, es decir, lo que la aplicación debe hacer para prestar el servicio. La utilidad describe las especificaciones funcionales.

La garantía

La garantía describe el uso del servicio, es decir, cómo lo utilizarán los usuarios. Por ejemplo, el horario de apertura del servicio (horario de oficina o veinticuatro horas al día) o la disponibilidad y continuidad del servicio. La garantía describe las especificaciones no funcionales.

2.3 Gestión de servicios

La gestión de servicios es un conjunto de mecanismos especializados para ofrecer valor a los clientes en forma de servicios. Estas disposiciones adoptan la forma de procedimientos, procesos y prácticas para gestionar los servicios a lo largo de su ciclo de vida. El núcleo de la gestión de servicios es el acto de transformar recursos en servicios valiosos. Sin esta capacidad, una organización es una acumulación de recursos con escaso valor para los clientes y las partes interesadas.

El término "gestión" engloba la definición, planificación, ejecución y optimización de la prestación y el soporte de servicios informáticos.

La complejidad de la informática, su visibilidad dentro de la empresa (visibilidad de los errores de la informática), sus costes (la informática es cara, percepción o realidad), la competencia (empresas de servicios de informática, proveedores de alojamiento, subcontratistas, etc.), la cantidad que una empresa o una línea de negocio está dispuesta a pagar por una informática de alto rendimiento. Todos estos puntos son preguntas a las que la informática debe dar respuesta. Con la gestión de servicios, se podrá posicionar como un productor de valor, un valor diferenciador para la empresa.

Para ello, debe ofrecer una visión clara de lo que el departamento de informática puede aportar a las líneas de negocio de la empresa, es decir, ser capaz de identificar, formalizar y comunicar los servicios que presta a las líneas de negocio y los que será capaz de producir. El departamento de informática debe comprender las necesidades reales de la empresa, lo que implicará abrir la informática a sus clientes, las líneas de negocio de la empresa y, por tanto, estructurar su relación con los clientes. Abrir la informática a sus clientes también significa centrarse en el valor añadido empresarial, proporcionando servicios disponibles y de alta calidad. El departamento de informática estudiará cómo puede ayudar a la empresa en sus actividades cotidianas. Se guiará por la satisfacción del cliente, lo que significa que tendrá que medir esta satisfacción regularmente y tratar de mejorarla continuamente. De este modo, contribuirá a mejorar la rentabilidad global de la empresa.

Todo ello depende de la motivación de los equipos de informática. La orientación al cliente dará un mayor significado al trabajo realizado por el personal de informática y un mayor reconocimiento por parte de los clientes, lo que a su vez motivará a los equipos.

Por ello, la informática se está convirtiendo en un activo estratégico esencial para las empresas.

3. Normas

Las normas son documentos que definen requisitos, directrices o características. Las normas se aplican a productos o servicios. Algunas pueden definir procesos. Las normas informáticas que nos interesan las elabora la ISO (*International Standard Organization*, en castellano Organización Internacional de Normalización). ISO es una organización, en realidad una ONG, con sede en Ginebra y formada por 162 países. AENOR es el representante de España en ISO.

Las normas son de ámbito internacional y su finalidad es garantizar que los productos o servicios tengan un determinado nivel de calidad. En 2018, había más de 22.000 normas internacionales en todos los sectores.

Una norma la elaboran grupos de expertos de ISO y, una vez finalizada, se somete a votación de una asamblea plenaria. Una vez ratificada, se convierte en una referencia internacional.

A menudo, una norma es obligatoria y exige una certificación. ISO no es un organismo de certificación. En España, AENOR (Asociación española de normalización y certificación), se encarga de certificar a las organizaciones en el ámbito que nos ocupa en este libro, es decir, los sistemas de gestión.

El carácter obligatorio de una norma significa que todos los requisitos y directrices definidos en ella deben aplicarse íntegramente.

3.1 La norma ISO 9001

La norma ISO 9001 forma parte integrante de una serie de normas relativas a los sistemas de gestión de la calidad, sea cual sea el sector de actividad (informática u otros): son las denominadas normas ISO 9000. Describen los requisitos necesarios para la existencia de un sistema de calidad. Estos requisitos proporcionan el marco para la certificación de las empresas. Es la norma más extendida y reconocida en el mundo, con más de un millón de certificados.

La norma actual, ISO 9001, data de 2015.

La norma ISO 9001 versión 2015 recomienda un enfoque basado en procesos para el desarrollo y la implantación de un sistema de gestión de la calidad en una organización. Este enfoque se complementa con un requisito de mejora continua para garantizar una mejor adecuación a las nuevas necesidades empresariales. Para lograr un rendimiento óptimo, es esencial supervisar, medir y analizar los resultados de los procesos.

Se le pedirá que establezca un sistema que permita:

- comprender y satisfacer las necesidades de los clientes,
- considerar que los procesos deben producir resultados y beneficios,
- medir la consecución de estos resultados y beneficios mediante indicadores de rendimiento (eficacia),
- mejora continua de los procesos (mejora de la eficacia).

La norma se basa en ocho principios:

- orientación al cliente,
- liderazgo,
- participación del personal,
- el enfoque por procesos,
- gestión con enfoque sistémico,
- mejora continua,
- toma de decisiones basada en indicadores objetivos,
- relaciones mutuas entre las partes interesadas.

3.2 La norma ISO 20000

ISO 20000 es una norma internacional para la gestión de servicios de informática. Deriva de la norma BS 15000 del Instituto Británico de Normalización.

Publicada en noviembre de 2005 y promovida en España por AENOR (Asociación española de normalización y certificación), miembro de ISO (*International Organization for Standardization*), la nueva norma destaca por su compatibilidad al alza con ISO 9000 y la integración de procesos clave de ITIL.

Compuesta de dos partes: ISO 20000-1:2005, que define las normas de requisitos, e ISO 20000-2:2005, que establece las normas de recomendación, la norma se dirige tanto a los departamentos informáticos como a los proveedores de servicios (empresas de servicios informáticos, fabricantes, etc.).

La norma fue revisada en 2011 y 2012. Ahora consta de cinco partes:

- Parte 1: Esta parte de la especificación (ISO/IEC 20000-1:2011) proporciona los requisitos para la Gestión de Servicios de informática y es importante para los responsables de iniciar, implementar o mantener la Gestión de Servicios dentro de su organización. Proporciona las especificaciones para un sistema de gestión de servicios.
- Parte 2: esta parte (ISO/IEC 20000-2:2012) del código de buenas prácticas describe las buenas prácticas que se deben seguir para los procesos de gestión de servicios dentro del ámbito de la norma ISO/IEC 20000-1.
- Parte 3: ISO 20000-3 proporciona información esencial sobre la redacción del alcance de los sistemas de gestión de servicios (SGS) y sobre la implantación de un SGS que cumpla la norma ISO/IEC 20000-1.
- Parte 4: ISO 20000-4 ayuda a desarrollar un modelo de análisis de procesos basado en los principios de ISO/IEC 15504.
- Parte 5: ISO 20000-5 proporciona un plan para implantar un sistema de gestión de servicios que cumpla los requisitos de ISO/IEC 20000-1 parte 1.

ISO 20000 está alineada con otras normas de sistemas de gestión, como ISO 9001 e ISO 27001. Esto permite una implantación y un funcionamiento coherentes y sencillos cuando se requieren sistemas integrados.

En España, AENOR ayuda a las empresas a obtener la certificación ISO 20000 para sus establecimientos. Por supuesto, esta certificación se facilita si la entidad informática ya ha implantado las mejores prácticas ITIL (versión 2 o versión 3), o si la empresa está en proceso de ISO 9001 o ya tiene la certificación ISO 9001.

Implantación de la norma ISO 20000

Nos centraremos en la versión ISO 20000-2005 porque es la más utilizada en España.

La norma ISO 20000-2005 exige la aplicación de trece procesos, definidos en las buenas prácticas ITIL V2, así como el cumplimiento de una serie de requisitos. El diagrama siguiente muestra la posición de estos trece procesos.

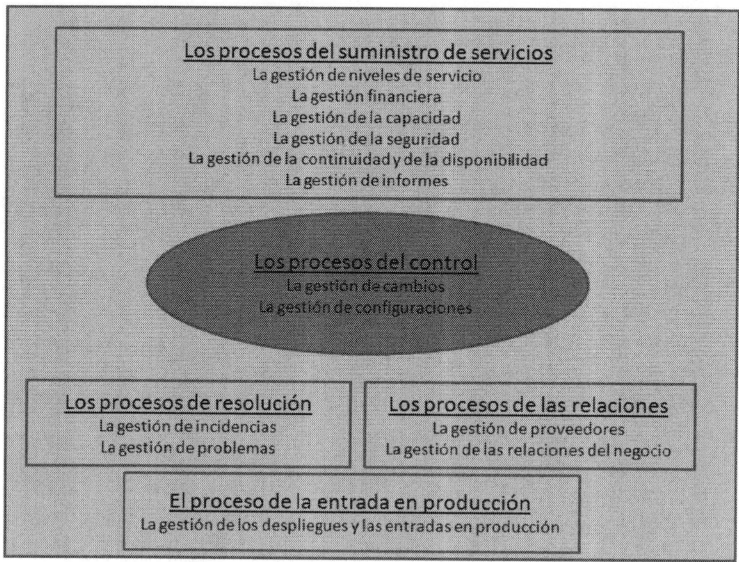

Los procesos se agrupan en cinco áreas:

- prestación de servicios:
  - gestión de niveles de servicio,
  - gestión de la continuidad informática y gestión de la disponibilidad,
  - gestión de la capacidad,
  - gestión de la seguridad,
  - gestión financiera (presupuestación y contabilidad),
  - gestión de informes de servicio.

- gestión de las relaciones:
  - gestión de proveedores,
  - gestión de las relaciones comerciales.
- resolución:
  - gestión de incidentes,
  - gestión de problemas.
- control:
  - gestión del cambio,
  - gestión de la configuración.
- entrada en producción:
  - gestión de la liberación de la producción.

Los requisitos abarcan los tres temas siguientes:

- Responsabilidad de la dirección
- Gestión de la documentación
- Cualificación y formación del personal

La certificación ISO 20000 exige un gran esfuerzo de implantación, porque además de establecer los trece procesos y requisitos, debe demostrar la pertinencia de al menos un ciclo de mejora para todo el sistema.

4. Normas (estándar)

¿Qué es una norma (o estándar)?

En inglés, no hay diferencia entre una norma y un estándar, ya que la palabra "norma" se traduce al inglés como "*standard*". Una norma suele ser un documento elaborado por una empresa o grupo de empresas, en el que se establecen los requisitos, especificaciones y directrices que se deben aplicar. Generalmente, esta empresa o grupo de empresas es dominante en su mercado.

Una norma se impone de facto en el mercado. Una norma suele tener fines comerciales que, a menudo, imponen los fabricantes.

Una norma se refiere a productos o servicios. Garantiza un determinado nivel de uso de estos productos o servicios.

Un ejemplo de norma o estándar en informática es el smartphone. El iPhone de Apple se ha convertido en un estándar por su aspecto, navegación, uso e interfaz de usuario. Otro ejemplo algo más antiguo es la conexión de red fija Ethernet, que fue uno de los primeros estándares informáticos, creado por Xerox, Intel y DEC.

5. Sistemas de referencia

¿Qué es un sistema de referencia?

Los puntos de referencia son marcos de trabajo que formulan recomendaciones para acceder a las mejores características de un producto o a las mejores prácticas de una profesión. Los marcos de trabajo suelen ser una selección estructurada de normas (o extractos de normas), experiencias sobre el terreno (buenas prácticas) y trabajos teóricos. Suelen ser públicos. Las normas se refieren a productos, servicios y organizaciones.

La ventaja de un punto de referencia es que proporciona un marco de trabajo y herramientas para medir la posición del producto, servicio u organización dentro de ese marco de trabajo. Además, se pueden comparar con otros productos, servicios u organizaciones. Es lo que los ingleses llaman *benchmarking*). La comparación, y por tanto la medición, se basa en el rendimiento, el cumplimiento, la eficacia o la eficiencia.

Un punto de referencia es también una garantía de neutralidad e independencia. Le permitirá tomar distancia y tener cierta legitimidad para explicar situaciones, disfunciones o éxitos.

A continuación, se describen los repositorios informáticos más utilizados.

5.1 Six Sigma

Cuando se habla de calidad y mejora de procesos, hay que mencionar una norma: el método Six Sigma. Este método fue definido por Motorola a finales de los años 80 y se aplicó rápidamente a todos sus proyectos. Six Sigma se basa en el concepto de la rueda de Deming (véase el capítulo La mejora continua) y su objetivo es mejorar la eficacia y el rendimiento de los procesos.

El método se basa en cinco etapas, identificadas en el acrónimo DMAIC (*Define*, *Measure*, *Analyze*, *Improve*, *Control* en inglés):

- Definir: procesos, utilizando un diagrama de flujo de tipo SIPOC (*Proveedor*, *Entrada*, *Proceso*, *Salida*, *Cliente*).
- Medir: herramientas de medición y análisis.
- Analizar: el valor añadido por los procesos.
- Mejorar: planificación de la acción.
- Control: planificación experimental.

5.2 El enfoque COBIT

COBIT (*Control Objectives for Information and Related Technologies*) es un enfoque para auditar y evaluar los servicios informáticos de una empresa, con el fin de valorar su rendimiento y solidez en términos de seguridad y conformidad. Proporciona un marco de trabajo completo para controlar todas las operaciones relacionadas con la información. Ayuda a los directivos a comprender y gestionar los riesgos relacionados con la informática.

COBIT es un modelo basado en un enfoque por procesos, que complementará el enfoque ITIL V3.

Este enfoque viene siendo promovido desde los años 1990 por una asociación estadounidense, ISACA. COBIT se utiliza ampliamente como herramienta de cumplimiento, en particular en SOX (Sarbanes Oxley) y muchas otras normas. La versión 4 llegó a España en 2007.

Formalización de COBIT

COBIT es un enfoque basado en procesos, 34 en total, agrupados en cuatro grandes áreas:

- Planificación y organización (diez procesos).
- Adquisición y aplicación (siete procesos).
- Prestación de servicios (trece procesos).
- Seguimiento y evaluación (cuatro procesos).

Para medir la madurez de los procesos, el modelo COBIT se basa en una evaluación de la madurez de seis niveles:

- Inexistente.
- Inicializado, pero caso por caso.
- Reproducible pero intuitivo.
- Procesos definidos.
- Gestionado y controlado.
- Optimizado.

En conclusión, COBIT es un marco de trabajo de referencia para la gestión de la gestión de la informática. Cada vez lo utilizan más empresas y organismos oficiales.

5.3 El modelo CMMI

El modelo CMMI (*Capability Maturity Model Integration*) se utiliza como referencia para evaluar el nivel de madurez de las actividades de ingeniería informática y, en particular, de las actividades de desarrollo de aplicaciones. CMMI fue creado por el Instituto de Ingeniería de Software de la Universidad Carnegie Mellon de Estados Unidos en los años 80 para comprender y medir la calidad del suministro de informática al Departamento de defensa estadounidense.

Este modelo de referencia evolucionó en la década de 1990 para dar soporte a todas las mejores prácticas de ingeniería de software. En la década de 2000, CMMI se abrió a todos los sectores del mercado y abarcó todas las cuestiones de ingeniería informática, como la gestión de recursos humanos y la consideración de los componentes de hardware. El modelo CMMI evolucionó en 2006 con la versión 1.2, que definió una escala de medición de la madurez de cinco niveles y los indicadores necesarios para evaluar las actividades requeridas para alcanzar estos niveles.

Su principio rector es que la calidad de un producto viene determinada en gran medida por la calidad del proceso utilizado para diseñarlo y mantenerlo.

Complementa las buenas prácticas de ITIL y estos dos enfoques se suelen aplicar juntos en muchas grandes cuentas.

Nivel de madurez según CMMI

La madurez es el grado en que una organización ha implantado de forma explícita y coherente procesos documentados, gestionados, medidos, controlados y mejorados continuamente.

Un nivel de madurez corresponde a la consecución de un nivel uniforme para un grupo de procesos. Se denomina nivel de "capacidad" (*capability level* en inglés, de ahí la C de CMMI): la capacidad de conocer, la capacidad de actuar. El nivel de capacidad es la medida de la consecución del objetivo para un proceso.

Descripción del modelo

El modelo CMMI (versión 1.2) identifica cinco niveles de madurez y veintidós áreas de proceso.

– Nivel de madurez 1: Inicial

No hay procesos establecidos o existen como documento pero no se aplican. No hay seguimiento ni evaluación de la eficacia o el rendimiento. Cada proyecto está dirigido por una persona: su gestión se deja a su propia iniciativa.

– Nivel de madurez 2: Reproducible

Para cada proyecto existen documentos de proyecto (calendario de desarrollo, plan de aseguramiento de la calidad, especificación de pruebas, documento de arquitectura, etc.). El jefe de proyecto es responsable de su proyecto: se encarga de actualizar los documentos del proyecto a lo largo de toda la vida del mismo. Aprovechan la experiencia de un proyecto a otro.

– Nivel de madurez 3: Estándar

Se han normalizado las prácticas y los documentos. Existe un repositorio para cada documento y se ha definido un sistema de calidad que define una estrategia de calidad. Existe un plan de mejora para cada proceso.

– Nivel de madurez 4: Dominado

Los proyectos se gestionan sobre la base de objetivos cuantitativos que abordan la calidad. Se tienen en cuenta los requisitos del cliente en términos de calidad.

– Nivel de madurez 5: Optimizado

Los procesos, gestionados sobre la base de objetivos cuantitativos de calidad (nivel de madurez 4), se mejoran constantemente para optimizar los recursos y los medios, y responder a las necesidades futuras (cambios solicitados por los clientes, nuevas tecnologías, evolución del mercado, etc.).

5.4 El método ágil

5.4.1 Agilidad

El método ágil es un enfoque de la gestión de proyectos contrario a los métodos tradicionales de gestión secuencial de proyectos, como el "ciclo en V" o en cascada (*waterfalls* en inglés). El método ágil da visibilidad al cliente haciéndole partícipe desde el principio hasta el final del proyecto, mediante la aplicación de un proceso iterativo e incremental. Se basa en el principio de que las necesidades expresadas por el cliente no son fijas y que cualquier cambio que se pueda producir, se debe poder integrar a lo largo del proyecto.

El método ágil se basa en el principio de que detallar las especificaciones de todo un producto y planificar completamente todos los desarrollos previos es contraproducente, porque es inevitable que surjan imprevistos que alteren las funcionalidades y la planificación.

Empezamos con un objetivo inicial, con las funcionalidades mínimas, realizables a corto plazo, visibles para el cliente y posteriormente, mediante iteraciones, se van enriqueciendo las funcionalidades hasta alcanzar el objetivo final. En cada iteración, especificamos, desarrollamos, probamos, integramos y validamos con el cliente. Se trata de un enfoque empírico que nos permite ofrecer una solución optimizando los plazos para responder a la noción de "Quick to market" y "Time to market": más rápido en producción y a tiempo en producción.

Como resultado, el método ágil proporciona una gran flexibilidad y evita el efecto túnel de la gestión de proyectos de ciclo V.

El método ágil es bastante antiguo. La primera aplicación documentada data de 1993, el método Scrum. Se retomó en el "Manifiesto ágil" de 2001, que lo dio a conocer.

Los principios fundamentales del método ágil son los siguientes:

- Satisfacción del cliente mediante la entrega rápida y periódica de versiones utilizables con funciones de gran valor.
- Tener en cuenta las nuevas necesidades expresadas por el cliente o, al menos, escuchar positivamente estas nuevas necesidades.
- El cliente y los usuarios colaboran a diario con los desarrolladores durante todo el proyecto, lo que motiva a todos y mejora la transmisión de información.
- La eficacia del equipo se mide periódicamente, lo que puede dar lugar a cambios en los métodos de trabajo.

5.4.2 El método Scrum

Un proyecto que utiliza el método Scrum está puntuado por "sprints" o iteraciones. Un sprint se inicia con una reunión de planificación en la que se definen los elementos prioritarios (funcionales y/o no funcionales) que se deben añadir a la versión anterior en un plazo razonable. Las "melés" diarias (reuniones cortas de no más de quince minutos) permiten a todos los implicados hacer balance de la situación: qué elementos se han completado durante el día, qué elementos se deben completar antes de la siguiente melé, cuáles son los puntos conflictivos o los retrasos. Al final del sprint, una "revisión del sprint" presenta las funcionalidades logradas durante esta etapa y una "retrospectiva del sprint", examina las áreas susceptibles de mejora (productividad, calidad, condiciones de trabajo, etc.).

5.4.3 Los aspectos fundamentales de DevOps

Los aspectos fundamentales de DevOps surgieron en 2007 para acercar el mundo del desarrollo al de las operaciones, de ahí el acrónimo DevOps (las tres primeras letras de la palabra *development* en inglés y las tres primeras letras de la palabra *operation* en inglés). El objetivo es aplicar el método ágil a todas las aplicaciones informáticas y a todos los equipos, desde desarrollo hasta producción.

Los aspetos fundamentales de DevOps son los siguientes:

- Desarrollo regular de aplicaciones.
- Pruebas en una fase muy temprana de la cadena de suministro de aplicaciones y, especialmente, en entornos similares a los utilizados en producción.
- Integración continua.
- Las iteraciones de mejora más cortas posibles, basadas en los comentarios de los usuarios.
- Control de calidad de la producción con indicadores adecuados.

Los aspectos fundamentales de DevOps se tendrán muy en cuenta en el enfoque de ITIL 4, como veremos en el capítulo sobre los aspectos fundamentales de ITIL 4 en este libro.

5.5 El modelo PRINCE 2

PRINCE 2 es un método de gestión de proyectos. Es propiedad de la OGC (*Office of Government Commerce*, Ministerio de comercio británico) desde 1989 y se ha utilizado en proyectos informáticos de la administración británica desde entonces. En 1996, la última versión de PRINCE 2 se amplió y flexibilizó para que pudiera utilizarse en la gestión de proyectos de informática en todos los entornos y a cualquier escala. Este método es ahora de dominio público.

El método se basa en una serie de principios básicos, como:

- un proyecto es un proceso con un principio y, sobre todo, un final, claramente definidos,
- siempre hay que dominar los proyectos para que tengan éxito,
- el método tiene en cuenta los cambios del entorno, porque influyen en el éxito del proyecto.

La gestión de proyectos se divide en cuatro fases:

- Inicio
- Inicialización
- Ejecución
- Valla

Estas fases comprenden ocho etapas, también conocidas como procesos:

- Desarrollar un proyecto
- Iniciar un proyecto
- Gestionar un proyecto
- Controlar una secuencia
- Gestionar la entrega de productos
- Gestionar los límites de secuencia
- Cerrar un proyecto
- Plan

5.6 El modelo eSCM

El enfoque eSCM (*enabled Sourcing Capability* Management) es un modelo global de gestión de todas las etapas de las actividades de aprovisionamiento y de la relación cliente-proveedor. eSCM ha sido desarrollado por la Universidad Carnegie Mellon (con sede en Pittsburgh), en colaboración con grandes cuentas y subcontratistas durante los últimos diez años en Estados Unidos. En aquel momento, Kodak e IBM figuraban entre las empresas que participaban activamente en el desarrollo de este enfoque. En 2009 se creó ITSqc, una empresa derivada de la Universidad Carnegie Mellon, para promover modelos de contratación de eSCM para clientes y proveedores.

Este enfoque crea dos modelos de idoneidad y métodos de medición y evaluación cuya misión es mejorar las relaciones entre un cliente y un proveedor. Un modelo trata del lado del cliente, el otro del lado del proveedor. Los dos modelos son, por supuesto, complementarios.

Estructura del modelo eSCM

Cada modelo comprende una serie de prácticas. Una práctica contiene las actividades que el cliente o el proveedor deben implementar para gestionar el aprovisionamiento, desde sus respectivos puntos de vista. Cada práctica se sitúa en dos niveles: el ciclo de vida del aprovisionamiento y el dominio de aptitud.

El ciclo de vida de la contratación se puede dividir en cuatro fases:

- El análisis.
- El inicio.
- El suministro.
- La reversibilidad.

El campo de la aptitud se divide en nueve áreas:

- Gestión de la estrategia.
- Gestión del management.
- Gestión de las relaciones.

- Gestión del valor.
- Gestión del cambio operativo.
- Gestión de los recursos humanos.
- Gestión del conocimiento.
- Gestión de la tecnología.
- Gestión de las amenazas.

Por tanto, una práctica pertenece a uno o varios componentes del ciclo de vida de la contratación y a un área de especialización.

El modelo se completa en una tercera dimensión mediante niveles de aptitud. Se definen cinco niveles:

- Nivel 1: realizar el sourcing
- Nivel 2: gestionar el sourcing con satisfacción
- Nivel 3: gestión del rendimiento organizativo del sourcing
- Nivel 4: aumentar el valor de forma proactiva
- Nivel 5: mantener la excelencia

5.6.1 El modelo eSCM-CL para clientes

Este modelo (*eSourcing Capability Model - Client*) es un modelo de capacidad de aprovisionamiento para gestionar la relación con un proveedor desde el punto de vista del cliente. El modelo pretende:

- apoyar a los clientes para ayudarles a mejorar sus capacidades a lo largo del ciclo de vida del sourcing,
- proporcionar a los clientes un medio objetivo de evaluar la idoneidad del proveedor.

La versión actual, eSCM-SP V1.1, se publicó en 2006. Incluye 95 prácticas.

5.6.2 El modelo eSCM-SP para proveedores

Este modelo (*eSourcing Capability Model - Service Provider*) es un modelo de capacidad de sourcing que permite a las organizaciones proveedoras gestionar la relación con un cliente y minimizar los riesgos asociados. El modelo pretende:

- apoyar a los proveedores para ayudarles a mejorar sus competencias,
- evaluar la idoneidad del proveedor mediante un método objetivo,
- proponer un marco de trabajo de referencia con el cliente.

La versión actual, eSCM-SP V2.02, se publicó en 2004. Incluye 84 prácticas.

Este enfoque complementa el de ITIL V3.

5.7 Lean Management

Lean es un método que surgió a finales de los años 80 a partir de los estudios realizados en el MIT, la famosa universidad estadounidense. Este método se basa en un punto fundamental: la lucha contra el despilfarro. El objetivo es mejorar la productividad, el rendimiento y la calidad y eliminar el despilfarro mediante la mejora continua.

Este método se aplica a todos los sectores de la economía y, por supuesto, se puede aplicar a la informática. Los japoneses han utilizado ampliamente este método, sobre todo en el fabricante de automóviles Toyota.

Hay muchos libros sobre este tema, así que no voy a entrar en todos ellos. Sólo voy a hacer una breve introducción al Lean Management, ya que esta forma de organizar el trabajo se recoge en parte en el enfoque ITIL 4.

La gestión ajustada tiene tres objetivos:

- Eliminar todo lo que no aporte valor añadido y, por tanto, el despilfarro, las funciones innecesarias, los errores, los desplazamientos innecesarios, etc.
- Eliminar la sobrecarga de trabajo provocada por procesos o procedimientos inadecuados.
- Evitar la irregularidad, para un trabajo más rutinario y, por tanto, más productivo.

El Lean Management se basa en la mejora continua y en el método de la rueda de Deming (véase el capítulo sobre ITIL 4, La mejora continua en este libro).

6. Buenas prácticas

Por buenas prácticas se entiende un conjunto de recomendaciones del mundo profesional que han alcanzado un consenso en un ámbito determinado. Las buenas prácticas proceden del mundo empresarial y no, como suele ocurrir con las normas y los puntos de referencia, de una empresa dominante. Las buenas prácticas deben haber demostrado ser beneficiosas para las empresas en diferentes contextos (por ejemplo, PYME y grandes empresas, sector bancario y sector industrial, etc.). Los beneficios de las buenas prácticas suelen residir en la mejora de la calidad (a través del rendimiento y la eficiencia).

Las mejores prácticas se suelen recopilar en una guía de buenas prácticas. En su mayor parte, estas guías son responsabilidad de asociaciones o clubes de usuarios, que recopilan, seleccionan, federan y validan las mejores prácticas. Es necesario promover estas guías para que se puedan difundir y aplicar.

El enfoque ITIL se basa en las mejores prácticas.

Las buenas prácticas deben ser escritas por un superior jerárquico para los superiores jerárquicos.

7. Buenas prácticas ITIL

El enfoque ITIL es una selección de buenas prácticas altamente operativas en la gestión de servicios de informática. Han sido elaboradas por la OGC (*Office of Government Commerce*, Ministerio de comercio británico), propietaria de la propiedad intelectual. Se trata de un marco de trabajo y unas recomendaciones, no de un estándar y mucho menos de una norma. El enfoque ITIL se basa en la experiencia, es un enfoque pragmático de la informática, es lo que se conoce como un conjunto de buenas prácticas en informática y, más concretamente, en la prestación de servicios de informática.

El enfoque de mejores prácticas de ITIL es abierto, no está patentado y es público. Sin embargo, se apoya en herramientas y software que pueden ser patentados.

7.1 Historia del enfoque ITIL

Algunos datos que le ayudarán a comprender el enfoque ITIL:

- 1988: CCTA (*Central Computer Telecommunication Agency*), la agencia gubernamental británica responsable de mejorar la eficiencia y la calidad de los servicios centrales de informática para los departamentos gubernamentales, creó las primeras bases de ITIL para la administración británica.
- 1990 a 1997: los primeros grupos de trabajo, en torno al itSMF (*Information technology Service Management Forum*, la asociación de usuarios de gestión de servicios y mejores prácticas de ITIL) reunieron a profesionales del sector privado, entre ellos fabricantes de informática, proveedores de equipos de telecomunicaciones, grandes bancos y compañías de seguros y los grandes nombres de las industrias del automóvil, la aviónica y la energía.
- Una rápida expansión en el Reino Unido tras la *Market testing* impuestas por la Sra. Thatcher a las administraciones públicas y las empresas.
- El enfoque ITIL se convirtió en la norma de facto en los Países Bajos y luego en los países nórdicos.
- A finales de los 90, el itSMF aumentó el número de sus implantaciones en todo el mundo: Europa, Canadá, Japón, Australia...
- 2001: Se publica la versión V2 de ITIL.

- 2003: la creación de itSMF España concretó el interés de las organizaciones públicas y privadas españolas por adoptar el enfoque ITIL en España.
- Junio de 2007: se publica la versión V3 de ITIL.
- 2011: se modifica la versión V3 de ITIL (correcciones y evoluciones menores): se denomina ITIL V3-2011.
- En la actualidad, la itSMF está presente en casi ochenta países de todo el mundo. Desde 2014, itSMF España ha cesado sus actividades y otras asociaciones se han hecho cargo de los trabajos sobre gestión de servicios.
- 2019: publicación del primer libro de fundamentos de ITIL 4. AXELOS ha organizado el trabajo de una docena de expertos en torno a una revisión de las mejores prácticas en la gestión de servicios. El trabajo ha sido revisado y enmendado por una comunidad de consultores ITIL de todo el mundo, que se han ofrecido voluntarios para esta actividad.
- 2020: publicación de toda la documentación de ITIL 4 (*ITIL 4 digital and ITIL strategy*, etc.).

7.2 Partes interesadas

Las partes interesadas en el enfoque ITIL se estructuran de la siguiente manera:

- El propietario de los libros oficiales: el OGC (*Office of Government Commerce*) es el propietario de los derechos de las versiones V1, V2 y V3 y actúa como editor de las publicaciones oficiales.
- La fuerza motriz de las versiones V1, V2 y V3: el itSMF (*Information technology Service Management Forum*), una asociación de usuarios de gestión de servicios, reúne a expertos en gestión de servicios. El itSMF selecciona, recopila y estructura las mejores prácticas. El itSMF también promueve la gestión de servicios y las mejores prácticas de ITIL en su territorio.

- Para la revisión de ITIL 4, AXELOS es el contratista principal, que reúne a una decena de expertos para redactar los distintos libros, con el apoyo de una comunidad de consultores voluntarios para la corrección. AXELOS es una empresa creada por iniciativa del OGC, para gestionar y explotar las mejores prácticas en poder del OGC.
- Organismo de certificación: EXIN, y APMG en España, son los organismos autorizados para expedir certificaciones. Definen el programa de los cursos de formación para la certificación, en el marco de las recomendaciones AXELOS para ITIL 4. También garantizan el contenido de cada tipo de curso de formación para la certificación. Por último, validan a los formadores y organismos de formación que desean impartir cursos de formación ITIL.
- Organismos de formación e instructores que imparten formación en ITIL: están acreditados por EXIN o APMG en España.
- Expertos y consultores en gestión de servicios: la mayoría de ellos cuentan con la certificación ITIL (véase el capítulo sobre Implementación del enfoque ITIL).

7.3 ITIL versión 2

Aunque esta versión de ITIL se publicó en 2001 y, a pesar de que la versión V3 es la referencia desde 2007 y de que ITIL 4 está llegando al mercado, sigue mereciendo la pena presentarla porque todavía está muy bien implantada en España. Muchas empresas no han dado el paso de introducir las nuevas buenas prácticas de la versión 3 (por razones de estabilización del sistema existente, falta de presupuesto y quizás también simplicidad) y, por supuesto, ITIL 4 aún no se ha implantado.

La versión 2 consta de una decena de libros oficiales (cada uno con una cubierta de color diferente), de los cuales los dos más importantes (y los más populares en España) son:

- el libro rojo: prestación de servicios (en inglés *service delivery*),
- el libro azul: asistencia en materia de servicios (en inglés *service support*)

En esta versión 2, otro libro interesante para implantar ITIL es el libro amarillo sobre gestión de infraestructuras (*en inglés ICT management*).

La prestación de servicios incluye los cinco procesos tácticos de diseño y prestación de servicios:

- Gestión de los niveles de servicio.
- Gestión financiera.
- Gestión de la capacidad.
- Gestión de la disponibilidad.
- Gestión de la continuidad de los servicios informáticos.

El proceso de gestión de la seguridad informática se suele añadir a la prestación de servicios, aunque se describe en un libro específico.

El soporte en materia de servicios abarca cinco procesos operativos y una función, relacionados con la puesta en marcha de la producción, el mantenimiento y la asistencia técnica y comercial:

- Gestión de incidentes.
- Gestión de problemas.
- Gestión del cambio.
- Gestión de versiones de producción.
- Gestión de la configuración.
- Y la función de Centro de servicios o *Service Desk*.

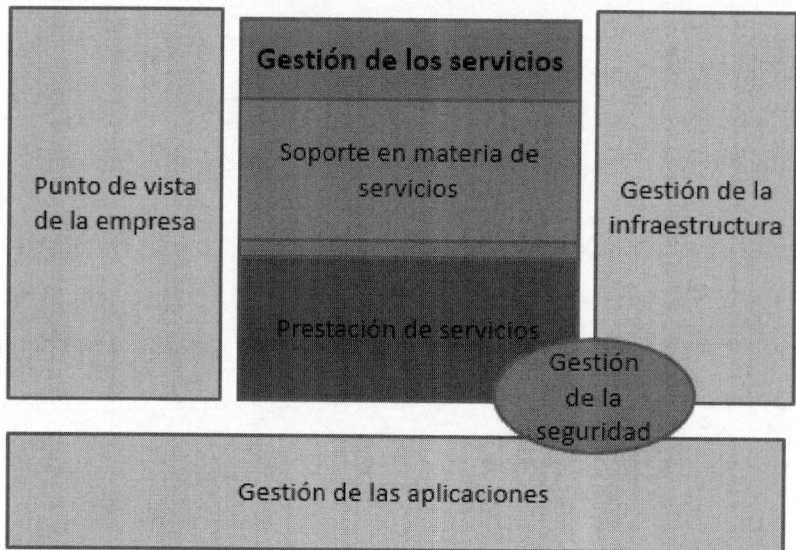

7.4 El enfoque ITIL V3

7.4.1 Aspectos generales

Esta versión supone un gran avance con respecto a ITIL V2. Se publicó en 2007. Se han mantenido la mayoría de los conceptos básicos, pero se ha cambiado la estructura general. Las siguientes secciones y el capítulo Recordatorio de los grandes principios de ITIL V3 explicarán esta nueva estructura, que se basa en el ciclo de vida de los servicios. El siguiente diagrama ofrece una visión general de este ciclo:

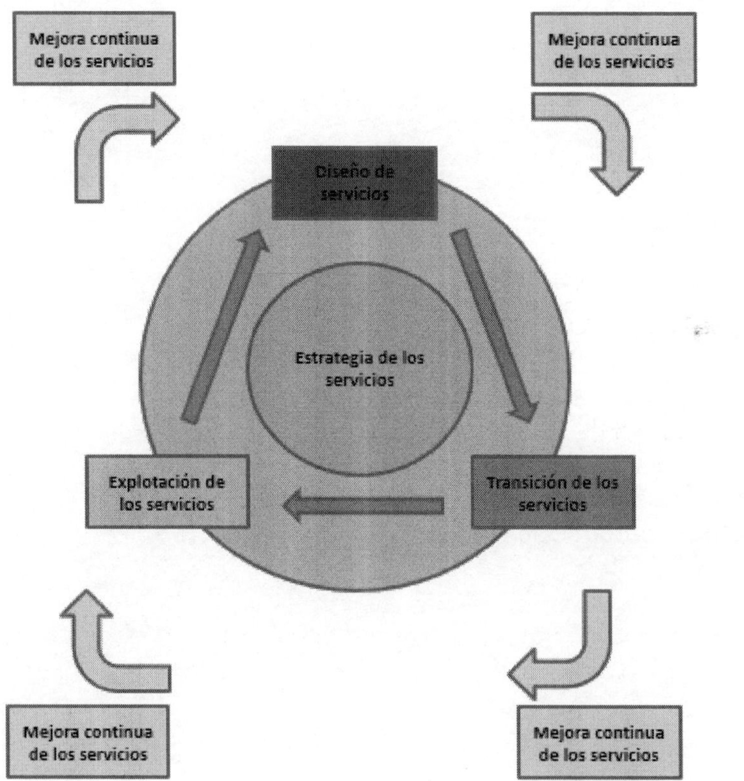

El enfoque ITIL V3 consta de cinco fases:

- Estrategia de servicios.
- Diseño de servicios.
- Transición de los servicios.
- Explotación de los servicios.
- Mejora continua de los servicios.

La versión V3 fue modificada en 2011 con la introducción de pequeñas evoluciones, correcciones y ajustes. Ahora se denomina enfoque ITIL V3-2011.

7.4.2 Publicaciones ITIL V3

Las publicaciones que describen el enfoque ITIL V3 están estructuradas en tres módulos:

- Principales publicaciones.
- Otras publicaciones.
- Artículos en Internet.

Principales publicaciones

Las principales publicaciones son los libros oficiales publicados por el OGC, que describen la versión 3 de ITIL. Estos libros son cinco: Estrategia de Servicios, Diseño de Servicios, Transición de Servicios, Operaciones de Servicios y Mejora Continua de Servicios. Además, hay un manual introductorio o de visión general sobre el enfoque de ITIL V3.

Estos cinco libros describen las mejores prácticas para cada fase del ciclo de vida de los servicios. Se ofrecerá información sobre los principios fundamentales de la fase, los procesos soportados, las funciones asociadas, los factores clave del éxito en la implantación de esta fase, los riesgos inherentes, las consideraciones técnicas, las recomendaciones de implantación y las funciones de los actores clave.

Otras publicaciones

Las publicaciones complementarias son de hecho una biblioteca viva, formada por libros y artículos que evolucionan y se enriquecen a diario. Estos libros son obra de expertos, grupos de usuarios, miembros de itSMF, académicos y otros. Arrojarán luz sobre las principales publicaciones desde un ángulo diferente: por ejemplo, responderán a preguntas como el enfoque ITIL en el mundo de la banca o las telecomunicaciones o el enfoque ITIL desde el punto de vista de determinadas tecnologías (mainframe, Internet, etc.). Estas publicaciones complementarán las mejores prácticas de ITIL V3 integrando las restricciones normativas, por ejemplo, o los requisitos empresariales específicos. También existen libros que proporcionan información sobre cómo aplicar el enfoque. Este libro forma parte integrante de esas publicaciones complementarias.

Artículos en Internet

Hay varios sitios en Internet que tratan del enfoque ITIL. Algunos son buenos y otros no tanto. Juzgue usted mismo. Por otra parte, a menudo son sitios web comerciales. En este libro sólo voy a mencionar un sitio web no comercial, el de la asociación de usuarios de ITIL, itSMF, que está abierto a todo el mundo, con una sección reservada a los miembros de la asociación, que proporciona información sobre cómo garantizar las buenas prácticas. Aquí está la dirección del sitio web para todo el mundo: www.itsmfi.org

7.5 El enfoque ITIL 4

7.5.1 Introducción

Como se menciona en el prólogo, el primer libro de Los fundamentos de ITIL se publicó en marzo de 2019. ITIL 4 no se considera la versión 4 del enfoque ITIL. El 4 significa adhesión a la cuarta generación de la industria. ITIL 4 adopta los principales estándares de la tecnología y los integra en las mejores prácticas, como las ágiles, por supuesto, con Scrum o DevOps en particular, Lean, Cloud, etc. ITIL 4 proporcionará a las empresas la orientación que necesitan para afrontar los nuevos retos de la gestión de servicios.

Empezando por el capítulo sobre los principios fundamentales de ITIL 4, este libro describirá todas las buenas prácticas de ITIL 4, las novedades y los vínculos con la versión ITIL V3.

7.5.2 Publicaciones ITIL 4

En el primer trimestre de 2019, solo se publicó el libro Los fundamentos de ITIL 4. De hecho, solo está disponible la versión en inglés *Foundation ITIL 4 Edition*. En él se exponen los principios generales del enfoque, basado en los conceptos de gestión de servicios y en la versión V3 de ITIL.

Otras obras complementan este libro sobre los fundamentos de ITIL 4 y están disponibles en AXELOS desde 2020. Cubren todas las prácticas y constituyen la base de los cursos de formación de nivel 2 (Especialista y Líder).

8. Definiciones del enfoque ITIL

8.1 Introducción

Al igual que otros enfoques, las mejores prácticas de ITIL V3 se basan en un enfoque basado en procesos, que estructura la forma en que se lleva a cabo el trabajo, y en funciones, que se centran en la organización. Veinticuatro procesos componen el enfoque ITIL V3 de junio de 2007. La versión ITIL V3 2011 define tres nuevos procesos. Se han añadido cuatro funciones.

En las buenas prácticas de ITIL 4, no cuestiona la noción de procesos, sino que la amplía a la noción de prácticas (*practices* en inglés), con treinta y cuatro prácticas. Estas prácticas se rigen por directivas.

8.2 El concepto de proceso

8.2.1 Definición

Un proceso es una secuencia estructurada de acciones o actividades interrelacionadas, diseñadas para alcanzar uno o varios objetivos. Un proceso es medible. Produce resultados para un cliente y reacciona a uno o varios desencadenantes específicos.

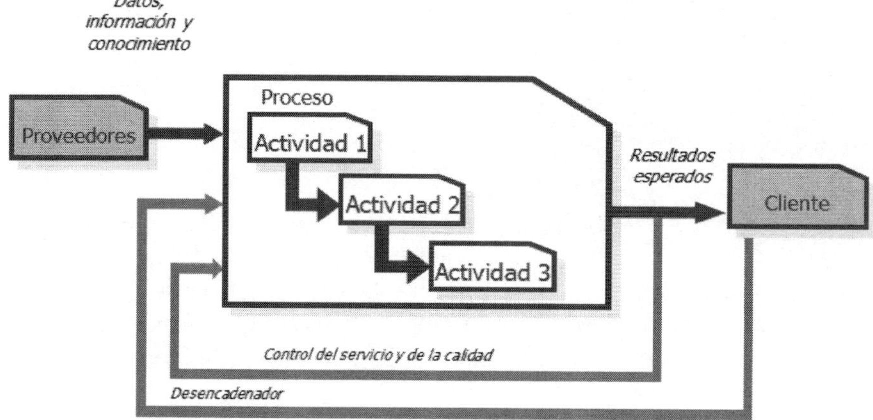

Por tanto, un proceso se ocupa de una o varias entradas definidas y las transforma en resultados (salidas). Un proceso debe incluir la definición de las funciones y responsabilidades de los actores, los requisitos de las herramientas y los controles de gestión necesarios para obtener resultados fiables. Un proceso puede definir políticas, normas, principios, actividades, procedimientos y métodos operativos si es necesario.

Una vez definido, un proceso se debe documentar, aplicar y controlar. Una vez controlado, se puede repetir y se convierte en manejable. La razón de ser de un proceso reside en que las actividades se pueden repetir, mejorando así el rendimiento.

Un proceso es medible, es decir, tiene indicadores para medir su rendimiento. En concreto, un proceso debe medir su eficacia y eficiencia. La eficacia es la consecución de un objetivo. La eficiencia se refiere a los medios que utilizará el proceso para alcanzar su objetivo y también, a la calidad del resultado obtenido.

Cada proceso debe tener un objetivo claramente identificado y comprendido por todos. Utilizará un indicador de eficacia para medir si se ha alcanzado este objetivo. Una vez alcanzado este objetivo, el proceso fijará un indicador de eficiencia para optimizar los recursos que utiliza, manteniendo al mismo tiempo el nivel de calidad exigido.

Un proceso abarca toda la organización, la empresa o incluso varias empresas: por ejemplo, el proceso de gestión de incidencias se aplica en el departamento informático y sus distintas entidades, así como en los mantenedores externos, los editores externos, los subcontratistas, las empresas de servicios informáticos, etc.

El enfoque por procesos no es un modelo organizativo. Un proceso puede implicar diferentes funciones dentro de la organización y también fuera de ella. Un proceso debe ser independiente de la organización y de los cambios organizativos.

Nota: no hay que confundir las nociones de proceso, procedimiento y modo de funcionamiento.

- Un proceso: véase la definición anterior.
- Un procedimiento detallará las tareas de una actividad de proceso, especificando en particular los actores, los roles y las interfaces (entradas, salidas) de estas tareas.
- Un modo de funcionamiento consiste en una o varias instrucciones que se aplican a la ejecución de un procedimiento en una herramienta. Un modo de funcionamiento está vinculado a una herramienta.

8.2.2 Documentos relacionados con el proceso

Hay cuatro documentos que definen el proceso y abordan su vida y desarrollo. Se trata de la definición del proceso, el diagrama de flujo, la hoja de resumen de resultados y el plan de mejora.

Definición del proceso

Se trata de un documento que define el proceso para su aplicación. Para ello, es necesario disponer de cierta información que estructure el documento:

- La misión: qué hará y qué no hará el proceso.
- El objetivo: se trata de identificar, mediante una frase, el objetivo u objetivos que se deben alcanzar. A este objetivo se asociará un indicador de rendimiento. Es importante que cada proceso tenga un objetivo diferente de los objetivos de los demás procesos ya implantados.
- El ámbito: el ámbito funcional, organizativo, estructural, temporal, técnico, etc. en el que actuará.
- Entradas y salidas: los desencadenantes del proceso en términos de datos y resultados.
- Relaciones con otros procesos: dependencias con otros procesos.
- La lista de acciones y actividades con sus entradas, salidas y relaciones: se representa mediante un diagrama de flujo.
- Las personas implicadas en el proceso: especificamos la misión y el papel de cada persona (utilizando el modelo RACI), procurando identificar a los equipos y/o individuos. Conviene identificar a las personas físicas (Sr. X, Sra. Y).
- Indicadores de rendimiento del proceso: se clasifican en indicadores de progreso, cumplimiento, eficiencia y rendimiento.
- Riesgos asociados a la aplicación y el funcionamiento del proceso.
- Revisiones de procesos y organismos: se trata de identificar todas las revisiones, sus objetivos, su frecuencia y las personas implicadas.
- Terminología: a menudo es necesario definir claramente el vocabulario utilizado en el proceso. Un glosario suele ser muy útil.

Según el entorno de la empresa, este documento se presenta en formato Word o PowerPoint. Un documento de texto (con frases) suele ser más claro y preciso que un planteamiento sintético (con palabras). Dedicar un poco de tiempo a redactar este documento de definición del proceso facilita su aplicación.

El diagrama de flujo

El diagrama de flujo es una representación resumida de las acciones y actividades de un proceso. Ofrece en una sola página la secuencia de acciones y actividades, los desencadenantes y los entregables.

Existen herramientas para construir diagramas de flujo. No es el propósito de este libro enumerarlas. No obstante, PowerPoint suele ser una buena base (sencillo, fácil, conocido por todos), pero puede plantear dificultades a la hora de actualizar los organigramas.

Hoja de resumen del rendimiento del proceso

Esta ficha de síntesis sirve para evaluar los resultados del proceso. Siempre es preferible una hoja de una sola página, que muestre los indicadores clasificados en cuatro categorías (progreso, cumplimiento, eficacia y eficiencia), estadísticas si es necesario, los puntos destacados del periodo en cuestión y una conclusión en forma de plan de acción siempre que sea posible. Se deben presentar los cambios en relación con el periodo anterior. Los datos brutos suelen tener poco interés, ya que los cambios son mucho más significativos.

Para los principales procesos ITIL, se recomienda una hoja de resumen de rendimiento por trimestre.

El plan de mejora de procesos

Este documento es responsabilidad del responsable del proceso. Se debe actualizar anualmente y presentar al responsable del servicio para su validación. Los procesos tienen vida propia, pero también vida en relación con otros procesos. Mejorar el rendimiento de un proceso sin comprometer el resto de procesos a menudo conduce a un exceso de calidad, que incluso puede ser perjudicial para la aplicación general del enfoque ITIL. Por ejemplo, ¿de qué sirve mejorar el proceso de gestión de problemas si la gestión de incidentes no puede encontrar incidentes recurrentes?

El plan de mejora de procesos incluye la siguiente información:

- La estrategia para implantar el proceso y las mejoras: explica cómo se estableció el proceso, identifica el objetivo final (por ejemplo, la certificación ISO 20000) y cómo se logrará.
- El plan de acción de mejora de procesos validado por el responsable del servicio, en el que se identifican los resultados esperados, los recursos necesarios, los riesgos potenciales y las fechas de aplicación.
- Acciones de mejora no validadas por el responsable del servicio: pueden servir de base para el próximo plan.

8.3 El concepto de procedimiento

Un procedimiento es un documento que describe la secuencia de tareas que se deben llevar a cabo dentro de una o varias actividades de un proceso. Define al menos las entradas, los entregables, las funciones y responsabilidades y las personas implicadas. De este modo, sabemos "quién hace qué".

8.4 El concepto de modo de funcionamiento

Un modo de funcionamiento es un documento que adapta un procedimiento definido a una herramienta concreta.

8.5 La noción de función

La noción de función se definió en las tres primeras versiones de ITIL. Sin embargo, ya no se aborda en ITIL 4. En un contexto de agilidad del negocio o de las entidades de informática, la noción de función se puede considerar demasiado restrictiva, ya que sitúa a los distintos actores en equipos diferentes: los desarrolladores en la gestión de aplicaciones, los técnicos operativos en la gestión de operaciones, etc. Sólo se mantiene el centro de servicios y se define en una práctica específica.

Recordemos aquí la definición de función:

La función es una unidad organizativa con recursos y medios propios, encargada de producir un resultado. Los recursos y medios son necesarios para la producción y buen funcionamiento de este resultado. Una función es, de hecho, un equipo o grupo de equipos dirigidos por un líder.

Una función, al igual que un proceso, realiza una o varias actividades relacionadas con uno o varios procesos.

Una función es responsable de las herramientas que utiliza, en cuanto a su definición, elección y aplicación. Una función sirve para estabilizar las organizaciones.

El diagrama siguiente muestra la relación entre funciones y procesos. Para simplificar, las funciones son verticales e interprocesos y los procesos son horizontales, transversales e interfuncionales.

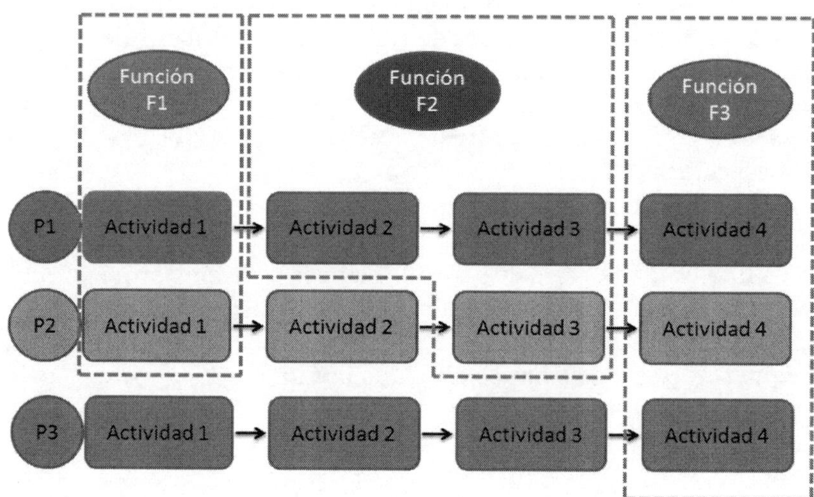

Las mejores prácticas de ITIL V3 definen cuatro funciones:

- Centro de servicio.
- Gestión de operaciones.
- Gestión técnica.
- Gestión de aplicaciones.

Evidentemente, el enfoque de ITIL V3 no proporciona un modelo organizativo para un departamento de informática. Las funciones proporcionan una aproximación a los cuatro perfiles de personas que componen el departamento de informática.

8.6 La práctica

Una práctica es un conjunto de medios y recursos estructurados para realizar una tarea que aportará valor y para alcanzar un objetivo. La noción de práctica se centra en la realización de la tarea, independientemente de la forma de llegar a ella y, sobre todo, no con una serie de acciones predefinidas. Con la noción de práctica, estamos en línea con las metodologías ágiles.

Este concepto sólo lo utiliza ITIL 4.

8.7 La noción de papel

Una función es un conjunto de responsabilidades, actividades y áreas de autoridad asignadas a un puesto. Este puesto se asignará entonces a un individuo o a un equipo de individuos. Por lo tanto, un rol se asignará a un individuo o a un equipo de individuos.

Por regla general, un rol se define dentro de un proceso o función. Sin embargo, algunos roles están directamente relacionados con los servicios prestados a los clientes. Por ejemplo, hay roles desempeñados por el cliente, por supuesto, y por sus usuarios.

Una persona o un equipo de personas pueden asumir varias funciones. Sin embargo, las buenas prácticas especifican que determinadas funciones son incompatibles entre sí. En los capítulos siguientes se darán ejemplos. Un ejemplo es la función de gestor de incidencias, que nunca debe desempeñar la misma persona que el gestor de problemas.

8.8 La matriz RACI

Las actividades de un proceso las lleva a cabo toda la organización y los equipos existentes. Por tanto, las actividades y funciones deben asignarse a los equipos existentes.

Para facilitar esta tarea, se utiliza una matriz de referencia que indica las funciones y responsabilidades en relación con las actividades. El modelo RACI es una de esas matrices.

Las siglas RACI significan *Responsible, Accountable, Consulted, Informed,* en español Responsable, Aprobado, Consultado, Informado).

A continuación, se explican estos términos. Para simplificar la lectura, se explicará primero la A. Cuidado con las traducciones incorrectas de la R.

Accountable - Aprueba: la persona que es responsable del progreso de la acción. El A, como su nombre indica, es la persona responsable del progreso de la acción. El A asume la responsabilidad de la acción. Siempre hay una A para cada acción.

Responsible - Realiza: la persona o personas que llevan a cabo la acción. Hay al menos una R para cada acción. Si esta persona o personas no cumplen sus objetivos, es la persona A quien asume este incumplimiento. En algunos casos, la persona A también puede desempeñar el papel de R. Esto no es recomendable, porque entonces esta persona es juez y parte, pero la realidad demuestra que a menudo es así.

Consulted - Consultado: la persona o personas consultadas para obtener asesoramiento. Este asesoramiento se debe proporcionar y la persona que lo ha solicitado debe tenerlo en cuenta. La consulta, en el sentido del enfoque ITIL, significa tener en cuenta el asesoramiento. Hay un intercambio de información.

Informed: la persona o personas que son I, son las que deben ser informadas. Esto significa que deben estar al corriente de la acción o de su progreso. Esto es todo lo que pedimos, ninguna otra iniciativa u opinión, por supuesto. Sólo hay una manera de que fluya la información.

9. Los actores del enfoque ITIL

En las mejores prácticas ITIL, se han definido ciertos roles clave. Se trata de los roles de cliente, usuario, patrocinador, parte interesada, propietario del servicio, propietario del proceso, gestor del proceso, gestor de la gestión del servicio y gestor de la mejora continua.

Algunos de estos roles están presentes en ITIL V2 o ITIL V3 y otros sólo en ITIL 4, como el patrocinador.

9.1 El usuario

El usuario es la persona que utiliza el servicio a diario. Está representado por el cliente: le transmite sus necesidades. El usuario utiliza el servicio, pero no paga por él. Su relación con informática es únicamente a través del centro de servicios.

9.2 El cliente

El cliente es la persona o entidad que da la orden, el propietario del proyecto. El cliente expresará las necesidades de la empresa, negociará con la informática la solución que soportará el servicio, la validará (aceptación de la solución con un informe de aceptación) y pagará por esta solución, así como por el servicio que la soporta. El cliente también debe ser el representante de los usuarios. También puede ser un usuario informático. El cliente dispone de un canal de comunicación privilegiado con la informática, a través del proceso de gestión de los niveles de servicio.

9.3 El patrocinador

El patrocinador es la persona que autoriza el presupuesto para la prestación de un servicio. El presupuesto se corresponde con el coste de desarrollo y validación de la solución, así como con el coste de formación de los usuarios, equipos de soporte y operadores y los costes recurrentes de la prestación del servicio (infraestructura, funcionamiento, mantenimiento, actualizaciones, etc.). Este concepto se ha introducido en el enfoque ITIL 4.

9.4 Otras partes interesadas

Otras partes interesadas son todos los demás agentes que intervienen en la prestación de un servicio: proveedores, como los proveedores de acceso a la red, socios, como las empresas de servicios que participan en el desarrollo, o editores, accionistas, o incluso particulares de la empresa, dentro de la entidad informática o fuera de ella.

9.5 El propietario del servicio

El propietario del servicio es la persona A, *accountable* del servicio. El propietario del servicio será responsable de definir el servicio, su implementación, sus mejoras y actualizaciones, la vida del servicio y el fin de su ciclo de vida. Por consiguiente, será la interfaz privilegiada del gestor del proceso de gestión del catálogo de servicios, para garantizar que este catálogo se mantiene actualizado.

El propietario del servicio representa al servicio ante todos los órganos de la organización. Inicia las peticiones de modificación y participa en todos los contratos relativos al servicio. Es el único responsable del servicio. Es responsable de iniciar las escaladas si es necesario. Es responsable del servicio desde el punto de vista funcional, tecnológico y organizativo.

El propietario del servicio garantiza que el servicio alcance los objetivos de nivel de servicio contratados y satisfaga los requisitos del cliente. Recopilará y gestionará la información comunicada por los indicadores del servicio, y elaborará los cuadros de mando y estadísticas asociados para gestionar la vida del servicio.

9.6 El propietario del proceso

El propietario del proceso (en inglés *process owner*) es la persona "A", *accountable* del proceso. Es responsable de definir el proceso, garantizar su aplicación y supervisar su mejora, así como de alcanzar los objetivos del proceso.

El responsable del proceso trabajará primero con el gestor del servicio (véase el apartado siguiente) para definir el alcance del proceso y, a continuación, elaborar la estrategia inicial para el proceso y su aplicación. Definirán las directrices y normas que se deben aplicar.

Designará al responsable del proceso y definirá con él las actividades del mismo. El propietario se asegurará de que las funciones definidas para el proceso sean desempeñadas por los actores identificados. En otras palabras, es responsable de asignar los recursos que apoyan el proceso, tanto actores como medios si es necesario, y se asegura de que sean suficientes en número y reciban la formación adecuada.

En algunas empresas, el enfoque por procesos representa un cambio importante en su forma de trabajar, y algunas personas necesitan formación y entrenamiento en el concepto de proceso.

El responsable del proceso trabaja con el gestor del proceso sobre una base R (realización) o C (consulta) para ayudar a implantar el proceso. En particular, el responsable del proceso se debe asegurar de que la documentación del proceso es correcta, está actualizada y está a disposición de las personas implicadas.

También se encargará de seleccionar los indicadores clave de rendimiento (KPI, *Key Performance Indicators*). Estos indicadores son muy importantes porque permitirán medir el rendimiento del proceso en términos de progreso, cumplimiento, eficacia y eficiencia (véase el apartado sobre definición del proceso). Una vez puesto en marcha el proceso, supervisa estos indicadores y analiza los cuadros de mando elaborados por el responsable del proceso. Será responsable de toda la comunicación sobre el proceso, ya sea con otros responsables de procesos, con el departamento informático o con cualquier otra persona directa o indirectamente afectada por él a través de programas de sensibilización. Por lo tanto, gestionará todos los problemas que puedan obstaculizar el buen funcionamiento del proceso.

Otra responsabilidad del propietario del proceso es realizar auditorías periódicas para comprobar la eficacia del proceso e identificar propuestas de mejora, que negociará con el gestor del servicio. El propietario del proceso es responsable de garantizar la existencia de un documento denominado plan de mejora del proceso. También debe revisar anualmente la estrategia definida para su proceso.

9.7 El administrador de servicios

El administrador de servicios es la persona responsable de aplicar el enfoque ITIL en la empresa. Es el Sr. o la Sra. ITIL en la empresa. Esta persona es responsable de definir la estrategia de implementación de ITIL, su implementación y el ciclo de vida de este enfoque dentro de la empresa. Este administrador de servicios es A, *accountable* de lo que se podría llamar el programa ITIL. Esta persona debe tener un rango lo suficientemente alto en la jerarquía del departamento de informática, para tener la legitimidad de implementar este enfoque.

Capítulo 2
Recordatorio de los grandes principios de ITIL V3

1. Introducción

El objetivo de este segundo capítulo es repasar las mejores prácticas de la versión 3 de ITIL. Aunque este libro está dedicado al enfoque de ITIL 4, es importante tener un buen conocimiento de ITIL 3 para poder apreciar las nuevas características introducidas por ITIL 4.

En particular, el enfoque del ciclo de vida de la versión 3 exige comprender el posicionamiento de los procesos entre sí, en cada una de las fases de este ciclo de vida. Por ello, en este capítulo se describirán la misión y los objetivos de cada una de las cinco fases, además de ofrecer una visión global de los procesos, mostrando sus vínculos operativos.

Incluso para los especialistas en el enfoque ITIL V3, este capítulo proporcionará una visión fresca de las relaciones entre procesos, que será beneficiosa para entender ITIL 4. Sin desvelar en este capítulo el enfoque de ITIL 4, que se detallará ampliamente en capítulos posteriores, éste da un vuelco completo a la estructura de fases, pero mantiene las relaciones entre procesos (a su vez rebautizados como *practices* o prácticas en español).

2. Información general sobre el ciclo de vida

Desde la versión 3 de 2007, el enfoque ITIL ha organizado los procesos de acuerdo con la noción del ciclo de vida de los servicios de TI. Este no era el caso de las versiones 1 y 2, que se estructuraban principalmente en torno a cuatro categorías principales: gestión de infraestructuras, soporte de servicios, prestación de servicios y perspectivas de negocio (*business perspectives* en inglés).

El ciclo de vida de los servicios informáticos se estructura en cinco fases:

- Pensar en un servicio que responda a una necesidad empresarial: estrategia de servicio
- Estudio de las especificaciones del servicio: diseño del servicio
- Construcción e implantación de servicios: transición de servicios
- Producción de servicios: explotación de servicios
- Evolución y mejora: mejora continua de los servicios

El ciclo de vida se representa en el siguiente diagrama:

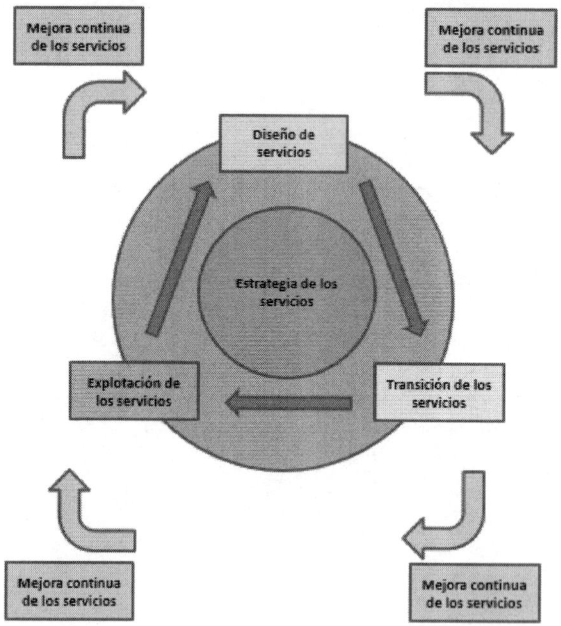

Las mejores prácticas del enfoque ITIL abarcan todo el ciclo de vida de la informática y los servicios. Cada libro de este enfoque detalla una fase del ciclo de vida.

He aquí las cinco fases del ciclo de vida:

- La estrategia de servicios define políticas y objetivos.
- El diseño de servicios definirá la estrategia de los servicios especificando los servicios.
- La transición de los servicios logrará lo que definimos en la fase de diseño de los servicios.
- La explotación o funcionamiento de los servicios producirá lo que el diseño de los servicios ha definido y lo que la transición de los servicios ha implementado.
- La mejora continua de los servicios aplica y prioriza programas de mejora basados en objetivos estratégicos.

No hay ninguna fase específica que cubra el desarrollo de software. A menudo, esto se ha considerado como una laguna importante en las buenas prácticas de ITIL V3. Las actividades de desarrollo de software se dividirán entre la fase de diseño y, sobre todo, la fase de transición.

3. Estrategia de servicios

3.1 Los aspectos principales

La fase de estrategia de servicios es el núcleo del enfoque del ciclo de vida definido en ITIL V3. Ayudará a los departamentos de informática a pensar y actuar estratégicamente, teniendo en cuenta la estrategia de la empresa.

Como el enfoque ITIL es muy pragmático, esta definición se traduce en una serie de preguntas a las que da respuesta:

– ¿Qué servicios deben prestar la informática y para quién?

Entender qué necesitan las empresas para funcionar e identificar a los usuarios asociados.

– ¿Cómo podemos crear valor empresarial para los clientes de TI?

Comprender los procesos empresariales para poder añadirles valor.

– ¿Cómo puede un departamento informático diferenciarse de la competencia o del mercado?

Tener una visión general del mercado de la empresa: qué se está haciendo en ese mercado, innovaciones, actores y competencia.

– ¿Cómo se identifican, seleccionan y priorizan las peticiones de los clientes?

Tener una visión prospectiva de la demanda futura y anticiparse a ella.

– ¿Cómo hacer visible el valor creado por la informática?

Desarrollar una auténtica política de comunicación y promoción de los servicios ofrecidos por el departamento de informática a sus clientes y usuarios.

– ¿Cómo asignar eficazmente los recursos informáticos?

Definir la gestión estratégica de los recursos y los perfiles de competencias.

– ¿Cómo podemos definir y mejorar la calidad de los servicios que prestamos?

Medir y comprender la satisfacción de clientes y usuarios para mejorar la calidad de los servicios prestados.

3.2 La misión de la fase de estrategia de servicios

La misión de la fase de estrategia de servicios es definir los servicios informáticos que aportarán valor a las líneas de negocio de la empresa. Para ello, en esta fase se identificarán y comprenderán las necesidades de los clientes, del mercado en el que opera la empresa y se comprenderá a su competencia e incluso a la competencia del departamento de informática (externa, de empresas de servicios de informática o subcontratistas, o en algunos casos interna, cuando la empresa es un gran grupo) en un planteamiento estratégico basado en una lógica financiera.

Esta lógica financiera nos llevará a determinar el retorno de la inversión (ROI) de cada inversión. Este concepto se explicará más adelante en este capítulo, cuando se trate el proceso de gestión financiera.

La fase de estrategia del servicio comprenderá el mercado y, por tanto, se encargará de definir la oferta de servicios y el desarrollo de los activos y recursos de la informática a nivel estratégico. Esta estrategia se puede aplicar tácticamente, y luego operativamente, en las fases posteriores del enfoque ITIL, es decir, a lo largo de todo el ciclo de vida del servicio.

3.3 Definiciones de las estrategias de los servicios

He aquí dos definiciones importantes de la estrategia de los servicios y de todo el enfoque ITIL V3, así como del enfoque ITIL 4.

Desde el punto de vista de los clientes y usuarios, el valor percibido de un servicio se basa en dos factores. Estos son:

- La utilidad (en inglés *utility*), la razón de ser de un servicio.
- La garantía (en inglés *warranty*), el uso de un servicio.

La estrategia de servicios garantiza la utilidad y garantía de los servicios ofrecidos a la empresa.

La utilidad

Es la funcionalidad que ofrece un servicio desde el punto de vista del cliente y los usuarios. La utilidad se refiere a los efectos positivos que produce el servicio y que serán percibidos. Por poner un ejemplo sencillo: la finalidad del software de gestión de nóminas es elaborar las nóminas de los empleados de la empresa.

Los ingleses llaman a la utilidad "*fit for purpose*".

La garantía

Es la garantía de que el servicio cumplirá los requisitos contractuales de nivel de calidad del servicio. La garantía se define en términos de horario de apertura del servicio, rendimiento, disponibilidad, continuidad y nivel de seguridad. La garantía es el nivel de uso que exigen el cliente y los usuarios. Asegurará la coherencia (una garantía) del rendimiento del servicio. Tomando de nuevo el ejemplo del software de gestión de nóminas, su garantía reside en el hecho de que las nóminas se elaboran cada final de mes.

Los ingleses llaman a la garantía "*fit for use*".

3.4 Procesos de la fase de estrategia de servicios

Hay cinco procesos en la fase de estrategia de servicio:

- Definición de la estrategia
- Gestión del porfolio de servicios
- Gestión de la demanda
- Gestión financiera
- Gestión de las relaciones comerciales

A continuación, se ofrece una definición resumida de cada uno de estos procesos:

- Definir la estrategia: se trata de un proceso destinado a establecer la política de informática y de sistemas de información para los próximos años. Este proceso establece la dirección que tomarán la informática. Su principal producto es el plan director. Es el proceso maestro de la fase de estrategia de servicios.

- Gestión del porfolio de servicios: se trata de un proceso que proporcionará un método dinámico para gestionar la vida de los servicios y, en particular, gestionar las inversiones para crear valor para la empresa.
- Gestión de la demanda: este proceso garantiza que los servicios se prestan en función de la demanda. Se encarga de alinear la oferta con la demanda en términos de rendimiento y capacidad de los servicios.
- Gestión financiera: el objetivo de este proceso es conocer todos los gastos del departamento de informática y obtener el valor financiero de los servicios. Por tanto, gestiona las inversiones y los presupuestos del departamento de informática.
- Gestión de las relaciones comerciales: este proceso garantiza que las líneas de negocio estén satisfechas con la informática.

3.5 Cartografía

El siguiente diagrama ilustra las principales relaciones entre los procesos de la fase de estrategia (identificados con números) y las relaciones con los procesos de las demás fases (identificados con letras).

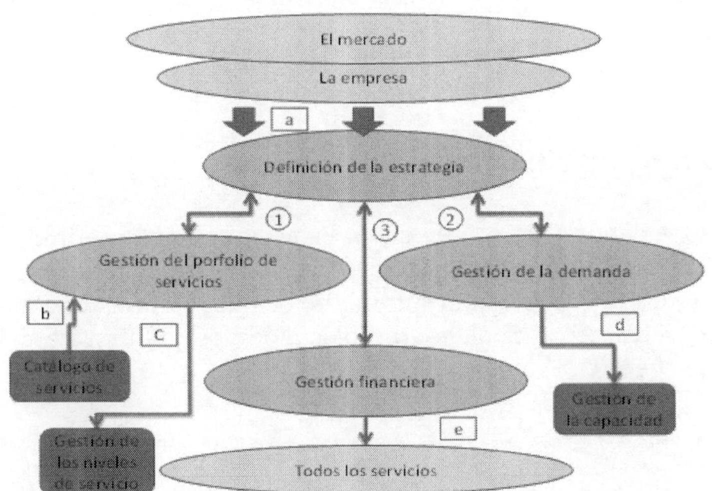

Las relaciones entre los procesos de la fase de estrategia son las siguientes:

1- La definición de la estrategia se basa en la gestión del porfolio para definir la oferta de servicios.

2- La definición de la estrategia se basa en la gestión de la demanda para entender cómo utilizarán los clientes la oferta.

3- La definición requerirá que la dirección financiera defina las inversiones.

a- La empresa da su estrategia para que el proceso de definición de la estrategia pueda definir su plan director.

b- El porfolio o cartera de servicios recupera el catálogo de servicios y lo incluye en sus bases de datos.

c- El porfolio de servicios proporciona el marco de relación con el cliente para el proceso de gestión del nivel de servicio.

d- La gestión de la demanda proporciona al proceso de capacidad el documento de diagrama de actividad empresarial.

e- La gestión financiera dotará a cada proceso de su propio presupuesto y controlará los gastos.

4. Diseño de servicios

4.1 Los aspectos principales

En inglés, esta fase se denomina *Service Design*. En el ciclo de vida definido por las buenas prácticas de ITIL V3, la fase de diseño es una fase de reflexión que especificará los servicios y dará lugar al suministro de documentos (documentos en papel), pero ciertamente no al desarrollo de módulos de software, como su nombre podría sugerir en español.

En informática, los anglosajones hablan a menudo de una fase *Build* y una fase *Run*; aquí, en la fase de diseño del servicio, estamos en la fase que precede a la *Build*, la fase *Think*.

La misión de la fase de diseño del servicio es diseñar nuevos servicios o introducir cambios importantes en los existentes con vistas a ponerlos en producción.

En esta fase, adoptaremos un enfoque que nos permita abordar, de forma exhaustiva, las especificaciones de las aplicaciones necesarias y los servicios soportados por dichas aplicaciones, así como las herramientas necesarias para implantarlas y hacerlas funcionar. Se trata del denominado enfoque holístico, que aborda todos los aspectos del servicio.

4.2 Objetivos

Los objetivos de la fase de diseño del servicio son:

1- Diseñar nuevos servicios para satisfacer las necesidades de las líneas de negocio, a través de los clientes. En esta fase también se tendrán en cuenta las necesidades de los clientes en términos de calidad del servicio.

2- Simplificar el diseño del servicio y optimizar los costes.

3- Identificar y gestionar los riesgos que puedan surgir antes de que el sistema entre en funcionamiento. En las mejores prácticas de ITIL V3, no hay un proceso específico de gestión de riesgos. En su lugar, la gestión del riesgo se extiende a través de los procesos de las fases de estrategia y diseño del servicio.

4- Desarrollar las competencias que el departamento informático necesita o necesitará para responder a las exigencias de los clientes.

5- Desarrollar las competencias que la informática necesita o necesitará para responder a las exigencias de los clientes, es decir, la forma de trabajar (procesos, procedimientos, instrucciones, etc.) y garantizar su eficacia y eficiencia.

4.3 Retos y ventajas

La fase de diseño del servicio, cuando se disocia adecuadamente de las actividades de implementación (llevadas a cabo por la fase de transición del servicio en el enfoque ITIL V3), aporta los siguientes beneficios a la empresa:

- En primer lugar, servicios acordes con la estrategia del sistema de información y adecuados en términos de arquitectura y limitaciones organizativas.
- Una mejor adecuación a las necesidades reales de la empresa, escuchando a los clientes y negociando sus necesidades.
- Implantación más sencilla (durante la fase de transición del servicio) de nuevos servicios o actualizaciones de los existentes.
- Un TCO o coste total de propiedad de la informática (*Total Cost of Ownership* en inglés) predecible, al prever mejor todos los costes, no sólo de la aplicación, sino del servicio en su conjunto. El TCO determina todos los costes de diseño, desarrollo e implantación, así como los costes de explotación y mantenimiento a lo largo del ciclo de vida estimado del servicio.
- Mejorar y, sobre todo, adaptar los procesos informáticos a la actividad real del departamento de informática.
- Rendimiento del servicio garantizado en función del uso.
- Y, en general, la mejora de la gobernanza del sistema de información facilitará la toma de decisiones.

Las cuatro Ps

Los retos y beneficios de esta fase implican un concepto importante, las "cuatro P".

El éxito de la fase de diseño de un servicio se basa en la identificación y el uso eficaz de las personas, los procesos, los productos y los proveedores. Es lo que se conoce como el concepto de las "Cuatro P" (personas, procesos, productos y proveedores):

- Personas: utilizar los mejores recursos y competencias internas para una acción determinada.

– Procesos: definición, desarrollo o creación de procesos y procedimientos en función de su utilización por los departamentos.
– Productos: elegir los productos adecuados para los servicios requeridos.
– Proveedores: seleccionar e implicar a subcontratistas y proveedores especializados en el campo elegido. Los proveedores externos aportarán sus competencias y conocimientos, que quizá no tengan las personas del departamento de TI. Este es uno de los principios básicos de ITIL V3, que consiste en no reinventarlo todo constantemente, sino en capitalizar los conocimientos y competencias de otras entidades y, en particular, de entidades externas.

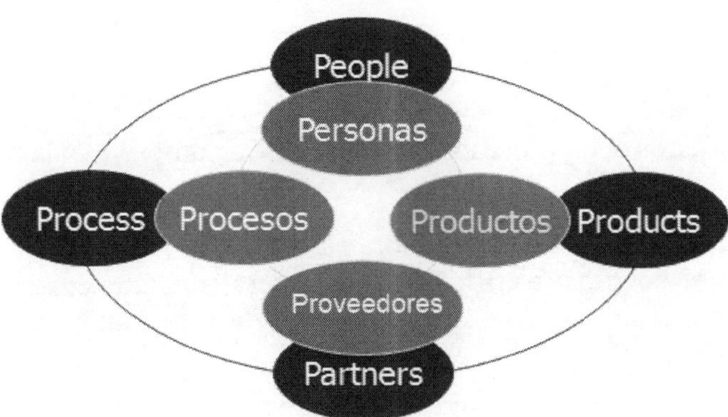

4.4 Actividades en la fase de diseño del servicio

La fase de diseño del servicio tiene seis aspectos principales que estructurarán las actividades de los distintos procesos de esta fase:

– La recopilación de los requisitos del cliente
– La definición de la solución
– Limitaciones de la arquitectura de los sistemas de información
– Las herramientas que necesita
– Los procesos
– Los indicadores de medición del servicio

4.5 Los procesos

Hay ocho procesos en la fase de diseño del servicio:

- Gestión del catálogo de servicios
- Gestión del nivel de servicio
- Gestión de la capacidad
- Gestión de la disponibilidad
- Gestión de la continuidad
- Gestión de la seguridad
- Gestión de proveedores
- Coordinación del diseño

He aquí un resumen de estos ocho procesos para ayudarle a comprender la fase de diseño del servicio:

- Proceso de gestión del catálogo de servicios: este proceso se encarga de elaborar y mantener el documento del catálogo de servicios, que enumera todos los servicios producidos por el departamento de informática y sus conocimientos técnicos.
- Proceso de gestión del nivel de servicio: gestiona la relación con las líneas de negocio y los clientes, formalizando esta relación. Garantizan la satisfacción del cliente mediante el cumplimiento de los contratos negociados.
- Proceso de gestión de la capacidad: este proceso gestiona el rendimiento global del sistema de información y su capacidad para prever el rendimiento futuro.
- Proceso de gestión de la disponibilidad: este proceso se encarga de comprender los requisitos de la empresa en términos de disponibilidad del servicio, aplicar las medidas necesarias para alcanzar los objetivos asociados a estos requisitos e intentar superarlos.
- Proceso de gestión de la continuidad de los servicios informáticos: este proceso aplica la política de continuidad de la empresa, es decir, la gestión de una catástrofe informática.

- Proceso de gestión de la seguridad: consiste en definir la política de seguridad de la empresa para el sistema de información y, sobre todo, la política de seguridad para los datos de la empresa.
- Proceso de gestión de proveedores: este proceso gestiona la política de gestión de proveedores y los contratos marco con los proveedores.
- Proceso de coordinación del diseño: este proceso se encarga de planificar las actividades de la fase de diseño.

4.6 Cartografía

El siguiente diagrama ilustra las principales relaciones entre los procesos de la fase de diseño mencionados en esta sección (identificados con números) y las relaciones con los procesos de las demás fases (identificados con letras).

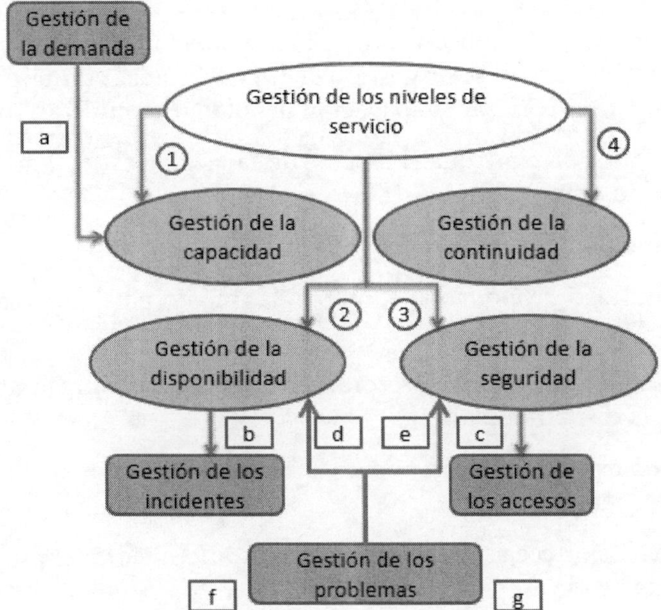

Las relaciones entre los procesos de planificación, protección y optimización son las siguientes:

1- La gestión del nivel de servicio subcontrata todo el trabajo relacionado con el rendimiento y la capacidad al proceso de gestión de la capacidad, tanto para la redacción del SLA (*Service Level Agreement*) como para el seguimiento de los compromisos y los planes de acción correctivos o preventivos.

2- La gestión del nivel de servicio subcontrata todo el trabajo relacionado con la fiabilidad y la disponibilidad de los servicios al proceso de gestión de la disponibilidad, tanto para la redacción del SLA como para el seguimiento de los compromisos y los planes de acción correctivos o preventivos.

3- La gestión del nivel de servicio subcontrata todo el trabajo relacionado con la seguridad informática al proceso de gestión de la seguridad, ya sea la redacción del SLA, el seguimiento de los compromisos y los planes de acción correctivos o preventivos, o los planes de concienciación.

4- La gestión del nivel de servicio subcontrata todo el trabajo relacionado con la continuidad informática al proceso de gestión de la continuidad, tanto para redactar el SLA como para supervisar la aplicación del plan de recuperación.

a- La gestión de la demanda proporciona al proceso de capacidad el documento de diagrama de actividad empresarial.

b- La gestión de la disponibilidad analiza los incidentes a posteriori.

c- La gestión de la seguridad proporciona el marco de trabajo para el proceso de gestión del acceso.

d- La gestión de problemas proporciona asesoramiento sobre cómo mejorar el proceso de gestión de la disponibilidad.

e- La gestión de problemas ofrece asesoramiento sobre cómo mejorar el proceso de gestión de la seguridad.

f- La gestión de problemas ofrece asesoramiento sobre cómo mejorar el proceso de gestión de la capacidad.

g- La gestión de problemas ofrece asesoramiento sobre cómo mejorar el proceso de gestión de la continuidad.

5. Transición de los servicios

5.1 Los aspectos principales

En inglés, esta fase se denomina Service Transition. Transición significa que estamos en un estado que no es estable, que está en construcción, en pruebas y que se estabilizará antes de pasar a producción. De hecho, esta es la fase de implementación y validación previa a la puesta en marcha.

La fase de transición del servicio es un marco de trabajo para el desarrollo y la producción de nuevos servicios y la mejora de los existentes. Esta fase permitirá responder a las expectativas de los clientes y ponerlas en práctica. Para ello, se encargará de implantar e integrar nuevos servicios, al tiempo que intenta reducir las variaciones en el rendimiento de los servicios existentes. La cuestión que hay que resolver durante la fase de transición es: ¿cómo desarrollar nuevos servicios y mejorar los servicios existentes (TMA) sin perturbar el funcionamiento y el rendimiento de los servicios existentes? La implantación y la integración tienen lugar en paralelo a la producción de los servicios existentes. Los equipos deben ser diferentes. Pero, si se produce un incidente, ¿no son los mismos equipos los que se asignarán a este incidente que los que gestionan los proyectos y el TMA? ¿Quién tiene prioridad? ¿El incidente o el nuevo proyecto? La fase de transición se debe ocupar de estas cuestiones. Las mejores prácticas de ITIL V3 proporcionan la respuesta: el soporte siempre debe tener prioridad sobre los nuevos desarrollos, y la acción correctiva siempre debe tener prioridad sobre el desarrollo.

Esta fase es responsable del desarrollo, las pruebas y la producción de correcciones de errores para los distintos servicios, así como de minimizar los riesgos asociados a la infraestructura. En conjunto, esta fase se encarga de implantar el uso correcto de los servicios solicitados por los clientes, de acuerdo con sus necesidades y limitaciones expresadas.

5.2 Misión y objetivos

La fase de transición de los servicios debe permitir construirlos, integrarlos, probarlos y ponerlos en producción de acuerdo con los requisitos del cliente.

Los objetivos de la fase de transición del servicio son los siguientes:

- Gestionar los procesos, sistemas y funciones que permitirán producir, construir, probar, validar y desplegar un servicio y garantizar que el servicio funcionará correctamente, de acuerdo con el nivel de servicio requerido.
- Planificar y gestionar los recursos necesarios, proporcionando planes claros y comprensibles (planes de desarrollo, planes de integración, planes de despliegue, planes de transición, etc.), es decir, encargarse de la capacidad y los recursos necesarios para construir, probar y desplegar una versión de producción en el entorno de producción e implementar el servicio de acuerdo con los requisitos del cliente y de las partes interesadas, reduciendo las variaciones entre lo previsto y lo real, en términos de rendimiento del servicio.
- Proporcionar mecanismos de creación e instalación eficientes y repetibles que se puedan utilizar para desplegar versiones de producción en el entorno de pruebas y producción. La fase de transición se encarga de industrializar las versiones de producción.
- Establecer y mantener la integridad de todos los "activos y configuraciones de servicio" identificados.
- Poner en marcha nuevos servicios o mejorar los existentes en los plazos, costes y calidad requeridos, con el mínimo impacto en los servicios existentes.
- Garantizar que el servicio pueda ser gestionado, operado y soportado de acuerdo con los requisitos y restricciones definidos durante la fase de diseño del servicio.
- Por último, aumentar la satisfacción general de los usuarios y los equipos informáticos mediante un mejor uso de los servicios.

- Esta fase de transición del servicio permitirá al departamento de informática gestionar un gran volumen de cambios y entradas en producción, adaptar mejor el sistema de información a las necesidades de los clientes y las empresas y maximizar la productividad de los usuarios y el personal de la informática.

5.3 Definiciones importantes de la fase de transición del servicio

5.3.1 Un cambio

Esta definición de cambio es importante porque es objeto de muchos debates en las empresas. En el sentido de ITIL V3 y también en el sentido de ITL 4, un cambio es una modificación de uno o más elementos de configuración (CI, *Configuration Items*) que componen el sistema de información o de uno o más servicios proporcionados por este sistema de información. Modificación significa adición, modificación de uno o más atributos de CI o eliminación de uno o más CIs.

He aquí otros ejemplos de cambios: una nueva versión de una aplicación informática, la instalación de un puesto de trabajo, la introducción de un nuevo servidor, la sustitución de una impresora, etc.

Una modificación de la documentación o de un contrato es un cambio.

Por tanto, modificar un dato (*data*) no es un cambio. Conceder permisos de acceso no es un cambio. Modificar una actividad de un proceso de negocio no es un cambio.

El cambio tiene orígenes muy diversos. He aquí una lista no exhaustiva:

- Los parches (eventos, incidentes, problemas, etc.).
- La legislación.
- La organización.
- Las directrices o normas.
- Los cambios en los servicios existentes.
- Los nuevos servicios.

- Un nuevo modelo de abastecimiento.
- Una innovación tecnológica,
- Etc.

5.3.2 Una petición de cambio

Una demanda de cambio, RFC (*Request For Change*) es la formalización de una modificación de uno o varios elementos de configuración (CI). Todos los cambios se deben formalizar en una RFC. Existen diferentes tipos de RFC, que corresponden a diferentes tipos de cambios.

Las mejores prácticas de ITIL V3 identifican tres tipos de cambio:

- Cambio normal: requiere una evaluación completa y autorización antes de poder llevarse a cabo.
- Cambio estándar: son cambios preautorizados que siguen procedimientos predefinidos.
- Cambio urgente: requiere una reacción más rápida de lo previsto para limitar el impacto en la empresa.

Características del cambio normal

El cambio no es ni estándar ni urgente. Se caracteriza por la necesidad de evaluación y seguimiento (o control), que serán más o menos importantes en función de los riesgos, la complejidad y el esfuerzo necesarios para aplicar el cambio. Se habla de cambio normal menor, significativo o mayor.

Características de un cambio estándar

Las acciones necesarias para aplicar un cambio estándar son conocidas, están documentadas, ya se han llevado a cabo y se han probado ("*under control*", como dicen los anglosajones). Los riesgos son bajos y están bien controlados. Se conocen los recursos y los costes. Ya se ha realizado la validación técnica previa. Sólo hace falta la validación presupuestaria.

Por tanto, los cambios estándares son cambios que han sido aprobados previamente porque están bajo control y asociados a procedimientos establecidos. A menudo se asocian a modelos de cambio. Los puntos clave son los siguientes:

- El desencadenante está claramente definido.
- Las tareas están bien gestionadas y documentadas.

Todos los usuarios o líneas de negocio tienen derecho a presentar una petición de cambio, pero esto no significa que vaya a ser aceptada.

5.4 Procesos de la fase de transición del servicio

Hay siete procesos en la fase de transición del servicio:

- Gestión de activos y configuración de servicios
- Gestión del cambio
- Gestión de las entradas en producción
- Gestión del conocimiento
- Planificación y apoyo a la transición
- Evaluación
- Validación y pruebas

He aquí una breve definición de cada uno de estos procesos:

- La gestión de activos y configuración de servicio es responsable de gestionar toda la información relativa a los componentes de la infraestructura, mantenerla actualizada y proporcionar esta información a todos los demás procesos ITIL.
- La gestión del cambio es el proceso maestro de la fase de transición del servicio. Los objetivos del proceso de gestión de cambios son garantizar que todos los cambios se registren, evalúen, autoricen, prioricen y que su aplicación, integración y despliegue sigan un procedimiento definido, así como garantizar que los procedimientos y métodos utilizados para abordar los cambios sean eficaces e incluso eficientes.

- La gestión de las entradas en producción y el despliegue es el proceso que abarca todas las actividades comúnmente denominadas integración, preproducción y entrada en producción. Los objetivos de este proceso son garantizar la planificación de todas las actividades relacionadas con la implantación de uno o varios cambios, construir, integrar, probar, validar, instalar, desplegar y poner en producción un cambio de forma eficiente, garantizar que la liberación en producción proporcionará el servicio requerido (en particular, que cada elemento puesto en producción funcionará correctamente al nivel de servicio requerido) y transferir competencias a las entidades de operaciones y mantenimiento.
- El objetivo de la gestión del conocimiento es proporcionar a los empleados información cuando la necesiten, en la forma que la necesiten, al nivel que la necesiten y de una manera que puedan entender.
- Planificación y apoyo a la transición: se trata de un proceso que coordinará las actividades que se llevarán a cabo en esta fase para implantar los cambios y gestionar los recursos y medios que se les asignarán.
- Evaluación: este proceso se pone en marcha mediante el proceso de gestión de cambios para determinar el rendimiento del cambio en el servicio y evaluar sus efectos, impactos y riesgos asociados, antes de ponerlo en servicio.
- Validación y pruebas: este proceso se encarga de proporcionar pruebas objetivas de la calidad de la versión que se va a poner en producción. Garantizará la correcta gestión de las reservas, errores o disfunciones que se puedan descubrir. Este proceso también intervendrá en la fase de diseño del servicio, ya que especificará la política de validación y las técnicas de prueba de las aplicaciones portadoras de los servicios.

5.5 Cartografía

El siguiente diagrama muestra las principales relaciones entre los procesos de la fase de transición (identificados con números) y las relaciones con los procesos de las demás fases (identificados con letras).

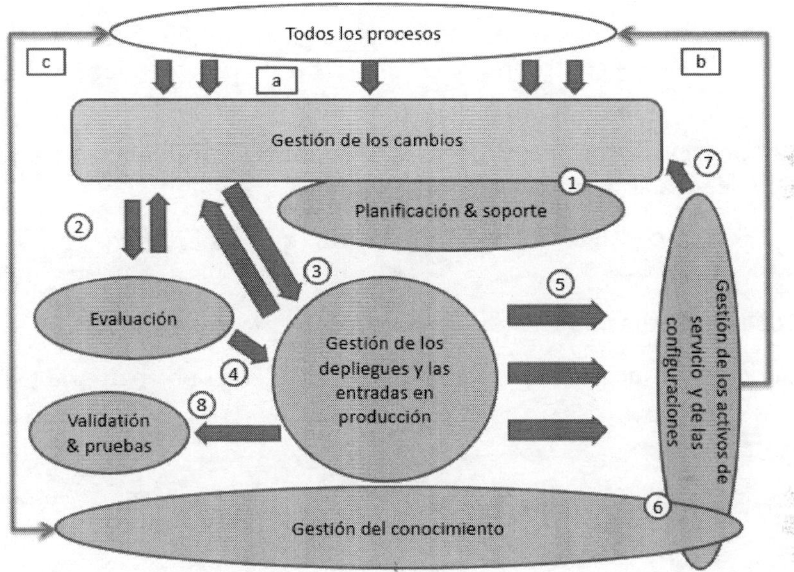

Las relaciones entre los procesos en la fase de transición son las siguientes:

1- Una vez que se ha aceptado un cambio, la gestión del cambio solicitará al proceso de planificación y apoyo que planifique todas las actividades implicadas en la aplicación del cambio y que identifique y reserve los recursos necesarios.

2- La gestión del cambio externaliza la evaluación de un cambio al proceso de evaluación.

3- La gestión del cambio requiere una gestión del despliegue y de la entrada en producción para aplicar el cambio.

4- A petición del departamento de gestión de cambios, la evaluación puede valorar la aplicación de un cambio.

5- La gestión de despliegue y lanzamiento inicializa y actualiza las bases (CMS y CMDB) del proceso de gestión de activos de servicio y configuración.

6- La gestión del conocimiento asegura las relaciones entre el CMS y otras bases de conocimiento.

7- La gestión del cambio requiere que el SGC comprenda los retos del cambio.

8- El proceso de despliegue y lanzamiento a producción requiere el proceso de validación y prueba para comprobar y llevar a cabo los procedimientos de validación.

Las principales relaciones entre los procesos de la fase de transición y las demás fases del ciclo de vida son:

a- petición de cambio (RFC, *Request For Change*), que proceden de todos los procesos,

b- lecturas de la información del CMS por todos los procesos,

c- la lectura de información de las bases de conocimiento por parte de todos los procesos.

6. Operaciones de servicio

6.1 Los aspectos principales

La fase de operaciones de servicio incluye actividades comúnmente denominadas producción y soporte de la informática (es decir, mantenimiento correctivo, evolutivo y preventivo). Esta fase se conoce como *Service Operations*. Esta fase comienza en cuanto se pone oficialmente en servicio un servicio, al final del periodo de aceptación del servicio o al final del periodo de garantía, y termina cuando se retira el servicio.

Desde el punto de vista empresarial, es durante esta fase cuando el servicio producirá su valor. La fase de estrategia del servicio define el valor, la fase de diseño del servicio especifica el valor, la fase de transición del servicio implementa el valor y la fase de operación del servicio produce el valor.

En esta fase, por fin podremos comprobar si el servicio que hemos definido cumple su objetivo; podremos evaluar su eficacia para las líneas de negocio y para la empresa. Por otro lado, durante la fase de operación del servicio, podremos identificar posibles errores de diseño o implementación y tomar las medidas necesarias para subsanarlos.

Una vez que los servicios estén operativos y, por tanto, sean eficaces, esta fase se centrará en mejorar la productividad de los servicios para aumentar la eficiencia de la informática. Se hará hincapié en optimizar los denominados costes recurrentes de la producción informática.

6.2 Misión y objetivos

La misión de la fase de explotación de los servicios es coordinar y llevar a cabo las actividades necesarias para la prestación de los servicios, como la explotación, la supervisión, el control, el apoyo, el mantenimiento, etc., de manera eficaz en primer lugar y eficiente después, durante toda la vida útil de los servicios.

Los objetivos de la fase de explotación del servicio son los siguientes:

- Asegurarse de que la tecnología utilizada es adecuada para prestar los servicios solicitados.
- Elaborar indicadores sobre los componentes tecnológicos que permitan a la fase de mejora continua del servicio hacer propuestas de optimización del sistema de información.

Otro objetivo de la fase de explotación del servicio es garantizar que el sistema de información esté perfectamente equilibrado entre conceptos contradictorios:

Visión empresarial frente a visión tecnológica

- Visión empresarial: el objetivo es prestar el servicio tal y como se ha definido. Por tanto, la infraestructura se vuelve mucho más transparente. Los equipos de supervisión operarán servicios, no servidores.
- Visión tecnológica: la informática tiene prioridad, los componentes tecnológicos son eficientes y están disponibles. La atención se centra en el mantenimiento de la infraestructura.

Estabilidad frente a reactividad

- Estabilidad: el sistema de información funciona con normalidad y está disponible. No se modifica nada. El número de cambios y, por tanto, de versiones de producción, se reduce al mínimo.
- Reactividad: la informática deben reaccionar a las demandas de las líneas de negocio para que funcionen lo mejor posible (para ser *quick to market*, como dicen los anglosajones).

Coste frente a calidad

- Reducir los costes manteniendo el nivel de calidad exigido y evitando el exceso de calidad: para lograrlo, se industrializarán al explotación, la supervisión y la gestión.

Reactividad frente a proactividad

- Sólo actuamos en respuesta a sucesos o incidentes o decidimos anticiparnos a ellos, buscando formas de optimizar el sistema de información. A continuación, decidimos invertir para garantizar el buen funcionamiento del sistema. Es el equilibrio entre el mantenimiento correctivo y el preventivo.

Los que intervienen en la fase de explotación del servicio desempeñan un papel decisivo en la comunicación entre las distintas entidades dentro de la informática y también entre la informática y fuera de la informática (proveedores, prestadores de servicios, clientes, líneas de negocio, etc.). Son la interfaz para intercambiar información sobre las actividades diarias, los patrones de uso de los servicios, las acciones excepcionales o de emergencia, la llegada inminente de nuevos servicios para producción, etc.

6.3 Definiciones importantes de la fase operativa

6.3.1 Un acontecimiento

Un evento es un hecho detectable que ocurre en el sistema de información y que tiene importancia para la gestión de la infraestructura o la prestación de los servicios ofrecidos. Puede ser de tipo Normal, Excepción o Alarma.

6.3.2 Un incidente

Un incidente es un acontecimiento que altera o degrada un servicio prestado a un usuario. Se dice que se produce un incidente cuando el servicio se detiene o cuando se reduce la calidad del servicio.

Todos los incidentes tienen su origen en un suceso, se haya detectado o no. Sin embargo, no todos los sucesos conducen a la creación de un incidente.

Un incidente es detectado bien por un usuario, que se pone en contacto con el centro de servicio o mediante herramientas de supervisión o control, a través del proceso de gestión de eventos.

6.3.3 Un problema

Un problema es una situación en la que se busca la causa desconocida de uno o varios incidentes.

En primer lugar, no se puede hablar de problema si antes no ha habido uno o varios incidentes: en otras palabras, no hay problema si no hay incidente. Los incidentes se gestionan mediante el proceso de gestión de incidentes y conducen al restablecimiento del servicio. En cambio, la gestión de problemas se centra en las causas reales para aportar soluciones.

6.4 Procesos en la fase de explotación del servicio

La fase de operaciones comprende cinco procesos:

- Gestión de eventos
- Gestión de incidentes

- Gestión de problemas
- Ejecución de peticiones
- Gestión de accesos

He aquí una breve definición de cada uno de estos procesos:

- Gestión de eventos: este proceso gestiona todos los eventos detectables que se producen en la infraestructura, ya sean normales o anormales. La gestión de eventos permite evitar que se produzcan incidentes, anticipándose a las situaciones que podrían tener un impacto en los servicios.
- Gestión de incidentes: proceso destinado a restablecer el servicio lo más rápidamente posible dentro del plazo previsto, cuando un servicio se detiene o su calidad se degrada. Se encarga de minimizar los efectos de un incidente en los usuarios.
- Gestión de problemas: este proceso busca causas y soluciones a incidentes recurrentes o graves.
- La ejecución de peticiones es un proceso que gestiona las peticiones de servicio de los usuarios. Las peticiones de servicio son peticiones de los usuarios que suelen denominarse pequeños trabajos (descargar software en una estación de trabajo, guardar o restaurar datos del usuario, consumibles, etc.).
- Gestión de accesos: este proceso gestiona las peticiones relativas a los accesos, derechos y privilegios concedidos a los usuarios. También gestiona las identidades de individuos y grupos.

6.5 Funciones de soporte

Las funciones de soporte o asistencia se basan en una función central (el centro de servicios), funciones operativas (gestión de operaciones, gestión técnica y gestión de aplicaciones) y los cinco procesos antes mencionados (gestión de eventos, gestión de incidencias, gestión de problemas, ejecución de peticiones, gestión de accesos).

He aquí una breve definición de estas funciones:

- El centro de servicios: esta función gestiona toda la relación entre la informática y los usuarios. Es responsable de las actividades de nivel 1 y de la gestión de la escalada. En el párrafo siguiente se ofrece una visión más detallada del centro de servicios.
- Gestión de operaciones: el objetivo es gestionar todos los recursos implicados en la explotación y la producción diaria de los servicios.
- Gestión técnica: abarca las competencias técnicas y tecnológicas de la informática.
- Gestión de aplicaciones: esta función reúne a los equipos responsables del soporte de las aplicaciones, ya sea para mantenimiento correctivo o evolutivo.

El diagrama resumido que figura a continuación muestra las relaciones entre los distintos procesos, la función central y las dos bases de conocimientos: el sistema de gestión de la configuración (en inglés *Configuration Management System* CMS) y la base de datos de errores conocidos (*Known Error DataBase*, KEDB).

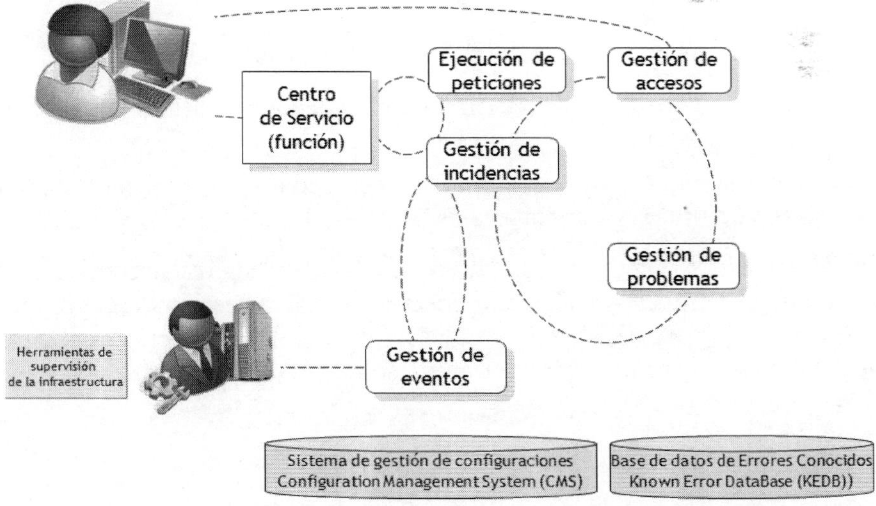

El centro de servicios

La función del centro de servicios o *service desk*, es ser el único punto de contacto entre los usuarios y el departamento de informática. El centro de servicios es responsable de toda la relación con los usuarios. Esta relación es bidireccional: los usuarios llaman al centro de servicios para comunicarse con el departamento de informática y cuando el departamento de informática quiere enviar mensajes informativos a los usuarios, llama al centro de servicios. El centro de servicios se encarga de mantener informados a los usuarios día a día.

El centro de servicio es lo que los anglosajones llaman un SPOC (*Single Point Of Contact*) desde el punto de vista del usuario. Esto no significa que sea único, sino que un usuario sólo tendrá delante un centro de servicios.

La misión de esta función de centro de servicios (veremos en el capítulo Prácticas de gestión de servicios que esta función se ha convertido en una práctica por derecho propio en la ITIL 4) es servir y satisfacer a los usuarios. El concepto de satisfacción de los usuarios es ligeramente diferente del de satisfacción de los clientes (véase la sección Diseño del servicio, de este capítulo). El centro de servicios es el garante de la buena imagen del servicio informático ante los usuarios. Es el escaparate del servicio informático, es decir, la punta del iceberg.

Esta tarea nos permitirá alcanzar los dos objetivos principales siguientes:

- Responder a las consultas y solicitudes de los usuarios en los plazos definidos y contractuales.
- Restablecer el servicio a un estado normal y estándar lo antes posible dentro de los plazos definidos y contractuales.

Para alcanzar estos objetivos, el centro de servicios realiza actividades de soporte de nivel 1 (investigación, diagnóstico inicial) y gestiona las escaladas con los grupos de soporte de nivel 2 o 3. Es el punto de coordinación de los grupos de soporte a la hora de responder a una solicitud de un usuario.

El centro de servicios llevará a cabo las actividades de una serie de procesos:

- Tres procesos en la fase de explotación del servicio: gestión de incidencias, ejecución de solicitudes y gestión de accesos.
- Parte de las actividades de dos procesos de la fase de transición del servicio: la gestión del cambio y la gestión del despliegue y la entrada en producción.

Las actividades de la función de centro de servicios son:

- Acuse de recibo de la llamada del usuario: esta actividad consiste en recibir el acuse de recibo de la llamada telefónica o del correo electrónico del usuario. A continuación, se abre un ticket de llamada en la herramienta de gestión del centro de servicios. Se puede ofrecer a los usuarios la posibilidad de abrir sus propios tickets de llamada en la herramienta de gestión de tickets.
- Registro de la información relativa a la llamada del usuario: se trata de registrar en el ticket de llamada, el nombre del usuario o más exactamente su identidad (apellidos, nombre, número de servicio, etc.), un número de contrato (si procede) y el objeto de la solicitud.
- Categorización: esta actividad permitirá clasificar las llamadas por tipo: incidentes o solicitudes denominadas peticiones de servicio.
- Codificación: es la actividad que evaluará la prioridad asociada a la solicitud y deducirá el plazo contractual para responder a esta llamada.
- Investigación y diagnóstico: aquí es donde el centro de servicios añade valor real, intentando comprender el problema del usuario. Es el primer nivel de soporte.
- La respuesta al usuario, que depende de la solicitud: si la solicitud es una incidencia, la respuesta es restablecer el servicio; si la solicitud es una consulta, el centro de servicios ejecutará la consulta.
- Gestionar la escalada a los grupos de apoyo de nivel 2 y 3 en caso necesario.
- Seguimiento de llamadas, es decir, informar al usuario del progreso de su solicitud.
- Cierre de todas las llamadas, aunque hayan sido escaladas a los grupos de soporte. Es esencial que el centro de servicios reciba notificación del trabajo de los grupos de soporte escalados, para que pueda informar al usuario del progreso de su solicitud y cerrarla administrativamente.

- Gestionar las encuestas de satisfacción de los usuarios: el centro de servicios debe velar diariamente por la satisfacción de los usuarios.
- Actualización de las bases de conocimiento: esta actividad consiste en actualizar, en particular, la base que mantiene la información sobre la infraestructura (CMS, *Configuration Management System*). Al hablar con los usuarios o acceder a distancia a sus puestos de trabajo, el centro de servicios puede descubrir que la información de esta base no está actualizada.

7. Mejora continua de los servicios

7.1 Los aspectos principales

La fase de mejora continua del servicio mantendrá los servicios de informática continuamente alineados con las necesidades de negocio de la empresa y cómo evolucionan estas necesidades, identificando e implementando mejoras.

El término "continuo" no es necesariamente sinónimo de "en curso".

Señala que esta actividad se desarrolla dentro de un marco de trabajo planificado, que deja tiempo para la revisión y la consolidación.

Los objetivos de la fase de mejora continua del servicio destacan la calidad como factor clave en la capacidad de un departamento de informática, para alcanzar y mantener el nivel de calidad de los servicios contratados.

A lo largo de su ciclo de vida, los propios servicios, los procesos informáticos o la infraestructura se deben revisar, analizar y mejorar en términos de eficacia y eficiencia, tanto en lo que respecta a la forma en que se prestan los servicios, procesos o componentes tecnológicos, como a sus costes.

Para fomentar estas mejoras, es necesario realizar mediciones y compararlas con los niveles de servicio deseados para determinar su rendimiento.

El coste es un criterio importante y se debe sopesar con la satisfacción del cliente.

El principal objetivo de esta fase de mejora continua del servicio es adaptar continuamente los servicios informáticos a las necesidades empresariales de los clientes.

La fase de mejora continua del servicio comprende un único proceso conocido como Proceso de Mejora Continua en Siete Pasos, que se basa en los principios de la Rueda de Deming. En la sección siguiente se explican los principios de la Rueda de Deming.

Este proceso pertenecerá y será gestionado por el director de mejora continua de los servicios.

7.2 La rueda de Deming

Las recomendaciones de ITILV3 se basan en un enfoque de gestión de la mejora de la calidad, inventado por un estadístico llamado William Edouard Deming. El Dr. W.E. Deming desarrolló un enfoque progresivo y cíclico de la mejora, conocido como la "rueda de Deming". El siguiente diagrama muestra la rueda de la mejora.

Para alcanzar el objetivo, en este caso la adecuación del sistema de información a las necesidades de las actividades de la empresa, se necesitará tiempo para elevar el nivel de calidad informática. Así pues, podemos ver los dos ejes del diagrama de la rueda de Deming, con el objetivo que hay que alcanzar y el tiempo necesario. Sólo hay una manera posible de avanzar hacia ese objetivo: mediante iteraciones sucesivas, como una rueda que sube por un plano inclinado. El Dr. Deming ha desarrollado un enfoque en cuatro etapas, que nos permitirá alcanzar una meta alcanzable, que nos llevará a progresar hacia el objetivo final. El acrónimo PDCA (Planificar, Hacer, Comprobar, Actuar o "Plan, Do, Check, Act" en inglés) muestra que este enfoque se basa en cuatro etapas.

Por supuesto, al girar la rueda, ésta subirá por la pendiente hacia el objetivo. Habrá que impedir que vuelva a bajar. Para ello, es indispensable una cuña. Esta cuña está formada por la vigilancia, la sujeción y el apoyo necesario que hay que poner para que el esfuerzo obtenido por la subida no sea en vano.

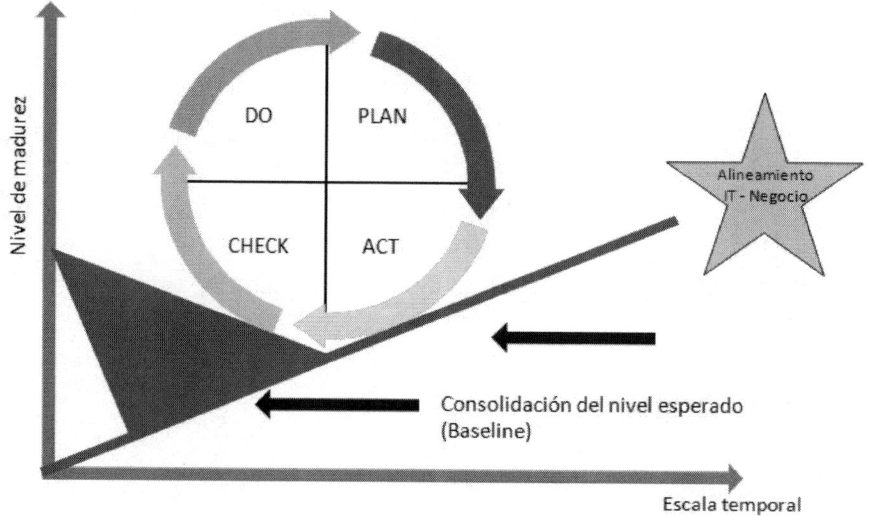

- Planificar (*Plan*): esta etapa requiere definir los siguientes puntos:
  - Metas, objetivos y perímetro. En otras palabras, la definición de lo que hay que conseguir.
  - Funciones y responsabilidades, quién debe participar.
  - Desarrollo de procesos, componentes técnicos y herramientas.
  - Interfaces en el ciclo de vida de los servicios.
- Hacer (*Do*): en esta fase se elaborará un plan de acción, teniendo en cuenta los requisitos financieros y los presupuestos asociados, las personas, los productos (mediante la emisión de directivas, calendarios, procedimientos, órdenes de compra de herramientas) y las necesidades de comunicación y formación.
- Comprobar (*Check*): consiste en supervisar, medir y revisar. Se trata de comparar los resultados obtenidos con lo previsto en la primera fase. Se trata, por ejemplo, de inspeccionar la documentación y auditar los servicios, procesos y componentes tecnológicos.

– Ajustar (*Act*): pasar a la acción una vez alcanzado el objetivo previsto. Se trata de identificar los ajustes necesarios en los servicios, procesos y componentes tecnológicos e implantar estas mejoras.

8. Fases del ciclo de vida del servicio y procesos asociados

8.1 Posicionamiento del proceso

Las fases del ciclo de vida del servicio abarcan todo el ciclo de vida de los servicios y se apoyan en el enfoque ITIL V3 mediante veintiséis procesos, que se muestran en el diagrama siguiente:

Estrategia de Servicios	Diseño de Servicios	Transición de Servicios	Explotación de Servicios
Definición de la estrategia	Gestión de la Seguridad Informática	Gestión Del conocimiento	Ejecución de las peticiones
Gestión financiera	Gestión de la continuidad de los servicios Informáticos	Evaluación	Gestión de los eventos
Gestión del porfolio de Servicios	Gestión de la Capacidad	Validación & verificación De servicios	Gestión de los accesos
Gestión de la demanda	Gestión de la Disponibilidad	Planificación & Soporte a la transición	Gestión de los problemas
	Gestión de proveedores	Gestión de las entradas en producción y los despliegues	Gestión de los incidentes
	Gestión del Catálogo de servicios	Gestión de los activos de servicio y de las configuraciones	
	Gestión de los Niveles de servicio	Gestión de los cambios	

Mejora continua de los servicios

Mejora continua de los servicios en siete etapas

8.2 Relaciones entre procesos

El siguiente diagrama ofrece una visión general de las relaciones entre procesos. No es exhaustivo, pero destaca las principales relaciones entre los principales procesos de ITIL V3.

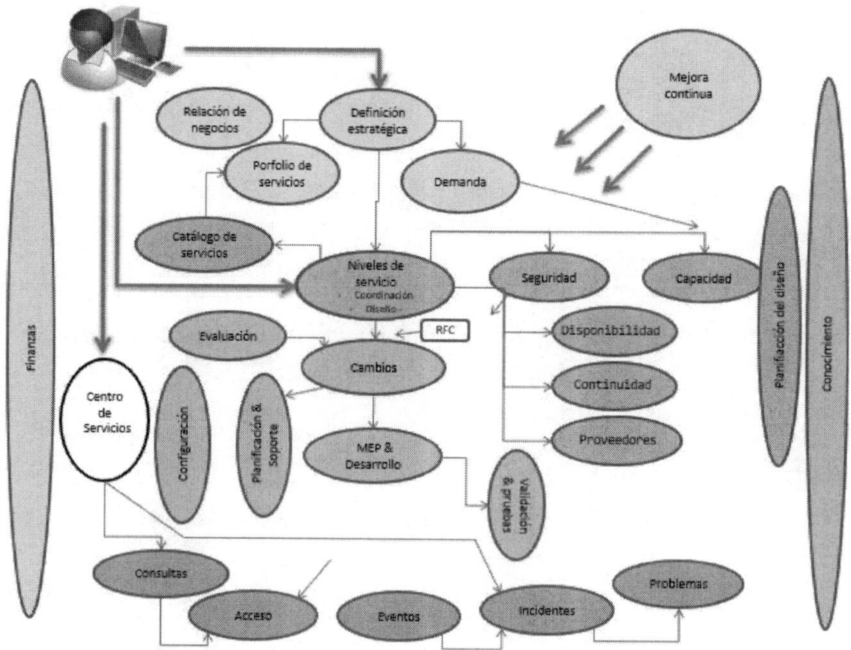

8.3 Las funciones

Las mejores prácticas ITIL y sus veintiséis procesos se complementan con cuatro funciones: centro de servicios, gestión de operaciones, gestión técnica y gestión de operaciones:

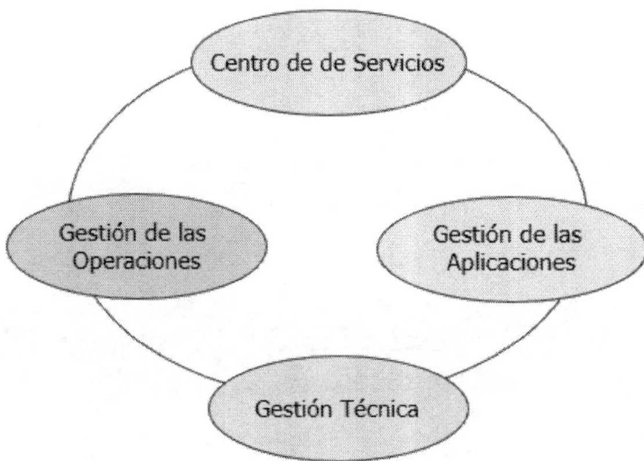

El centro de servicios

El centro de servicios es la interfaz única entre los usuarios y el departamento de informática para todas las solicitudes, ya sean solicitudes sencillas, fallos o errores. Esta función se describe detalladamente en la sección Operaciones de servicio - Funciones de soporte de este capítulo.

Gestión de las operaciones

La gestión de operaciones es el equipo encargado del funcionamiento del sistema de información. Esta función garantiza la estabilidad y disponibilidad diarias del sistema de información. Reúne a los equipos comúnmente conocidos como operaciones y producción.

Gestión técnica

La gestión técnica es el equipo que reúne todos los conocimientos tecnológicos sobre hardware y software básico (sobre la infraestructura). Esta función proporcionará recursos para las fases de diseño, transición y explotación de los servicios. Las áreas de especialización son:

- mainframes, servidores, etc,
- recursos de red y telecomunicaciones,
- bases de datos,
- almacenamiento, etc.

Gestión de las aplicaciones

La gestión de aplicaciones reúne las competencias funcionales (de aplicación) que intervienen en el desarrollo y el mantenimiento de las aplicaciones. Esta función ayuda a:

- identificar los requisitos funcionales y el rendimiento de la aplicación,
- diseñar y desarrollar aplicaciones,
- hacer mantenimiento correctivo y evolutivo de las aplicaciones.

La gestión de aplicaciones reúne a los equipos de diseño y mantenimiento de aplicaciones (TMA, Tierce Maintenance Applicative, si se subcontrata).

9. La tecnología

9.1 Automatización

La automatización y la implantación de herramientas contribuyen al éxito del enfoque de gestión de servicios y del enfoque ITIL V3.

La automatización de los servicios puede tener un impacto significativo en el rendimiento no sólo de los servicios, sino también de la gestión, la organización, las personas, los procesos, los conocimientos y la información.

Las aplicaciones son, en sí mismas, un medio de automatización de los servicios. Su rendimiento puede mejorar cuando necesitan ser compartidas entre personas y procesos. Los avances, por ejemplo, en inteligencia artificial, aprendizaje automático y tecnología, han contribuido a aumentar las capacidades de los módulos de software para gestionar una gran variedad de tareas e interacciones.

La automatización se considera un medio de mejorar la utilidad y la garantía de los servicios. Ofrece ventajas en varios ámbitos, como:

- La capacidad de los sistemas automatizados se puede ajustar más fácilmente en respuesta a las variaciones de la demanda y el volumen.
- Los sistemas automatizados pueden gestionar la capacidad con menos restricciones en los horarios de acceso. Por tanto, se pueden utilizar para atender la demanda sea cual sea el horario.
- Los sistemas automatizados ofrecen una buena base para medir y mejorar los procesos de servicio manteniendo constante el factor de los recursos humanos. A la inversa, se pueden utilizar para medir la diferencia de impacto en la calidad y los costes del servicio debida a variaciones en el nivel de conocimientos, competencias y experiencia de los recursos humanos.
- Las automatizaciones como la programación, el encaminamiento o la asignación de recursos requieren una potencia de procesamiento que puede superar la capacidad humana.
- Las automatizaciones son formas de capturar los conocimientos necesarios para que los servicios vivan y evolucionen. El conocimiento codificado es relativamente fácil de distribuir por toda la organización de forma coherente y segura. Esto reduce la depreciación de los conocimientos cuando los empleados se trasladan dentro de la organización o la abandonan definitivamente.

La automatización de la gestión de servicios, cuando se aplica con criterio, ayuda a mejorar la calidad del servicio y a reducir costes y riesgos. Reducirá la complejidad y la incertidumbre.

Todas las fases del ciclo de vida del servicio se pueden beneficiar de la automatización. He aquí algunos ejemplos de las distintas fases:

- El diseño y modelización de aplicaciones y soluciones.
- El catálogo de servicios.
- La clasificación, priorización y encaminamiento.
- La detección y vigilancia.
- La optimización.

Otro ejemplo muy bueno es la gestión de las peticiones de servicio: se pueden captar a partir de simples interacciones de los usuarios con elementos de un catálogo de servicios automatizado. Es necesario enmascarar la complejidad de las relaciones entre los resultados del usuario y los activos de servicio que los producen y presentar sólo la información que el usuario necesita para especificar la utilidad y la garantía requeridas para satisfacer cada resultado. Sin embargo, los usuarios necesitan opciones y flexibilidad en la presentación de sus requisitos. Es posible gestionar las rutinas de petición de servicios con un cierto nivel de automatización. Estas peticiones se deben identificar, clasificar y encaminar a unidades automáticas u opciones de autoservicio. Esto requiere un estudio de los patrones de actividad empresarial que existen con cada usuario.

La variación del rendimiento individual con el tiempo, la carga de trabajo, la motivación y la naturaleza de las tareas puede ser una desventaja en muchas situaciones. La variación en los conocimientos, habilidades y experiencia de los empleados puede provocar variaciones en el rendimiento de los procesos. Las variaciones en los tiempos de procesamiento dentro de las transacciones, los trabajos o los ciclos pueden dar lugar a niveles de servicio degradados, normalmente en forma de retrasos y saturación.

9.2 Herramientas de enfoque ITIL V3

La herramienta en sí no es suficiente. Las mejores prácticas de ITIL V3 especifican que una herramienta estructura, pero que no se debe estructurar con una herramienta. Si una herramienta no se utiliza correctamente, no aportará ningún valor añadido. Una herramienta depende estrictamente de las competencias, los procesos, las funciones y, sobre todo, de las personas que van a utilizarla.

Las principales funciones de las herramientas son las siguientes:

- Ayuda a los usuarios: la noción de autoservicio (un portal o una intranet, por ejemplo).
- Un motor que gestiona los intercambios (una herramienta de "flujo de trabajo" o workflow, como dicen los anglosajones).
- Una base de información para describir la infraestructura y gestionar inventarios y licencias.
- Acceso remoto con el nivel de seguridad asociado.
- Asistencia para el diagnóstico.
- Elaboración de informes y cuadros de mando.
- Gestión de las comunicaciones.

Una herramienta adopta un enfoque interfuncional de los procesos, los servicios, la infraestructura y la tecnología.

9.2.1 Herramientas para la fase de estrategia de servicios

He aquí una lista no exhaustiva de herramientas que le ayudarán a poner en práctica la fase de estrategia de servicio:

- Herramientas de gestión del porflio de servicios
- Herramientas de simulación
- Herramientas de modelización analítica
- Herramientas de gestión financiera, amortización y deterioro de activos

9.2.2 Herramientas para la fase de diseño del servicio

He aquí una lista no exhaustiva de herramientas que le ayudarán a poner en práctica la fase de diseño del servicio:

- Herramientas de diseño de aplicaciones e infraestructuras
- Arquitectura informática y herramientas de planificación urbana
- Herramientas de gestión del entorno informático (refrigeración, cálculo energético, etc.)
- Herramientas de diseño y definición de procesos
- Herramientas de estructuración de datos
- Herramientas de representación de procesos empresariales
- Herramientas de gestión de los indicadores de medición
- Herramientas para elaborar informes y cuadros de mando

9.2.3 Herramientas para la fase de transición del servicio

He aquí una lista no exhaustiva de herramientas que le ayudarán a poner en marcha la fase de transición del servicio:

- Herramientas de colaboración (calendario compartido, correo electrónico, mensajería instantánea, videoconferencia, etc.)
- Herramientas de integración
- Herramientas de *workflow* y enrutado de la información
- Herramientas de prueba y validación
- Herramientas de despliegue
- Herramientas de gestión e intercambio de conocimientos (por ejemplo, el *Datamining*)

9.2.4 Herramientas para la fase de explotación del servicio

He aquí una lista no exhaustiva de herramientas que le ayudarán a poner en marcha la fase de explotación del servicio:

- Herramientas de autoasistencia (portal, intranet, etc.)
- Herramientas para el control remoto de los puestos de trabajo de los usuarios (control remoto)
- Herramientas de programación y scripting
- Herramientas de comunicación (teléfono, fax, SMS, telefonía informática, etc.)
- Herramientas de recepción de llamadas
- Herramientas de escalada
- Herramientas de gestión de peticiones
- Herramientas de gestión del acceso
- Herramientas de gestión del conocimiento ("FAQ", preguntas más frecuentes)
- Herramientas de supervisión
- Herramientas de administración
- Herramientas de copia de seguridad y restauración

9.2.5 Herramientas para la fase de mejora continua del servicio

He aquí una lista no exhaustiva de herramientas que le ayudarán a aplicar la fase de mejora continua del servicio:

- Herramientas de gestión del rendimiento
- Herramientas de análisis estadístico

Y, en general, todos los tipos de herramientas que permitan mejorar los servicios, procesos e infraestructuras (de hecho, todas las herramientas mencionadas en las demás fases).

Capítulo 3
Los grandes principios ITIL 4

1. Introducción

Más de cinco años después de la gran versión ITIL V3 2011, era necesario actualizar el enfoque. Por lo tanto, AXELOS comenzó el trabajo inicial sobre el enfoque ITIL 4. Una veintena de expertos trabajan ahora en las mejores prácticas de gestión de servicios: tres años de trabajo. A continuación, AXELOS invitó a la comunidad ITIL a participar en la revisión de los documentos de trabajo. Pidió a consultores voluntarios que aportaran sus puntos de vista sobre todos los temas abordados. Se crearon grupos de trabajo en los cuatro rincones del mundo ITIL, por videoconferencia o mediante el intercambio de documentos: revisión, enmiendas, modificaciones y añadidos. El primer libro de Fundamentos de ITIL se publicó en marzo de 2019. Los demás libros le seguirán en 2020. Un trabajo realmente participativo que involucra a toda la comunidad. Era realmente necesario desempolvar ITIL V3. ITIL 4 adopta los principales estándares en tecnología y métodos de desarrollo y los integra en las mejores prácticas, como ágiles, por supuesto, con Scrum o DevOps en particular, Lean, el Cloud, etc. ITIL 4 proporcionará a las empresas la orientación que necesitan para afrontar los nuevos retos de la gestión de servicios.

ITIL 4 no se considera la versión 4 del enfoque ITIL. El 4 significa adhesión a la cuarta generación industrial. Con esta postura adoptada por los expertos en gestión de servicios, se trata realmente de proporcionar a todos los implicados en la gestión de servicios recomendaciones y buenas prácticas actuales y muy operativas.

Este primer libro, titulado *ITIL Foundation ITIL 4 Edition*, sólo está disponible en inglés. Aún no existe traducción al castellano ni a ningún otro idioma.

Los demás libros tratan en detalle todas las prácticas identificadas en el primer libro de ITIL 4.

Observación

Este libro se basa únicamente en el libro oficial ITIL 4 Fundamentals publicado por AXELOS.

2. ¿Por qué se edita de nuevo el enfoque de gestión de servicios?

En primer lugar, este primer libro permitirá comprender mejor el marco necesario para la gestión de servicios, al incorporar todos los avances tecnológicos y metodológicos. ITIL 4 ofrece, por tanto, un libro de referencia, materiales de formación con planes de estudio definidos y programas de certificación.

ITIL 4 aporta un enfoque global que también permite integrar las evoluciones específicas del mercado de la empresa y no sólo las de su informática (en el libro oficial de fundamentos se incluyen como ilustraciones ejemplos de cómo aplicar el enfoque de ITIL 4 a una empresa ficticia). Los fundamentos de ITIL 4 se centrarán en la creación de valor que aportan los servicios a los usuarios y, de forma más general, a la empresa. Este es el núcleo de un enfoque de gestión de servicios eficaz y eficiente. Las siguientes secciones y capítulos mostrarán que el enfoque de ITIL 4 se basa en el concepto de agilidad en la prestación de servicios.

2.1 ¿Por qué era necesario desempolvar ITIL V3?

Todos los argumentos que voy a citar a continuación, son fruto de mi experiencia de más de veinte años asesorando a empresas sobre gestión de servicios y de la de muchos consultores, directores de informática y responsables de calidad que he conocido a lo largo de estos años.

Entonces, ¿cuáles son las quejas que estamos escuchando sobre la aplicación de las mejores prácticas de ITIL V3?

2.1.1 La rigidez del ciclo de vida de ITIL V3

La primera queja, y probablemente la más frecuente, es que la estructura en cinco fases del ciclo de vida es demasiado rígida para el gusto de muchos, sobre todo teniendo en cuenta las organizaciones y equipos que ya existen en las empresas. Estrategia, diseño, transición, operaciones y mejora continua de los servicios no se suelen corresponder con la organización tradicional de un departamento de informática.

En su lugar, encontramos: gestión de proyectos, gestión de proyectos con equipos de desarrollo y soporte y producción. O, desde hace algunos años, organizaciones totalmente integradas que permiten trabajar en modo ágil.

Los veintiséis procesos enumerados en estas cinco fases también son muy restrictivos. Aunque, si se leen atentamente los libros oficiales de ITIL V3, los procesos no se incluyen en una fase, sino que se adjuntan a una fase, lo que significa que algunas de sus actividades se pueden solapar con la fase anterior o siguiente. Los procesos se colocaban en una fase para simplificar la lectura de los libros y, a menudo, la organización asociada se unía a esta fase para gestionar el proceso.

Demasiado restrictivo: por ejemplo, los equipos implicados en la gestión de incidencias suelen estar en producción y desarrollo, por lo que se encuentran en dos fases diferentes (explotación del servicio y transición del servicio).

La norma ISO 20000 (véase el capítulo sobre gestión de servicios y normas ITIL) no ha hecho más que reforzar esta impresión de rigidez del enfoque ITIL V3.

2.1.2 Formalización de procesos

El enfoque de ITIL V3, al igual que los dos anteriores, se centraba en los procesos. El objetivo era identificar claramente las actividades de cada proceso, sus entradas, sus resultados y sus objetivos. También se abordaron, aunque de forma bastante breve, las funciones y los actores implicados en estos procesos. Normalmente, con el concepto de las "cuatro P" descrito en la fase de diseño, también se deberían haber abordado, al menos en esta fase, los productos, las personas y los proveedores. Pero en realidad no fue así. Para mucha gente, ITIL V3 se reducía a estos veintiséis procesos y eso era todo.

Por otra parte, veintiséis procesos eran demasiados o insuficientes. No conozco ninguna empresa que haya implantado todos los procesos: cuando ha implantado una decena de procesos, normalmente es suficiente, porque requiere mucha energía y, a menudo, demasiados cambios. Por otra parte, era frecuente que se echaran de menos algunos procesos, como la gestión de riesgos, la gestión del personal informático y, por supuesto, la gestión de proyectos.

2.1.3 Ausencia de directivas globales

En todas las empresas existe una cultura corporativa que, a menudo, se documenta en folletos de bienvenida, documentos de calidad, y que dan, por ejemplo, la estructura de los principales documentos gestionados por el departamento de informática, directivas para la arquitectura de la informática, referencias para paquetes de hardware o software, descripciones de las distintas profesiones de informática, etc. ITIL V3 no los tuvo en cuenta, ni siquiera los mencionó: ¿deberían incluirse en el enfoque de procesos o ignorarse? No hay respuesta en los procesos. Y aún más que la ausencia de directivas globales, ITIL V3 no se basaba en un enfoque holístico de la gestión de servicios, es decir, teniendo en cuenta no sólo los procesos, sino también los actores, la información, el valor entregado y percibido, la tecnología, etc.

2.1.4 Falta de consideración hacia lo existente

Una de las principales críticas al enfoque ITIL V3 era que no tenía suficientemente en cuenta la forma de trabajar de la empresa. De hecho, en los libros de ITIL V3 se dan recomendaciones para definir los distintos procesos, sus actividades, entradas y entregables, como si la entidad de informática no existiera, sin pasado: partimos de una hoja en blanco. Por desgracia, casi nunca es así. ¿Cómo podemos tener en cuenta lo que ya existe, es decir, cómo podemos adaptar la forma de trabajar de los equipos de informática para acercarnos lo más posible a las mejores prácticas? Los libros de ITIL V3 no aportan ninguna solución. Está, por supuesto, el libro sobre la fase de mejora continua, pero esta empieza una vez que ya se han implantado los procesos de ITIL V3.

Por ello, muchos consultores ITIL han suplido esta carencia definiendo su propio enfoque para comprender lo que ya existe, compararlo con las mejores prácticas y elaborar un plan de mejora.

2.1.5 La dirección

La dirección de la prestación de servicios se aborda en las buenas prácticas de ITIL V3, pero de forma bastante básica. De hecho, la gobernanza reside en la definición de indicadores, KPI (*Key Performance Indicators*, indicadores clave de rendimiento) y CSF (*Critical Success Factors*, factores críticos de éxito). Abarcarán las cuatro categorías de indicadores:

- volumetría,
- cumplimiento,
- eficacia,
- eficiencia.

Por este motivo, muchas empresas han recurrido a la norma COBIT (véase el capítulo sobre gestión de servicios y normas ITIL) para implantar reglas de dirección en la gestión de servicios.

2.1.6 La complejidad de los cursos de formación

El enfoque ITIL V3 requiere una inversión importante en formación del personal. Se estima que cuando una empresa decide implantar el enfoque ITIL, todo el personal de informática debería tener formación de sensibilización sobre ITIL. Al menos una persona de cada equipo debería tener la certificación de Nivel 1 Fundamentos, los gestores de procesos deberían tener la certificación de Nivel 2 Intermedio para el módulo o módulos correspondientes y el gestor de servicios (Sr. o Sra. ITIL) y el gestor de mejora continua deberían tener la certificación de Nivel Experto.

La certificación Fundamentos de ITIL ya es bastante pesada de por sí: tres días completos.

Las certificaciones intermedias requieren cinco días de formación y no son necesariamente adecuadas para directivos, con dos vertientes, "ITIL Service Lifecycle" e "ITIL Service Capabilities". No siempre es fácil saber cuál elegir.

Para obtener el título de experto, es necesario alcanzar un número mínimo de puntos, correspondiente a la suma de los puntos obtenidos cuando se supera con éxito una serie de módulos de nivel 1 y de nivel 2.

Demasiado complejo, especialmente si la gente ya ha empezado su curso de formación ITIL V2.

2.2 ¿Qué debemos conservar del enfoque ITIL V3?

2.2.1 El concepto de servicio

Esta ha sido la noción fundamental de todo el enfoque ITIL desde el comienzo del trabajo sobre las mejores prácticas en los años 80 y se ha mantenido en las tres versiones. Por supuesto, esta noción y la definición inicial de servicio se deben mantener y, como veremos en los siguientes capítulos, se mantendrán en ITIL 4. La definición oficial en español es la siguiente

"Es una forma de aportar valor a los clientes facilitándoles los resultados que quieren conseguir sin asumir toda la responsabilidad de los costes o los riesgos".

Una definición quizá más fácil de entender sería la siguiente (no oficial):

"Una aplicación informática que se ejecuta en una infraestructura adecuada para producir un determinado valor para un conjunto de usuarios predefinidos, con todo el soporte necesario (documentación, formación, asistencia, etc.), sin que los usuarios paguen los costes reales de los servicios."

El concepto de servicio va acompañado de un compromiso de resultados, descrito en el acuerdo de nivel de servicio o SLA (*Service Level Agreement* en inglés).

El concepto de servicio incluye otras dos nociones muy importantes: utilidad (*utility* en inglés) y garantía (*warranty* en inglés), con un compromiso de resultados.

La utilidad se refiere a la funcionalidad de la aplicación. La garantía, en cambio, se refiere a la forma en que los usuarios utilizarán la aplicación. El término garantía, que es la traducción al castellano del término inglés, se suele sustituir por el de "uso", mucho más significativo en castellano.

Todos estos conceptos relacionados con los servicios se mantienen en ITIL 4 y constituyen la base de la gestión de servicios.

2.2.2 Gestión de servicios

En los libros de la versión 3 de ITIL, la gestión de servicios se define como un conjunto de disposiciones especializadas (funciones y procesos), que permiten entregar valor a los clientes en forma de servicios. Esta noción es fundamental y se debe mantener en el enfoque ITIL 4. El enfoque ITIL se centra esencialmente en la gestión de servicios.

La definición cambiará ligeramente en ITIL 4, ya que los acuerdos de implementación son diferentes a los de la versión 3 de ITIL.

La gestión de servicios se define como un conjunto de disposiciones especializadas (directivas, dirección, prácticas, mejora, etc.), que permiten ofrecer valor a los clientes en forma de servicios.

2.2.3 Vocabulario

Uno de los principales puntos fuertes del enfoque ITIL desde sus inicios en la década de 1980, ha sido el trabajo realizado en materia de vocabulario. A lo largo de los años se han definido más de doscientos términos, no sólo en inglés, sino también en muchos otros idiomas. Con el tiempo, todos estos términos han llegado a los equipos de informática, que ahora los utilizan de forma muy habitual. Este es quizás el aspecto más importante y positivo del enfoque ITIL: con el vocabulario ITIL, el propietario del proyecto, los equipos de desarrollo, producción y usuarios son capaces de entenderse y hablar el mismo idioma. Un incidente ya no se confunde con un problema o una anomalía.

Por supuesto, en ITIL 4 se mantiene todo el vocabulario del enfoque ITIL. Algunos términos se modificarán. Esto se mencionará en los siguientes capítulos pero, en general, todo se ha mantenido.

2.2.4 Objetivos del proceso

En los libros de ITIL versión 3, la descripción de los procesos desempeña un papel fundamental. Los veintiséis procesos, divididos en las cinco fases del ciclo de vida, se definen por sus objetivos, entradas, entregables y actividades.

La versión 3 de ITIL fue muy criticada por ser demasiado rígida, demasiado estructurada, demasiado formal, etc. (véase la sección anterior). Todo esto está justificado en muchos entornos. En cambio, los objetivos de los procesos rara vez han sido criticados, porque se basan en el sentido común: por ejemplo, el objetivo del proceso de gestión de incidencias es restablecer el servicio lo antes posible... todo el mundo está de acuerdo.

Los objetivos de los procesos se deben preservar y estarán en el enfoque de ITIL 4.

2.2.5 Actividades del proceso

Al igual que los objetivos del proceso, la mayoría de las actividades del mismo se mantendrán en las buenas prácticas de ITIL 4. En el capítulo Las prácticas veremos que la noción de proceso evolucionará, pero las actividades identificadas en versiones anteriores de ITIL se mantendrán, ya que corresponden a acciones reales a realizar.

2.2.6 Buenas prácticas de mejora continua

La mejora continua era, en cierto modo, el pariente pobre de las mejores prácticas de la versión 3 de ITIL, por una sencilla razón. El enfoque ITIL situaba esta fase después de que se hubieran implementado las otras cuatro. Como resultado, muchos consultores y directores de informática la posponían para más adelante, si es que la posponían. Sin embargo, el libro que la describía contenía principios sencillos y de sentido común que permitían que los procesos y servicios evolucionaran y mejoraran utilizando un método de eficacia probada. La Rueda de Deming ha demostrado su eficacia en muchas empresas dentro y fuera del mundo de la informática. El fabricante japonés de automóviles Toyota es un buen ejemplo.

ITIL 4 no sólo mantendrá todas las buenas prácticas de mejora continua descritas en la versión 3 de ITIL, sino que la reposicionará en el centro de todo el enfoque. Esto se tratará con más detalle en el capítulo sobre La mejora continua.

2.2.7 La dirección

Como se indica en el párrafo anterior sobre el hecho de desempolvar la versión 3 de ITIL, el enfoque basado en indicadores se debe mantener, ya que es una forma de dirección muy operativa y sencilla de aplicar.

Pensar en los KPI (*Key Performance Indicators*, indicadores clave de rendimiento) y los CSF (*Critical Success Factors*, factores críticos de éxito) de cada proceso y cada departamento, es una base muy buena para una dirección más sofisticado. El valor de estos indicadores reside en su categorización:

- Volumetría: recuento. Más que el número de incidentes que se producen, se trata de observar las tendencias. Por ejemplo, el número de incidentes en un mes no es importante en sí mismo. Lo importante es conocer la tendencia: ¿hubo más o menos incidentes que el mes anterior?
- Cumplimiento: comprobar si lo que dijimos que haríamos, se ha hecho realmente. Por ejemplo, después de cada cambio importante, organizamos una reunión post-implantación, una reunión de feedback, etc.
- Eficacia: comprobar si los compromisos declarados se cumplen realmente. Con los SLA, es necesario disponer de un cierto número de indicadores de eficacia, como el cumplimiento de los plazos de recuperación tras un incidente.
- Eficiencia: analizar si, siendo eficaces, hemos utilizado el mínimo de recursos en el mínimo de tiempo. Estos indicadores suelen ser mucho más difíciles de identificar. Por ejemplo, el porcentaje de incidentes resueltos por el primer nivel de apoyo, como el centro de servicio.

ITIL mantendrá esta categorización porque abarca todas las cuestiones relacionadas con la creación de una verdadera dirección para la gestión de servicios.

2.2.8 El ciclo en V

Para concluir, lo más importante que hay que recordar sobre la versión 3 de ITIL y sus predecesoras es, por supuesto, su perfecta adecuación con la gestión de proyectos del ciclo en V. En el mundo actual, la agilidad, la "rapidez de comercialización" y el "tiempo de comercialización" son importantes y necesarios, pero todavía hay toda una gama de aplicaciones en las que el desarrollo del ciclo en V sigue siendo muy recomendable, si no obligatorio. Esto es especialmente cierto en el caso de las aplicaciones empresariales como la contabilidad, las finanzas y la gestión de recursos humanos.

Por supuesto, ITIL 4 identificará las mejores prácticas para implementar la agilidad en la gestión de servicios, pero también conservará las mejores prácticas de la gestión de proyectos del ciclo en V. Por lo tanto, hablaremos más de desarrollo en "cascada": una metodología similar al ciclo en V de la década de 2000.

En los siguientes capítulos veremos cómo encajan estos dos enfoques –agilidad y waterfalls– en el enfoque de ITIL 4.

3. Los principios fundamentales de ITIL 4

El enfoque ITIL 4 se basa en dos componentes clave: el sistema de valores del servicio y el modelo cuatridimensional.

3.1 El sistema de valor de los servicios

El sistema de valor de los servicios (*Service Value System* o SVS) es un sistema que describe cómo los diferentes componentes y actividades dentro de una organización trabajan juntos para crear valor. El enfoque ITIL 4 ayudará a facilitar las relaciones y proporcionará un camino hacia la creación de valor para todas las partes interesadas. El sistema de valor de los servicio proporcionará un modelo flexible y altamente operativo para la creación y prestación de servicios, así como para la mejora continua de los servicios existentes.

Los componentes del sistema de valor de los servicios (SVS) son:

- la cadena de valor de los servicios (*ITIL Service Value Chain* en inglés),
- las prácticas (*ITIL Practices* en inglés),
- los principios directores (*ITIL Guiding Principles* en inglés),
- la dirección,
- la mejora continua.

La cadena de valor del servicio es el núcleo del sistema. Se inicia a partir de las oportunidades que surgen de la actividad de la empresa o de las peticiones de los clientes. El objetivo es, por supuesto, aportar valor a las distintas partes interesadas.

Las prácticas ayudarán a una o varias actividades de la cadena de valor de los servicios a alcanzar sus objetivos.

Los principios directores proporcionarán el marco, basado en la cultura de la empresa.

Vemos que la dirección del sistema está presente al más alto nivel. Dirige y controla la cadena de valor de los servicios.

Cada componente del sistema de valor del servicio forma parte de un proceso de mejora continua.

Estos distintos componentes se describen detalladamente en los siguientes capítulos.

3.2 El modelo en cuatro dimensiones

Para adoptar un enfoque global, el denominado enfoque holístico de la gestión de servicios, ITIL 4 destaca las cuatro dimensiones necesarias que se deben aplicar:

- Organización y personas.
- Información y tecnología.
- Socios y proveedores.
- Flujo de valor y procesos.

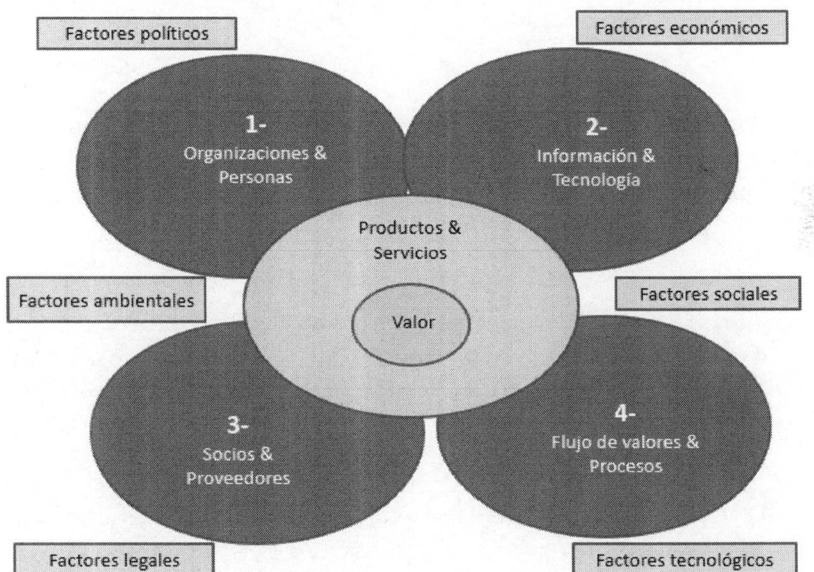

Estas cuatro dimensiones se describen con más detalle en el capítulo Las cuatro dimensiones de la gestión de servicios.

3.3 Conceptos clave del enfoque ITIL 4

Esta sección enumera los nuevos conceptos clave en el enfoque de ITIL 4. No se repetirán definiciones ya dadas en este capítulo o en capítulos anteriores, como servicio y gestión de servicios.

El valor

El valor es la combinación de utilidad y beneficio que algo aporta a las partes interesadas. El valor suele ser subjetivo para las partes interesadas. Se basa en los dos conceptos de utilidad y garantía tratados en los apartados anteriores.

La organización

Una organización es una persona o un grupo de personas que tienen la responsabilidad y la autoridad para alcanzar unos objetivos definidos.

El producto

Un producto es un elemento de configuración que aporta valor a un cliente. A menudo es complejo y no necesariamente visible para el cliente. Forma parte de uno o varios servicios.

El coste

El coste es la cantidad de dinero que se gasta en una actividad o recurso concreto. No se debe confundir con el precio, que es el valor financiero de la compra de un servicio. El precio es el coste más un margen.

El riesgo

El riesgo es un acontecimiento posible que puede causar daños o dificultar más de lo previsto en la consecución de un objetivo.

Capítulo 4
Las cuatro dimensiones de la gestión de servicios

1. Introducción

En el capítulo anterior vimos que el principal objetivo de ITIL 4 era crear valor. Antes de describir el global ITIL SVS (*Service Value System*), es importante señalar que ITIL 4 se centra en lo que se conoce como las cuatro dimensiones de la gestión de servicios. Esto permitirá un enfoque holístico de la gestión de servicios. De hecho, como se verá, éstas están presentes en el sistema global.

1.1 Recordatorio de las dimensiones de la gestión de servicios (ITIL versión 2)

Este concepto de dimensiones en la gestión de servicios y en las buenas prácticas de ITIL, no es nuevo. Apareció por primera vez en la versión 2 de ITIL en 2002-2003. En esta versión, se menciona que se deben entender tres dimensiones (y no cuatro como en ITIL 4) para implementar con éxito las buenas prácticas de ITIL. El concepto se conoce por sus siglas en inglés PPT: *People Process Technology* o , en castellano "Personas Procesos Tecnologías".

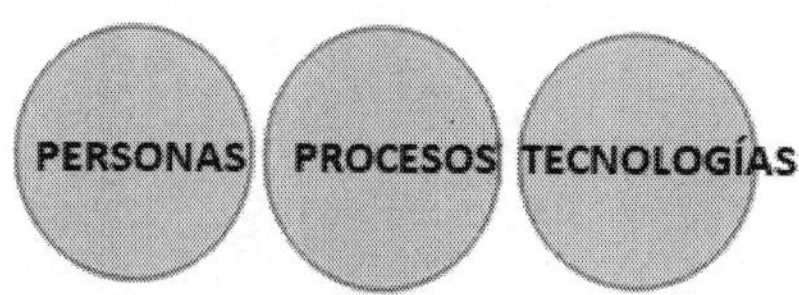

Personas: identificar las funciones de cada persona.

Procesos: implantación de los once procesos de ITIL V2.

Tecnologías: automatizar todo lo automatizable para simplificar el trabajo de todos.

1.2 Recordatorio de las dimensiones de la gestión de servicios (ITIL versión 3)

En la versión V3 de ITIL, publicada en 2007, el concepto se amplió para incluir una cuarta dimensión, pero se reposicionó únicamente en la fase de diseño del servicio del ciclo de vida. Esto hace que el concepto sea muy restrictivo y resulta especialmente difícil entender por qué no se extiende a todas las fases del ciclo de vida.

Por tanto, el concepto se expresa mediante el acrónimo, las 4 Ps: *Process People Products Partners*, en castellano, "Procesos Personas Productos y Proveedores" (las cuatro Ps se mantienen en castellano e inglés).

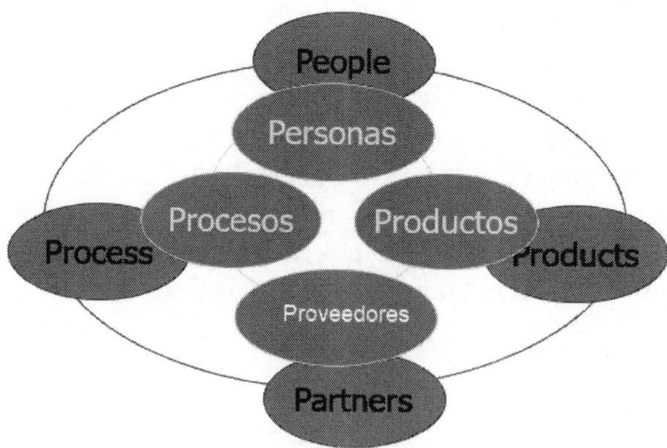

Procesos: implantar los 26 procesos de ITIL V3.

Personas: definir las funciones de las partes interesadas internas.

Productos: utilizar productos para prestar servicios.

Proveedores: beneficiarse de la experiencia y conocimientos de nuestros socios.

1.3 Las cuatro dimensiones de ITIL 4

Las mejores prácticas de ITIL 4 se basarán en las cuatro P de la versión 3 de ITIL para definir las cuatro dimensiones clave del enfoque:

- Organización y personas.
- Información y tecnología.
- Socios y proveedores.
- Flujo de valor y procesos.

El enfoque ITIL 4 también tiene en cuenta factores externos como los políticos, económicos, medioambientales, sociales, jurídicos y tecnológicos.

Las cuatro dimensiones se aplican a todos los productos, servicios y actividades, lo que no ocurría en la versión 3 de ITIL.

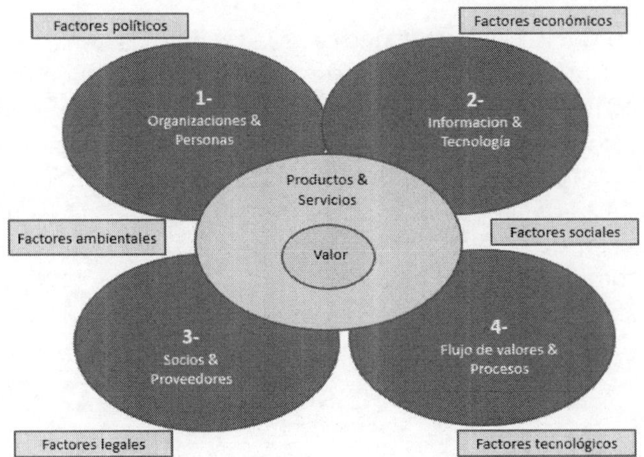

2. Organizaciones y personas

Las organizaciones de la empresa y, en particular, el departamento de informática, deben transmitir a las personas que trabajan en ella la cultura corporativa, detallando y clarificando la estrategia y los objetivos de la empresa, las funciones de cada persona, los mecanismos de responsabilidad y el sistema de comunicación e información. La organización debe traducir todo esto en términos operativos. Cada persona debe tener una visión clara de su misión, su papel, su implicación y su contribución en el conjunto de la empresa y no sólo en el departamento informático. Se debe detallar cada perfil.

Las personas son los elementos clave de esta dimensión. Incluyen a todas las partes interesadas, no solo al personal de la entidad de la informática:

- Propietarios del proyecto.
- Nuestros clientes.
- Usuarios.
- Equipos informáticos.
- Proveedores de servicios.
- Directivos y accionistas.

3. Información y tecnología

La segunda dimensión del modelo es la información y la tecnología. Abarca la gestión de los servicios y los propios servicios, a través de la información que se necesitará, los conocimientos asociados y la tecnología que lo soporta todo. También abarca todas las relaciones, entradas y salidas, de las diferentes actividades y las diferentes prácticas o procesos. Es decir, los diferentes flujos de trabajo, pero también las bases de datos, el inventario y los sistemas de seguimiento y análisis. En términos de análisis, las herramientas de inteligencia artificial están cobrando protagonismo. El uso de, cloud computing, toda la oferta de movilidad y la automatización también forman parte de esta dimensión.

Se deben abordar las siguientes cuestiones:

- ¿Qué información gestionan los distintos departamentos?
- ¿Qué información y conocimientos se necesitan para prestar cada servicio (en particular para el soporte y el mantenimiento)?
- ¿Cómo se debe gestionar esta información (almacenamiento, acceso, etc.)?
- ¿Es adecuada la tecnología utilizada para gestionar esta información (uso del cloud, inteligencia artificial, etc.)?
- ¿Introduce la tecnología riesgos o limitaciones para la organización?

El libro Fundamentos de ITIL 4 describe las características y ventajas de la implantación de la cloud computing en el contexto de la gestión de servicios. No se repetirán en este libro, ya que son bastante genéricas (se pueden encontrar fácilmente en artículos dedicados al cloud). Sólo se incluirá la lista de prácticas que se pueden ver afectadas por el uso de la cloud computing:

- Gestión del nivel de servicio.
- Medición e información.
- Gestión de la seguridad informática.
- Gestión de la continuidad informática.
- Gestión de proveedores.
- Gestión de incidentes.
- Gestión de problemas.
- Gestión de consultas.
- Gestión de la configuración.

Por tanto, el uso del cloud computing se está convirtiendo en algo estratégico para las empresas. Tendrá repercusiones en todas las organizaciones, desde la gobernanza hasta las operaciones cotidianas.

4. Socios y proveedores

La tercera dimensión de la gestión de servicios son los socios y proveedores. Cada organización y cada servicio prestado necesitan la participación de otras organizaciones o proveedores para construir la estrategia, definir el diseño, impulsar el desarrollo, asegurar el despliegue, garantizar el soporte y el mantenimiento y aplicar la mejora continua.

Los socios y proveedores pueden ser organizaciones internas o externas.

Varios factores influirán en la elección de socios y proveedores internos o externos:

- La propia estrategia de la empresa: ¿se centra la empresa en sus actividades y competencias principales y deja otras actividades a la externalización? La respuesta a esta pregunta debe ser clara y comunicarse a todo el mundo.
- Cultura empresarial: algunas empresas se oponen al uso de recursos externos.
- Política de costes: los costes de personal interno y externo no se gestionan de la misma manera.
- Gestión de la experiencia: ¿debemos conservar internamente la experiencia o es mejor recurrir a ella cuando la necesitemos? La respuesta a esta pregunta debe ser clara y comunicarse a todo el mundo.
- Restricciones sociales: ¿se pueden utilizar recursos externos en el propio contexto de la empresa? La respuesta a esta pregunta debe ser clara y comunicarse a todo el mundo.
- Estacionalidad: si una actividad es estacional, ¿se deben utilizar recursos externos? La respuesta a esta pregunta debe ser clara y comunicarse a todos.

5. Flujo de valor y procesos

El flujo de valor es la cuarta dimensión de la gestión de servicios. Esta dimensión, como las demás, se aplica a todo el SVS. El flujo de valor es el conjunto de actividades que crean e implementan productos y servicios.

Un proceso es una secuencia de actividades que transforma entradas en resultados. Define acciones que se suceden unas a otras, destacando sus interrelaciones. Un proceso se puede desglosar en procedimientos y modos de funcionamiento.

La noción de proceso se englobará dentro del enfoque ITIL 4 mediante lo que se conoce como prácticas (*Practice* en inglés).

6. Factores externos

El sistema global SVS y sus cuatro dimensiones no están aislados del mundo exterior. Estamos en una empresa, en un mercado, en un país, etc. Por tanto, tanto él como sus cuatro dimensiones se pueden ver afectados por una serie de factores externos. Esto modificará o adaptará las organizaciones y los recursos. He aquí algunos ejemplos de estos factores externos:

- Factores jurídicos y sociales: código laboral, contrato sectorial, contrato de trabajo, presencia o ausencia de sindicatos, etc.
- Factores económicos: servicio o producto gratuito o bajo licencia, etc.
- Protección de datos: datos bajo las restricciones de la CNIL, datos personales bajo el reglamento RGPD.
- Normativa medioambiental.

7. Conclusión

Las mejores prácticas de ITIL 4 hacen hincapié en la importancia de que exista un equilibrio entre estas cuatro dimensiones, en las que influyen factores externos, en todo el sistema general de gestión de servicios SVS, lo que permite un enfoque verdaderamente holístico.

Capítulo 5
Un sistema global

1. Recordatorio de conceptos de sistemas globales en el enfoque ITIL

Desde el inicio de los trabajos sobre buenas prácticas en la gestión de servicios, los expertos en ITIL siempre han enfocado el planteamiento desde un punto de vista global. Ya en la versión V2 de ITIL se hablaba de un sistema global compuesto por dos grandes módulos que constituían los fundamentos: el soporte al servicio y la prestación del servicio, a los que se añadía el módulo de gestión de la seguridad informática. Este sistema global estaba enmarcado por otros módulos que entonces no formaban parte de la gestión de servicios:

- Planificación y aplicación de la gestión de servicios.
- Gestión de infraestructuras.
- Punto de vista de la empresa.
- Gestión de aplicaciones.

Este sistema global ha permitido extender la gestión de los servicios de la empresa hasta la tecnología, como muestra el diagrama siguiente. En él se detallan diez procesos más uno relativo a la gestión de la seguridad informática. Sólo está presente una función, el centro de servicios.

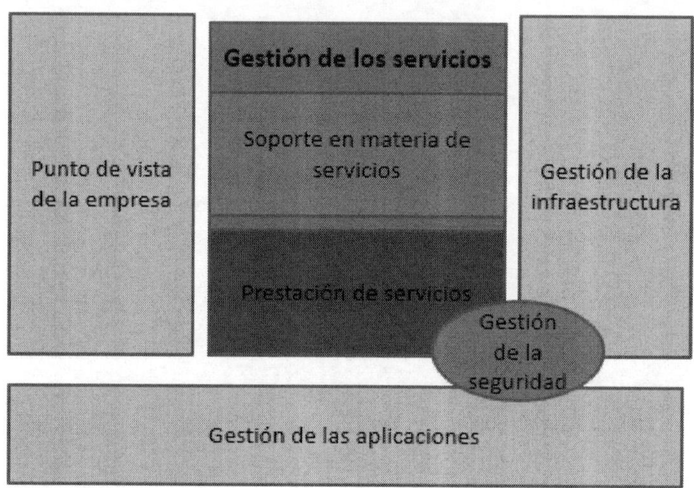

En la versión ITIL V3, este sistema global se amplía o enriquece con el concepto de ciclo de vida. La gestión de servicios abarca, por tanto, todo el ciclo de vida, con sus cinco fases:

- Estrategia de servicios.
- Diseño de servicios.
- Transición de los servicios.
- Explotación de los servicios.
- Mejora continua de los servicios.

El número de procesos asociados también ha aumentado, de diez a veintiséis. El número de funciones ha aumentado de una a cuatro:

- Centro de servicio.
- Gestión de aplicaciones.
- Gestión de operaciones.
- Gestión técnica.

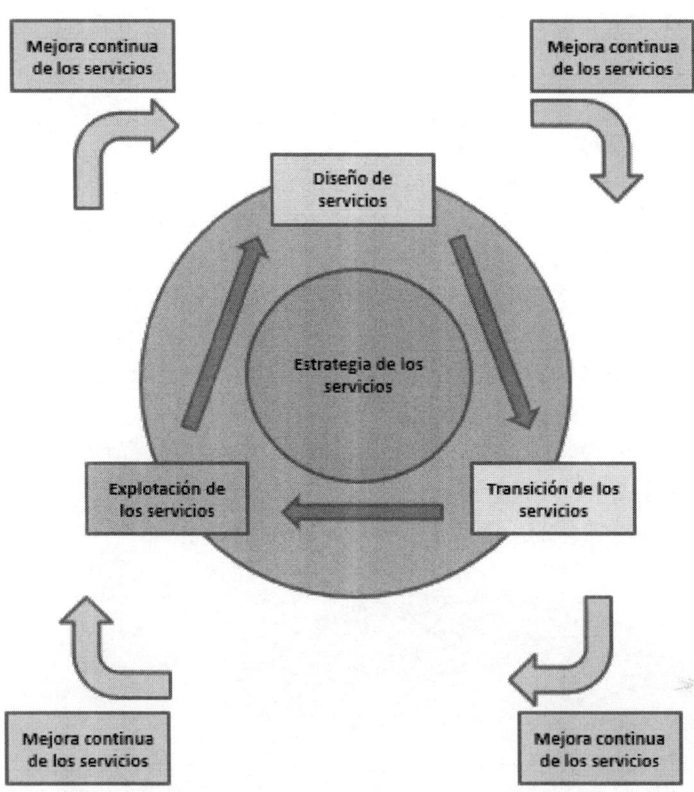

2. El sistema SVS global del enfoque ITIL 4

El enfoque ITIL 4 lleva aún más lejos el concepto de sistema global. Ahora hablamos de un Sistema de Servicios de Valor Añadido (SVS), que elimina la noción de ciclo de vida, demasiado ligada a la metodología de desarrollo del ciclo en V.

El sistema global aporta valor a través de sus componentes:

- La cadena de valor del servicio. Contendrá algunas de las antiguas etapas del ciclo de vida de ITIL V3, pero estructuradas de forma diferente. Se crearán seis actividades de la cadena de valor.
- Las prácticas sustituyeron a los procesos y se abandonaron las funciones, con la excepción del centro de servicios, que se convirtió en una práctica. Se enumeran 34 prácticas.
- Los principios directores abarcarán todo el sistema y ofrecerán un enfoque holístico.
- Dirección, que forma parte integrante del sistema general del SVS.
- La mejora continua deja de ser una fase del ciclo de vida para convertirse en el punto de partida y la piedra angular del ciclo virtuoso de mejora.

El sistema global SVS aprovecha las oportunidades y demandas y las convierte en valor.

Cada uno de estos componentes se detallará en los capítulos siguientes.

Capítulo 6
Los principios directores de ITIL 4

1. Los principios directores

En todas las empresas existe una cultura de empresa más o menos presente y más o menos documentada. Un folleto de bienvenida, documentos que describen la metodología y las normas en materia de calidad, a veces incluso el plan director, proporcionan a los empleados esta cultura de empresa. También en el sector público, las normas de ética del servicio público nos proporcionan este marco de trabajo.

En el caso de los departamentos de informática, suele haber documentos que establecen normas y marcos para los profesionales de la informática: metodología de gestión de proyectos, restricciones de arquitectura, referencias para el suministro de paquetes de hardware o software, política de implementación y despliegue, gestión de proveedores de servicios y suministradores, etc.

Las mejores prácticas de ITIL 4 definen, por tanto, principios directores, que son recomendaciones que se pueden utilizar para orientar las decisiones y elecciones de la empresa y, en consecuencia, de la entidad de la informática dependiente, en todas las circunstancias. Por supuesto, estos principios son bastante genéricos, pero es importante hacer hincapié en ellos, porque sobre todo, son de sentido común. Siempre es importante recordar el sentido común, porque con demasiada frecuencia en las empresas se pierde en favor de los intereses a corto plazo. Como se menciona en el libro oficial de Fundamentos de ITIL 4, los principios son universales y deben perdurar en el tiempo.

Hay siete principios directores:

- El valor.
- Lo existente.
- La iteración.
- La colaboración.
- El enfoque holístico.
- El pragmatismo.
- La optimización.

Como se menciona en el capítulo Los grandes principios de ITIL 4, sólo existe una versión en inglés del documento de Fundamentos de ITIL 4. Por lo tanto, no disponemos de una traducción oficial de los nuevos términos definidos en ITIL 4. Antes de entrar en más detalles sobre los principios directores en las siguientes secciones, a continuación se muestra la terminología inglesa utilizada para cada uno de ellos:

- El valor: *focus on value*.
- Lo existente: *start where you are*.
- La iteración: *progress iteratively with feedback*.
- La colaboración: *collaborate and promote visibility*.
- El enfoque holístico: *think and work holistically*.
- El pragmatismo: *keep it simple and practical*.
- La optimización: *optimize and automate*.

2. El valor

Primer principio: centrarse siempre en el valor aportado a las partes interesadas. En otras palabras, toda organización (individual o en equipo) necesita saber qué valor aporta cualquier actividad que lleve a cabo, si este valor se percibe directa o indirectamente y qué partes interesadas se beneficiarán de ella.

Por ejemplo, para un nuevo servicio, debemos hacernos las siguientes preguntas:

- ¿Por qué utilizará el cliente este servicio?
- ¿Cómo le ayudará este servicio?
- ¿Cómo le permitirá este servicio alcanzar sus objetivos?
- ¿Cuál es el coste financiero para el cliente?
- ¿Cuáles son los riesgos para el cliente?

Este principio sustenta otro, que es el siguiente: dejemos de hacer cosas que no sirven para nada, como informes que nadie lee, recopilación de indicadores que no se utilizan, etc.

La aplicación de este principio director se puede resumir del siguiente modo:

- conocer el valor que aporta cada servicio y quién se beneficia de él,
- conocer el valor de cada actividad, tanto si se trata de actividades operativas rutinarias como de actividades de mejora.

3. Lo existente

El segundo principio es empezar a aplicar las mejores prácticas ITIL con lo que ya existe en la empresa o el departamento de informática. Hay que basarse en lo que ya existe. Fíjese en lo que funciona bien y consérvelo, ya sean procesos, procedimientos u organizaciones, aunque no se ajuste del todo a las buenas prácticas descritas en los libros. Aproveche lo que ya existe y modifíquelo después.

Sobre todo, no empiece de cero, con procedimientos y procesos completamente nuevos, ya que es muy probable que las organizaciones rechacen estas nuevas formas de trabajar. Como mínimo, hay que basarse en una o varias actividades ya existentes.

Para ello, necesita una visión clara y objetiva de lo que ya existe. El análisis de una persona ajena a la empresa suele ser útil, ya que no tomará partido y podrá destacar los puntos fuertes y los aspectos mejorables.

El capítulo Implementación del enfoque ITIL proporciona toda la información necesaria.

La aplicación de este principio director se puede resumir del siguiente modo:

- analizar objetivamente lo que ya existe (por ejemplo, con la ayuda de alguien ajeno a la organización),
- basarse en lo que funciona bien para comprender el éxito y reproducirlo,
- realizar un análisis de riesgos,
- reconocer que lo que ya existe puede ser suficiente.

4. La iteración

Tercer principio: aplicar las buenas prácticas en iteraciones sucesivas. Hay que utilizar el método del Sr. Deming, la "rueda Deming", para avanzar progresivamente: primero planificar las actividades con un objetivo realizable a corto plazo (tres meses, seis como máximo), realizar y desplegar las acciones, comprobar que se ha alcanzado el objetivo y, por último, ajustar algunos puntos si es necesario (porque la realidad a menudo no es lo que pensamos). Así pues, las cuatro etapas de la rueda de Deming están ahí: *Planificar*, *Hacer*, *Comprobar*, *Actuar*. Después, vuelta a empezar para mejorar.

Lo importante, después de una iteración de mejora, es hacer balance de la situación con todos los agentes implicados para obtener su opinión. Es importante implicar a los agentes en la fijación de los objetivos a corto plazo y las acciones que se deben poner en marcha, pero también es importante no descuidar su participación en el proceso de feedback. Analizar lo que ha ido bien, aprovechar el trabajo de todos e identificar los puntos que no han salido según lo previsto es muy importante para no repetir errores.

Hay dos razones por las que intentar implantar todas las mejores prácticas ITIL juntas, está condenado al fracaso. La primera es la cantidad de trabajo que hay que hacer. Formalizar todas estas buenas prácticas en el contexto de la empresa será demasiado importante y movilizará demasiados recursos en detrimento del trabajo cotidiano. Basándose en la experiencia del despliegue de ITIL V2 o ITIL V3, una regla que muchos consultores aplicaban era la siguiente: no más de tres o incluso cuatro procesos implantados al mismo tiempo. La segunda razón es la adaptación al cambio. Demasiados cambios al mismo tiempo provocarán un rechazo masivo por parte de los equipos.

La capacidad del individuo para afrontar el cambio es limitada.

La aplicación de este principio director se puede resumir del siguiente modo:

- defina y comprenda la meta que se debe alcanzar, pero avance con objetivos alcanzables a corto plazo,
- el entorno se está moviendo constantemente y el planteamiento de iteraciones sucesivas permite reorientar las trayectorias,
- una iteración debe contener todos los componentes necesarios para alcanzar su objetivo.

5. La colaboración

Ante todo, este principio es de sentido común. Ya lo he mencionado en el principio anterior. Todas las decisiones, las definiciones de objetivos a corto y medio plazo, los detalles de las actividades del proceso, las revisiones de los procedimientos y la redacción de los métodos operativos se deben llevar a cabo por representantes de las organizaciones. El trabajo en talleres participativos es una garantía de éxito. Por supuesto, este trabajo debe ser supervisado por un equipo de dirección, a menudo compuesto por un miembro de la dirección, el responsable del servicio (Sr. o Sra. ITIL) y un consultor ITIL (interno o externo) o incluso uno o varios expertos. Sin embargo, para ser eficaces, los talleres participativos deben estar limitados en tiempo y objetivos. Hay que tener cuidado de no caer en la trampa de celebrar reuniones simplemente por reunirse. La puesta en común, la colaboración y la participación de las partes interesadas es un verdadero factor de éxito a largo plazo.

Además de la participación en talleres, las recomendaciones de ITIL 4 para este principio director exigen una comunicación sólida sobre el proceso de implementación, las acciones emprendidas, los objetivos alcanzados, las acciones en curso y los objetivos por alcanzar. Esto significa no sólo comunicar, sino también promover el enfoque entre todas las partes interesadas.

La aplicación de este principio director se puede resumir del siguiente modo:

- la colaboración no es necesariamente consenso,
- la comunicación se debe adaptar a cada organización,
- las decisiones se basan en datos objetivos.

6. El enfoque holístico

Este quinto principio director es quizá el más difícil de aplicar en el día a día. Se trata de pensar y trabajar de forma holística. Ya es importante entender la palabra holístico: holístico viene del griego "holes", que significa "todo". Un enfoque holístico significa ver las cosas como un todo y ese todo vale más que la suma de sus partes. Un enfoque holístico en informática, y por supuesto en la gestión de servicios, significa que cada componente de hardware o software, herramienta, aplicación o servicio, se debe considerar siempre como parte de un todo que contribuirá a añadir valor global. ¿Qué aportará este elemento en términos de eficacia y eficiencia al conjunto? ¿Cómo se utilizará este elemento en el conjunto? ¿Cómo se mantendrá este elemento dentro del conjunto? ¿Cómo evolucionará?

Un enfoque holístico suele implicar reunir a todas las partes interesadas (internas o externas) para identificar el valor del servicio prestado (en términos de funcionalidad y uso) y contractualizar el valor y, por tanto, el nivel de servicio asociado en un acuerdo de nivel de servicio (SLA, *Service Level Agreement* en inglés).

La aplicación de este principio director se puede resumirse del siguiente modo:

- ningún departamento, proceso, organización o proveedor trabaja solo,
- comprender y evaluar la complejidad del sistema de información y, en particular, las relaciones entre cada componente,
- la colaboración entre todas las partes interesadas es clave para el éxito de un planteamiento holístico,
- la automatización puede ayudar a adoptar una visión holística.

7. El pragmatismo

El sexto principio es simplemente de sentido común: hay que ser sencillo y práctico. En todos los casos, utilice un número mínimo de pasos para alcanzar un objetivo. Todos los entregables se deben producir utilizando soluciones sencillas y deben aportar valor, al menos a una parte interesada. Si un proceso, servicio, acción o indicador no aporta valor, se debe suprimir por completo. Es mejor ser incompleto al principio y añadir gradualmente indicadores, acciones, funcionalidades de servicio u otros servicios sólo cuando sea necesario.

Por otro lado, puede haber conflictos de intereses en la empresa, por ejemplo, a la hora de elaborar informes. La dirección suele exigir cuadros de mando que requieren la recopilación de un gran número de indicadores y, por tanto, un gasto de tiempo considerable. ITIL 4 recomienda que todas las tareas repetitivas se automaticen en la medida de lo posible, y que se utilice la relación carga de trabajo/valor entregado para canalizar las demandas de la dirección.

La aplicación de este principio director se puede resumir del siguiente modo:

- garantizar que cada actividad aporte valor,
- la sencillez es la mayor sofisticación,
- minimizar el número de actividades,
- cuanto más fácil sea explicarlo, más fácil será apropiárselo,
- Las victorias rápidas (*quick wins* en inglés) son siempre fáciles de aplicar.

8. La optimización

Automatización es la palabra clave. Automatizar todo lo posible. La tecnología debe ayudar a las organizaciones con todas las tareas repetitivas y, por tanto, reducir el tiempo de trabajo de las personas.

La automatización nos permitirá optimizar las cargas de trabajo. Para ello, debemos conocer las áreas de optimización, acordar un calendario para su implantación y, por supuesto, desplegarlas en iteraciones sucesivas, como se indica en el principio director número tres.

La aplicación de este principio director se puede resumir del siguiente modo:

- simplificar antes de optimizar y automatizar,
- definir los indicadores que permitirán evaluar la optimización,
- recoger e base de referencia de los indicadores y compararlos después de cada iteración de optimización.

9. Gestionar las interacciones entre los principios directores

Como hemos visto en las secciones anteriores, estos siete principios directores están interrelacionados: sólo se puede aportar valor partiendo de lo que ya existe, mediante iteraciones sucesivas, trabajando en colaboración, adoptando una visión global y siendo sencillos y pragmáticos, lo que facilitará la optimización.

Por lo tanto, las recomendaciones de ITIL 4 recomiendan que las organizaciones tengan en cuenta estos siete principios directores y los apliquen a sus entornos. Por supuesto, también se deben tener en cuenta otros principios, normas, métodos, etc. como parte del marco de trabajo. Entre ellos se incluyen COBIT, Lean, agile, DevOps, etc. Todos ellos se deben integrar para producir principios directores sencillos y operativos adaptados a la empresa.

Capítulo 7
La mejora continua

1. Los aspectos principales

La mejora continua es uno de los principales componentes del sistema de valor de los servicios (SVS) de ITIL 4. Es la palanca que permitirá mantener y mejorar la calidad de los niveles de servicio, así como el nivel de apoyo que se presta. Interviene a nivel estratégico y se extiende hasta las actividades operativas. Todas las partes interesadas en un servicio deben tener presente esta noción de mejora continua, para que el servicio evolucione hacia una mayor eficacia y eficiencia. No hablamos sólo del servicio en sí, sino también de los productos que lo componen y de los recursos y medios asociados a ellos.

El componente de mejora continua del sistema de valor de los servicios (SVS) de ITIL 4 incluye:

- El modelo de mejora continua, que ofrece un enfoque estructurado para gestionar la mejora continua de los servicios.
- Mejorar la cadena de valor de los servicios, lo que permitirá mejorar todas las prácticas.
- Práctica de mejora continua, para las tareas cotidianas y operativas.

2. El modelo de mejora continua

2.1 Introducción

El modelo de mejora continua se basa en los principios definidos por el Dr. Deming. A modo de recordatorio, en la sección siguiente se detallan estos principios.

El modelo de mejora continua de ITIL 4 es un modelo flexible que se puede adaptar al uso de metodologías ágiles de desarrollo de software o de técnicas tradicionales como el ciclo en V o en cascada.

2.2 La rueda de Deming

Las buenas prácticas de ITIL se basan en un enfoque de gestión de la mejora de la calidad, inventado por un estadístico llamado William Edouard Deming. Este estadounidense (nacido a principios del siglo pasado y fallecido en 1993) inventó lo que se conoce como la "rueda de Deming" poco antes de la Segunda Guerra Mundial. Partiendo de la observación de que, en general, un enfoque "Big Bang" rara vez conduce a un programa de mejora con éxito, el Dr. W.E. Deming desarrolló un enfoque progresivo y cíclico de la mejora. El siguiente diagrama muestra la rueda de la mejora.

Para alcanzar un objetivo difícil de alcanzar, en este caso alinear el sistema de información con las necesidades de los negocios de la empresa, se necesita tiempo para elevar el nivel de calidad de la informática. Por lo tanto, los dos ejes del diagrama de la rueda de Deming representan el objetivo que hay que alcanzar y el tiempo necesario. Sólo hay una manera de avanzar hacia ese objetivo: mediante iteraciones sucesivas, como una rueda en un plano inclinado. El Dr. Deming ha desarrollado un enfoque en cuatro etapas que nos permitirá alcanzar una meta alcanzable y avanzar hacia el objetivo final. El acrónimo PDCA en inglés *Plan, Do, Check, Act* que quiere decir Planificar, Hacer, Comprobar, Actuar, muestra que este enfoque se basa en cuatro etapas. Por supuesto, girar la rueda hará que suba por la pendiente hacia el objetivo. Hay que asegurarse de que no vuelva a bajar.

Para lograrlo, es imprescindible una cuña. Esta cuña es la vigilancia, el apoyo y la sujeción necesarios que hay que poner para que el esfuerzo necesario para subir no sea en vano.

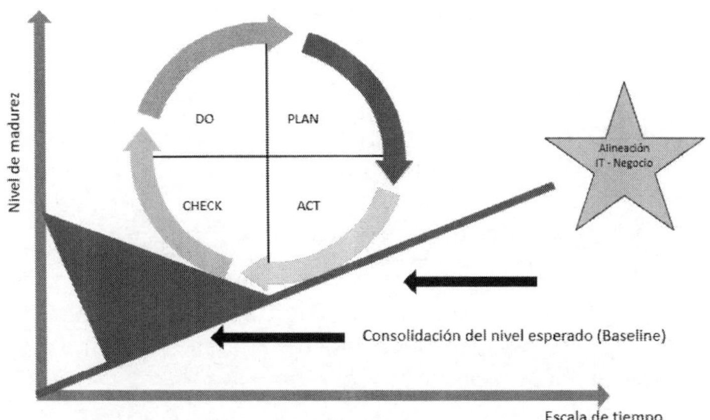

Los siguientes diagramas muestran la rotación de la rueda en cuatro etapas.

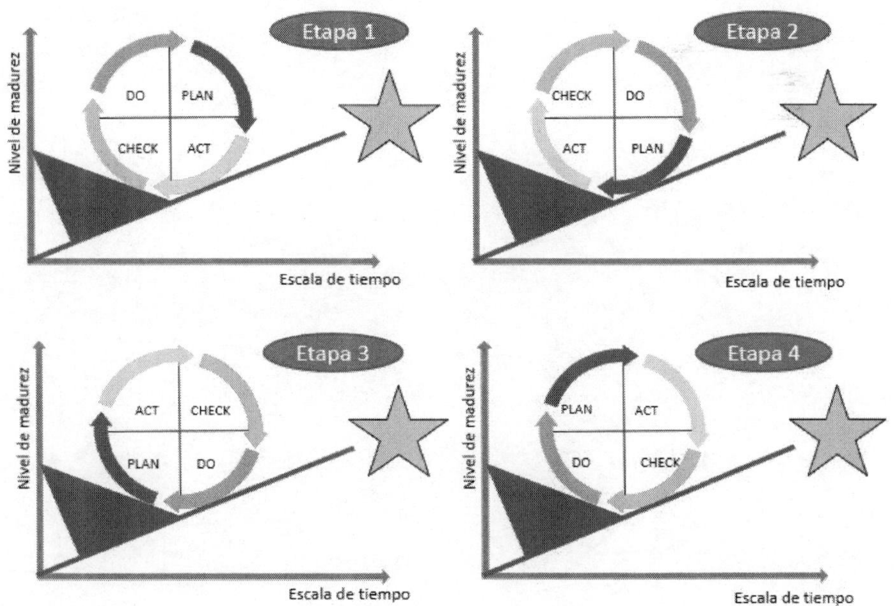

- Planificar (*Plan*): esta etapa requiere definir los siguientes puntos:
  - Metas, objetivos y alcance. En otras palabras, la definición de lo que se quiere conseguir.
  - Funciones y responsabilidades, quién debe participar.
  - Desarrollo de procedimientos, componentes técnicos y herramientas.
  - Interfaces en la vida de los servicios.
- Hacer (*Do*): en esta etapa se elaborará un plan de acción, teniendo en cuenta las necesidades financieras y los presupuestos asociados, las personas, los productos (dando directrices, calendarios, procedimientos, órdenes de compra de herramientas y necesidades de comunicación y formación).
- Comprobar (*Check*): se trata de supervisar, medir y revisar. Se trata de comparar lo que se ha conseguido con los objetivos definidos en la etapa de planificación. Esto incluye inspeccionar la documentación y auditar los servicios, procedimientos y componentes tecnológicos.
- Actuar (*Act*): una vez alcanzado el objetivo previsto, hay que determinar y aplicar los ajustes necesarios en los servicios, procedimientos y componentes tecnológicos.

2.3 El modelo en siete etapas

Las mejores prácticas de ITIL 4 han desarrollado este enfoque de la Rueda de Deming en un proceso de mejora de siete etapas. El diagrama siguiente muestra las siete etapas:

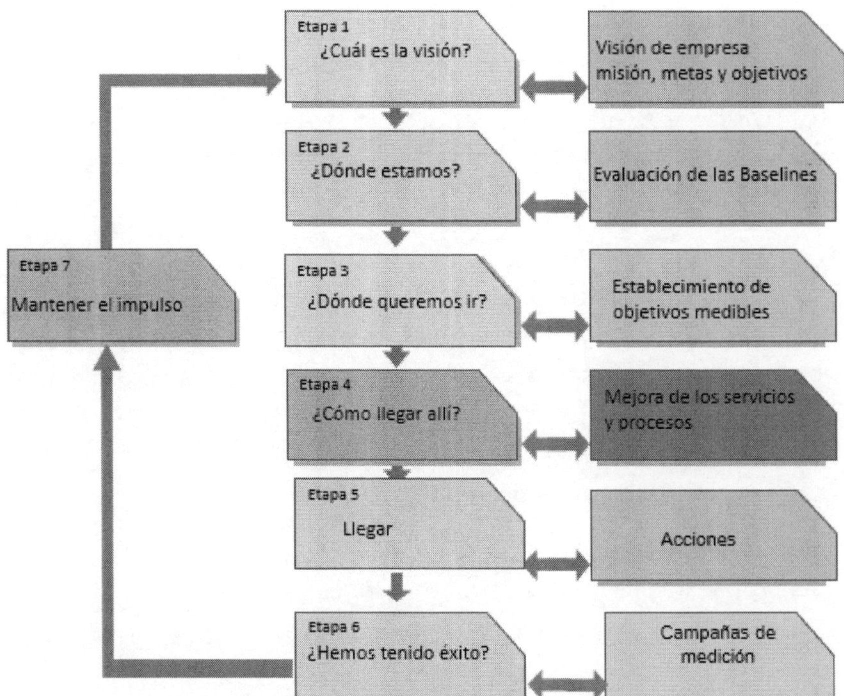

- La primera etapa consiste en definir la visión.
- La etapa 2 es una evaluación del estado de funcionamiento de la informática y de lo que aportan a la empresa.
- La etapa 3 identifica un objetivo alcanzable como parte de la estrategia de visión.
- La etapa 4 define el plan de acción para alcanzar el objetivo definido en la etapa 3.
- La etapa 5 lleva a cabo las acciones definidas en el plan de acción de la etapa 4.

- La etapa 6 es la que le permitirá saber si ha alcanzado el objetivo definido en la etapa 3.
- Y la etapa 7 es un paso que completará y reiniciará el bucle de mejora.

Si la comparamos con la rueda del Dr. Deming, la etapa 1 da la dirección (alinear la informática con los negocios de la empresa), la etapa 2 es, de hecho, donde la rueda del Dr. Deming se encuentra en el plano inclinado, la etapa 3 es la etapa de planificación de la rueda, las etapas 4 y 5 son, por supuesto, las etapas de Hacer (*Do*) de la rueda y la etapa 6 corresponde a las etapas de Comprobar (*Check*) y Actuar (*Act*). Por otra parte, la etapa 7 es un añadido a la rueda del Dr. Deming, con un enfoque muy pragmático: para poder dar otra vuelta a la rueda, hay que mantener motivado al personal.

2.3.1 Etapa 1: ¿Cuál es la visión?

Cada propuesta de mejora debe contribuir a alcanzar un objetivo empresarial. Por tanto, la primera etapa del modelo de mejora consiste en definir una visión y unos objetivos que permitan alinear la informática con las necesidades del negocio, los clientes y la empresa. En otras palabras, garantizar que los servicios producidos por la informática, se ajustan a los requisitos de la empresa.

En esta etapa se comprobarán varios puntos:

- Una clara comprensión de esta visión por parte de todos los departamentos.
- Todas las propuestas de mejora forman parte de esta visión.
- Todas las partes interesadas han comprendido claramente su papel en esta visión.
- Todas las partes interesadas comprenden bien el valor que se espera de esta visión.

2.3.2 Etapa 2: ¿Dónde estamos?

La etapa 2 es una evaluación del estado de las operaciones informáticas y de lo que aportan a la empresa en un momento dado. Una auditoría, una evaluación del estado de la informática que servirá como línea de referencia (*baseline*). Debe ser lo más objetiva posible, basada en la medición (véase la sección sobre Medición al final de este capítulo).

Para ir del punto A al punto B, es absolutamente necesario conocer la posición del punto A (el estado en el que se encuentra); de lo contrario, será imposible trazar una trayectoria hasta el punto B.

2.3.3 Etapa 3: ¿Hacia dónde queremos ir?

El paso 3 identifica un objetivo alcanzable en el marco de la estrategia de visión (paso 1). Un objetivo que sea medible y, sobre todo, alcanzable, para que la consecución de estos objetivos se pueda demostrar claramente a todos los empleados.

Volviendo a nuestra ruta, una vez definido claramente el punto A en el paso 2, también hay que definir completamente el punto B para trazar la trayectoria. A continuación, debemos identificar los indicadores que nos dirán si hemos alcanzado nuestro objetivo (punto B). Para ello utilizamos los factores críticos de éxito (CSF, *Critical Success Factors* en inglés) y los indicadores clave de rendimiento (KPI, *Key Performance Indicators* en inglés). Estos indicadores se describen en la sección Medición, al final de este capítulo.

2.3.4 Etapa 4: ¿Cómo llegar?

La etapa 4 define el plan de acción para alcanzar el objetivo definido en la etapa 3. Abarcará servicios, productos, procedimientos y componentes tecnológicos. Las buenas prácticas de ITIL 4 recomiendan que, aunque el plan de acción parezca bastante sencillo para llegar del punto A al punto B, puede ser necesario trabajar en varias rutas alternativas (Plan B) o incluso, volver a examinar el plan de acción a lo largo del camino. Pueden surgir dificultades y hay que detectarlas lo antes posible.

2.3.5 Etapa 5: Pasar a la acción

La etapa 5 lleva a cabo las acciones definidas en el plan de acción de la etapa 4. Esto se puede hacer utilizando metodologías ágiles o técnicas tradicionales de ciclo en V o "waterfalls ". También se pueden utilizar prácticas de ITIL 4 como la gestión del cambio organizativo (en el marco de la agilidad), la gestión de riesgos y la mejora continua.

2.3.6 Etapa 6: ¿Ya hemos llegado?

La etapa 6 es la que permitirá saber si se ha alcanzado el objetivo definido en la etapa 3. Esta etapa también le permitirá realizar ajustes si el objetivo no se ha alcanzado completamente. Con demasiada frecuencia, esta etapa se descuida porque, por falta de tiempo, preferimos volver a centrarnos en una nueva oportunidad de mejora.

Validar la aplicación de la mejora es un paso importante.

2.3.7 Paso 7: ¿Cómo mantener el impulso?

Por último, la etapa 7 es la que permitirá completar y reiniciar el bucle de mejora. Para ello, hay que mantener al personal motivado para abordar la siguiente etapa del bucle de mejora. Este bucle permitirá revisar y reposicionar la visión antes de volver a hacer balance y redefinir un nuevo objetivo alcanzable.

3. Mejorar la cadena de valor de los servicios

El objetivo de la actividad de mejora de la cadena de valor de los servicios es garantizar la aplicación de la mejora continua.

Esta actividad se describe detalladamente en el capítulo Actividades de la cadena de valor de los servicios.

4. Mejora continua

Esta práctica se describe con detalle en el capítulo Prácticas generales.

5. La relación entre la mejora continua y los principios directores

Los siete principios rectores definidos por ITIL 4 (véase el capítulo Principios directores de ITIL 4) son aplicables y significativos en el modelo de mejora continua.

- El valor

  El valor entra en juego en las etapas 1 (visión), 5 (acciones), 6 (alcanzar el objetivo) y 7 (mantener el impulso).
- Lo que ya existe

  La situación actual se trata en la etapa 2 (inventario de instalaciones).
- La iteración

  La iteración se utiliza en las etapas 3 (objetivo alcanzable), 4 (plan de acción) y 5 (acciones).
- La colaboración

  La colaboración tiene lugar en las etapas 1 (visión), 2 (evaluación), 4 (plan de acción), 5 (acciones), 6 (consecución del objetivo) y 7 (mantenimiento del impulso).
- El enfoque holístico

  El enfoque holístico entra en juego en las etapas 1 (visión), 3 (objetivo alcanzable), 4 (plan de acción), 6 (alcanzar el objetivo) y 7 (mantener el impulso).
- El pragmatismo

  El pragmatismo entra en juego en las etapas 2 (evaluación) y 4 (plan de acción).
- La optimización

  La optimización tiene lugar en las etapas 3 (objetivo alcanzable) y 7 (mantener el impulso).

Para cada una de las siete etapas del modelo de mejora, las recomendaciones de ITIL 4 indican los principios rectores que se deben aplicar. Por ejemplo, para la etapa 1 (visión), se deben aplicar los principios rectores de valor, colaboración y enfoque holístico.

6. Medición

6.1 Preámbulo

Cuando se habla de mejora continua, es importante recordar una serie de conceptos en torno a la medición. Estos conceptos no se detallan en el libro oficial de Fundamentos de ITIL 4, pero sirven de apoyo al enfoque, al igual que en las versiones ITIL V3 e ITIL V2. Sin duda se detallarán en futuros libros oficiales sobre las distintas prácticas.

6.2 Los aspectos principales de la medición

La medición nunca debe ser, ni convertirse, en un objetivo en sí mismo.

Las recomendaciones ITIL establecen que las mediciones sólo se deben llevar a cabo si se ha identificado qué se va a hacer con ellas, cuál es su propósito, para quién se van a utilizar y durante cuánto tiempo se van a medir.

Es necesario establecer una verdadera política de medición y, sobre todo, garantizar la coherencia de todos los indicadores gestionados por el servicio informático.

Ante todo, debemos hacernos la siguiente pregunta: ¿Por qué medir?

Hay cuatro razones para medir:

- Validar una elección: por ejemplo, en la etapa de estrategia de servicios, se elaboran planes de oportunidades de negocio (*Business plan*). Es muy importante validar las hipótesis de estos planes, midiendo el resultado obtenido con respecto al resultado esperado. Esto permitirá comprobar la pertinencia de las decisiones tomadas previamente.
- Orientar: mediante el análisis de los indicadores, la medición permitirá elegir entre varias hipótesis y ajustar las actividades a los objetivos.

– Justificar: la justificación es la consecuencia de la razón anterior. Podemos dar argumentos fácticos basados en análisis de indicadores para apoyar la elección, para aportar pruebas de que la acción es correcta.

– Intervenir en un plan de acción: la medición permite corregir ciertas discrepancias, ajustar el plan de acción para que sea eficaz y eficiente. Así se identifican las acciones correctivas y la necesidad de cambio.

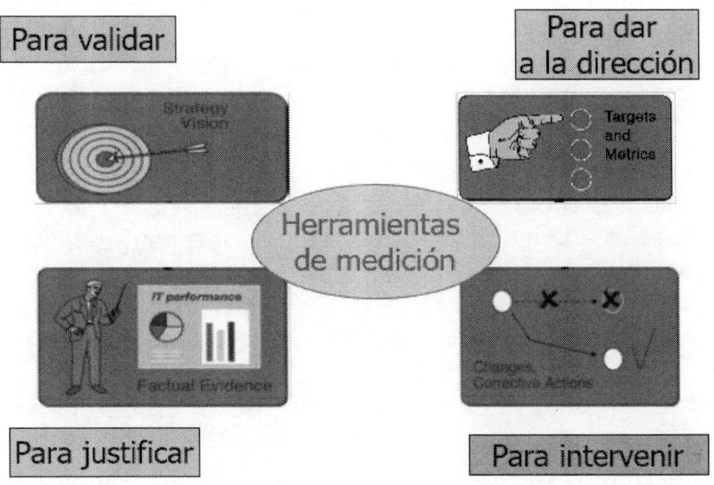

Es importante no perder de vista estas cuatro razones antes de definir los indicadores de medición y las herramientas que se utilizarán para medirlos, pero también durante la aplicación de las acciones de medición.

6.3 Indicadores y bases de datos de referencia

6.3.1 Indicadores

Los indicadores de medición deben ser coherentes entre sí e integrarse en un sistema de medición. Son los llamados KPI o *Key Performance Indicator*. Los KPI son cualitativos y cuantitativos. Entre otras cosas, miden los factores clave de éxito (CSF en inglés *Critical Success Factors*).

Los KPI dan el valor del rendimiento actual. Los CSF dan el valor del objetivo a alcanzar.

Los indicadores medirán cuatro tipos de información:

- La progresión: la progresión aborda el volumen y, sobre todo, la progresión dentro de este volumen. Lo importante en términos de volumen es la evolución, la variación y la progresión. Más que la información bruta, la información relativa es mucho más significativa para comprender las tendencias. Por ejemplo, el número de incidentes por día, por semana o por mes es menos significativo que el número de incidentes más o menos que el día anterior, la semana anterior o incluso la variación a lo largo de un año.
- El cumplimiento: un indicador de cumplimiento muestra si lo que estamos haciendo se corresponde con lo que dijimos que íbamos a hacer. ¿Estamos haciendo lo que dijimos que íbamos a hacer? No hay que confundirlo con los indicadores que miden la eficacia (véase más adelante). Por ejemplo, en la gestión de incidentes, la actividad de cierre de incidentes requiere que la persona que ha llevado a cabo la resolución de problemas anote lo que ha hecho en el campo "solución" del ticket de incidente. El cumplimiento implica comprobar que todos los tickets de incidentes tienen un campo "solución" cumplimentado.
- La eficacia: un indicador de eficacia mide si se ha alcanzado el objetivo, en lugar de cómo se ha alcanzado (que es el cumplimiento). Tomemos como ejemplo la gestión de incidentes: ¿cuántos incidentes se han resuelto dentro del plazo contractual? La eficacia es un indicador binario. Por tanto, el valor será Sí (se ha alcanzado el objetivo) o No (no se ha alcanzado el objetivo).
- La eficacia: un indicador de eficacia medirá la relación coste/calidad, es decir, la calidad del resultado obtenido con los recursos comprometidos. Intentaremos optimizar los recursos sin comprometer la calidad. Por ejemplo, ¿qué porcentaje de incidentes se resuelven en el primer nivel sin pasar a los grupos de apoyo? La eficacia es un objetivo: nunca alcanzaremos la eficacia, sino que nos esforzaremos por conseguir la máxima eficacia.

El responsable de este sistema de medición es el director de mejora continua del servicio. Él o ella definirá las métricas, que se dividen en tres categorías:

- Métricas de SERVICIO: se componen de la información recogida por las métricas tecnológicas y de proceso. Las métricas de servicio proporcionan información de extremo a extremo para cada servicio. Esta información se suele presentar a los clientes y a las unidades de negocio.
- Métricas de PROCESO: miden el rendimiento de los procesos de gestión de servicios. Se derivan de los indicadores clave de rendimiento que miden los factores clave de éxito. Estas métricas permiten evaluar la conformidad, la calidad, el rendimiento y el valor de los procesos. Alimentarán las iniciativas de mejora de los procesos.
- Métricas TECNOLÓGICAS: miden el rendimiento, la disponibilidad y la capacidad de los componentes tecnológicos, el software, los módulos de aplicación y las propias aplicaciones.

6.3.2 Líneas de referencia

Cualquier medición requiere una línea de referencia. No podemos deducir ninguna información que nos permita dirigir, validar, justificar o intervenir si no podemos comparar la medición con una línea de referencia (*baseline*). La línea de referencia nos proporcionará un punto de comparación o situación factual. Por eso es importante documentar las líneas de referencia y asegurarse de que son conocidas y aceptadas por todos.

Por tanto, dispondremos de líneas de referencia a nivel estratégico, táctico y operativo.

En conclusión, antes de emprender cualquier acción, es necesario establecer indicadores que proporcionen una línea de referencia. Una vez puesta en marcha la acción, podremos comparar los indicadores de la línea de referencia con los indicadores actuales y, de esta manera, poder medir los resultados de la acción de forma objetiva.

Capítulo 8
La dirección de la gestión de servicios

1. Dirección del sistema de valores de los servicios del SVS

La dirección, su papel y su posicionamiento dentro de las organizaciones, dependen mucho de la propia organización. En el libro ITIL 4, se dan recomendaciones muy genéricas sobre cómo establecer la dirección del sistema de valor de servicio SVS.

Por este motivo, muchas organizaciones han recurrido a la norma COBIT (véase el capítulo La gestión de los servicios ITIL y las normas de este libro) para establecer reglas de dirección para la gestión de servicios. Como ya se ha mencionado en el capítulo sobre principios directores, es totalmente recomendable incorporar otros estándares en ITIL 4, especialmente cuando se hace referencia a ellos.

No obstante, ITIL proporciona principios y normas para la dirección, cuyas principales actividades son las siguientes:

- Evaluar y posicionar las actividades, en particular la gestión de los servicios.
- Orientar sobre los objetivos a alcanzar.
- Supervisar el desarrollo y el rendimiento de las actividades, en particular la gestión de los servicios.

La dirección colaborará estrechamente con la mejora continua (descrita en el capítulo anterior).

La dirección está representada por una persona o grupo de personas encargadas de llevar a cabo las actividades anteriores. En la matriz RACI presentada en el primer capítulo, estas personas son "responsables" de esta actividad, es decir, rinden cuentas a la dirección de la empresa. Son responsables de que cada actividad se desarrolle correctamente y de que se alcancen los objetivos fijados.

La dirección se basa en la medición, que permitirá:

- validar las decisiones,
- dar instrucciones,
- intervenir en las trayectorias,
- justificarse.

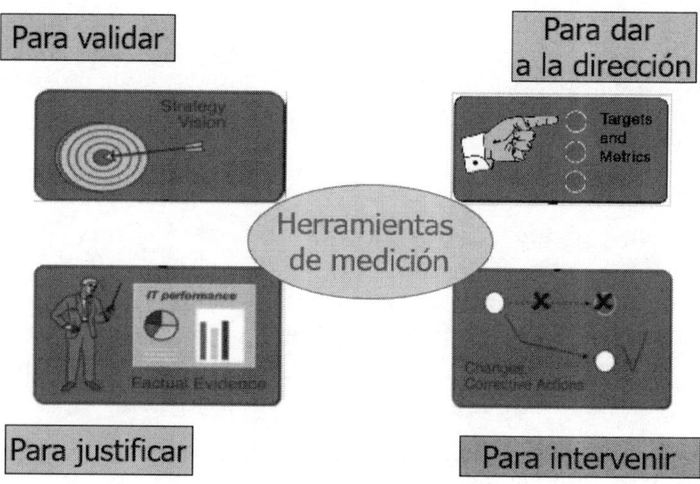

2. Indicadores en el enfoque ITIL 4

La dirección de la prestación de servicios se aborda en las mejores prácticas de ITIL mediante la definición de indicadores. Estos ya estaban incluidos en la versión 3 de ITIL. Se trata de los indicadores clave de rendimiento (KPI, *Key Performance Indicators*) y los factores críticos de éxito (*Critical Success Factors*, CSF). Los KPI dan el valor del rendimiento actual. Los CSF dan el valor del objetivo a alcanzar. Véase también el capítulo sobre mejora continua de este libro.

Estos indicadores se dividen en cuatro categorías:

- **Volumetría**: más que el número de sucesos ocurridos, se trata de observar las tendencias, al alza o a la baja, durante un periodo de tiempo determinado.
- **Cumplimiento**: comprobar si lo que dijimos que haríamos se ha hecho realmente.
- **Eficacia**: comprobar que los compromisos declarados se cumplen realmente.
- **Eficacia**: analizar si, cuando fuimos eficaces, utilizamos el mínimo de recursos en el mínimo de tiempo.

De acuerdo con los principios directores de ITIL 4, se recomienda automatizar la recopilación de estos indicadores, limitar su número y, sobre todo, cubrir las cuatro categorías. Con demasiada frecuencia, las organizaciones se centran en el volumen en detrimento de las otras tres categorías.

Capítulo 9
Actividades de la cadena de valor de los servicios

1. La cadena de valor de los servicios

La cadena de valor es el núcleo del sistema de valor SVS. A modo de recordatorio, he aquí el diagrama de este sistema:

La cadena de valor de los servicios se compone de seis actividades que apoyan el suministro de productos y servicios y crean valor.

Las actividades son las siguientes:

- Planificación.
- Optimización.
- Compromiso.
- Diseño y transformación.
- Obtención y construcción.
- Suministro y soporte.

Estas actividades se corresponden con las actividades que hay que realizar para proporcionar productos y servicios. Cada actividad tiene entradas y salidas. Son interdependientes. Pero nada está fijado de antemano. Esto permite ser más reactivo (*quick to market*) en caso necesario y tener en cuenta las metodologías ágiles, creando cortocircuitos. A pesar de todo, empezamos una actividad si y sólo si hemos pasado por la actividad "Compromiso". Los recursos se asignan si y sólo si se ha pasado por la actividad "Obtener y construir". Los calendarios se gestionan mediante "Planificar" y cualquier mejora se controla mediante "Optimizar".

Cada actividad aplicará prácticas (*practice* en inglés), utilizando sus propios procesos, recursos internos o externos y competencias para transformar sus entradas en resultados. Las prácticas se describirán con detalle en los tres capítulos siguientes.

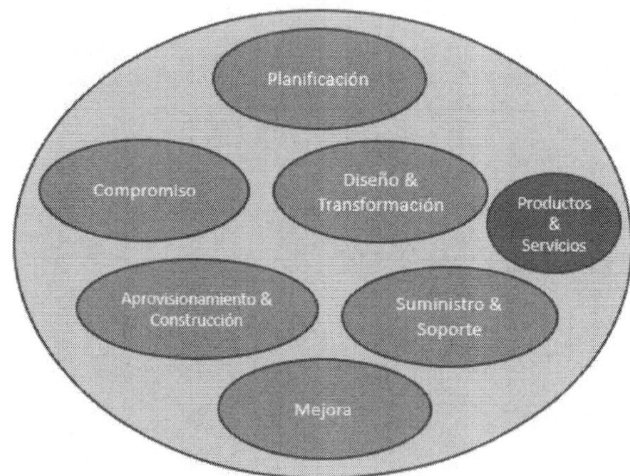

2. Planificar

El objetivo de la actividad de planificación es garantizar que todas las partes interesadas compartan la misma visión y la misma visión de los productos y servicios, en las cuatro direcciones definidas por ITIL 4: organizaciones y personas, información y tecnologías, socios y proveedores, y flujos de valor y procesos.

2.1 Entradas de la planificación

Los principales elementos de planificación son:

- solicitudes consolidadas de la actividad Compromiso,
- las normas y limitaciones generales de la entidad informática, la empresa o el negocio,
- informes de la actividad "Optimizar",
- información de las actividades de "Diseño y transformación" y "Suministro y construcción".

2.2 Resultados de la planificación

Los principales resultados de la planificación son:

- el plan director,
- los planes operativos,
- el porfolio de proyectos y la hoja de ruta (*roadmap* en inglés),
- el porfolio de servicios,
- la política de arquitectura,
- los contratos con proveedores externos.

3. Optimizar

El objetivo de la actividad de optimización es garantizar la implementación de la mejora continua de productos, servicios y prácticas, en las cuatro direcciones definidas por ITIL 4.

3.1 Entradas de la optimización

Las principales aportaciones para la optimización son:

- indicaciones de rendimiento de los productos y servicios prestados por la actividad "suministro y soporte",
- comentarios de las partes interesadas,
- cambios continuos en los productos y servicios,
- información de proveedores externos sobre sus componentes.

3.2 Resultados de la optimización

Los principales resultados de la optimización son:

- la lista de mejoras identificadas,
- el rendimiento actual de los productos y servicios,
- los compromisos internos y externos.

4. Comprometerse

El objetivo de la actividad de compromiso es comprender y responder a las necesidades de las partes interesadas de forma permanente y garantizar las buenas relaciones entre ellas.

4.1 Entradas del compromiso

Hay muchas formas de entrar en la actividad de compromiso. Aquí sólo se citarán algunas:

- Porfolio de proyectos y servicios.
- Especificaciones de productos y servicios.
- Peticiones de los clientes.
- Los cambios.
- La lista de mejoras.
- La información sobre cambios en componentes de terceros.
- etc.

4.2 Resultados del compromiso

Los principales resultados de la actividad de compromiso son:

- la lista de peticiones aprobadas para la actividad "Planificación",
- las especificaciones aprobadas de productos y servicios,
- las peticiones de modificación aprobadas para la actividad "Suministro y construcción",
- los contratos con proveedores y socios autorizados,
- etc.

5. Diseñar y transformar

El objetivo de la actividad de diseño y transformación es garantizar que los productos y servicios satisfagan las necesidades reales de las partes interesadas en la actualidad, en términos de funcionalidad, rendimiento, calidad, coste y calendario.

5.1 Entradas del diseño y transformación

Las principales aportaciones al negocio del diseño y la transformación son:

- el porfolio de proyectos y el porfolio de servicios prestados por la actividad de Planificación,
- las políticas arquitectónicas,
- los informes de optimización,
- los contratos con proveedores internos y externos aprobados por la actividad "Compromiso",
- la información sobre el rendimiento de los productos y servicios,
- etc.

5.2 Resultados del diseño y la transformación

Los principales resultados de la actividad de diseño y transformación son:

- las especificaciones de productos y servicios para la actividad "Obtención y construcción",
- las peticiones y requisitos de los proveedores internos y externos para la actividad "Compromiso",
- la información sobre los cambios que se deben someter a aprobación,
- las oportunidades de mejora,
- etc.

6. Obtener y construir

El objetivo de la actividad de obtención y construcción es garantizar que los productos y servicios estén disponibles cuando los usuarios los necesiten y que cumplan las expectativas especificadas en el pliego de condiciones.

6.1 Entradas de la obtención y construcción

Las principales aportaciones al negocio de la obtención y la construcción son:

- contratos con proveedores internos y externos,
- componentes, productos y servicios suministrados por proveedores internos y externos,
- reglas de arquitectura,
- cambios aprobados por la actividad "Planificación",
- las especificaciones proporcionadas por la actividad "Diseño y transición",
- etc.

6.2 Resultados de la obtención y construcción

Los principales resultados de la actividad de obtención y construcción son:

- componentes de servicio para la actividad "Suministro y soporte",
- el rendimiento de los componentes del servicio,
- etc.

7. Suministrar y dar soporte

El objetivo de la actividad de suministro y soportees garantizar que los servicios estén a disposición de los clientes para su uso operativo con la asistencia necesaria de acuerdo con las partes interesadas.

7.1 Entradas del suministro y soporte

Los principales insumos para el negocio de suministro y soporte son:

- nuevos productos y servicios de la actividad de Diseño y Transformación,
- iniciativas de mejora continua,
- documentos de apoyo y mantenimiento,
- información sobre los cambios aprobados,
- etc.

7.2 Resultados del suministro y soporte

Los principales resultados de la actividad de suministro y soporte son:

- servicios prestados a clientes y usuarios,
- despliegue de actividades de soporte y mantenimiento,
- rendimiento de los productos y servicios suministrados a los usuarios,
- peticiones de modificación,
- etc.

8. Productos y servicios

Los productos y servicios son los resultados globales de las actividades de la cadena de valor de los servicios. Son los que aportan valor a los usuarios y clientes. Es importante señalar que con las buenas prácticas de ITIL 4 se identifica la noción de producto y no sólo la de servicio. Este no era el caso en la versión V3 de ITIL, donde sólo se hablaba del servicio como creador de valor.

En ITIL 4, un producto, es decir, un elemento (a menudo complejo) del servicio, añade valor al servicio que soporta y, por tanto, el valor del servicio se ve afectado.

9. Conclusión

Este capítulo sobre las actividades de la cadena de valor del servicio se describe de forma un tanto genérica en el libro Fundamentos de ITIL 4. Se trata más de principios generales que de descripciones detalladas de estas actividades. Se trata más de principios generales que de descripciones detalladas de estas actividades. Por ejemplo, se mencionan las entradas y los entregables (lo que es importante para comprenderlos), pero sus listas no son exhaustivas y nos gustaría entender mejor sus usos. Además, este libro oficial no menciona el posicionamiento de las prácticas en relación con las distintas actividades de la cadena de valor.

Para compensar esta carencia, el capítulo Posicionamiento de las prácticas le proporcionará toda la información que necesita.

Capítulo 10
Las prácticas

1. Introducción

En primer lugar, como ya se ha mencionado, no existe traducción oficial al castellano del libro de referencia de Axelos "ITIL 4 Foundation" y, por lo tanto, tampoco existe traducción oficial al castellano del glosario de ITIL 4, por lo que el término inglés *Practice* se traduce por Práctica en castellano.

La gran novedad del enfoque ITIL 4 reside en la noción de práctica. Se basa en el concepto de proceso utilizado en ITIL V2 y V3, enriqueciéndolo y completándolo para llegar al concepto de práctica. El término inglés utilizado en el libro de Fundamentos de ITIL 4 es *Practice*.

Una práctica es un conjunto de medios y recursos estructurados para realizar una tarea que aportará valor y permitirá alcanzar un objetivo. Para establecer un paralelismo con la definición de proceso:

Un proceso es una secuencia de actividades que permite alcanzar un objetivo.

De estas dos definiciones se desprende que la noción de proceso estructura las actividades con una cierta secuencialidad. La noción de práctica se centra en la realización de la tarea, independientemente de la forma en que se logre y quizá, no con una secuencia de acciones predefinidas. Con la noción de práctica, estamos en línea con las metodologías ágiles. Como veremos en los siguientes apartados, la noción de práctica abarca todos los ámbitos de la gestión de servicios y todas las actividades informáticas. Por eso podemos hablar de agilidad de servicio, agilidad de negocio, etc.

ITIL 4 no es solo un método y un estándar para la agilidad en el contexto estricto de la gestión de proyectos, como podría ser DevOps, sino que va más allá, identificando tres categorías de prácticas para cubrir todas las actividades:

- Prácticas generales.
- Prácticas de gestión de servicios.
- Prácticas de gestión tecnológica.

La noción de práctica también incorpora los recursos necesarios, en particular los recursos en el sentido de individuos, equipos, perfiles, habilidades, etc. Por esta razón, ITIL 4 ha abandonado la noción de función definida en ITIL V3. Como recordatorio, una función es una entidad con recursos propios que es responsable de una o más actividades dentro de uno o más procesos. Todo esto se incluye ahora en la noción de práctica.

2. Las prácticas

Hay treinta y cuatro prácticas, divididas en tres categorías. Como recordatorio, el enfoque ITIL V3 de 2011 identificó veintiséis procesos divididos en las cinco fases del ciclo de vida del servicio.

La mayoría de los procesos de ITIL V3 se han transformado en prácticas, a excepción de dos procesos de la fase de transición del servicio: evaluación y planificación y soporte de la transición. Algunos procesos han cambiado de nombre. Todo esto se explicará en las tres secciones siguientes.

Las prácticas se agrupan en tres categorías:

- Prácticas generales: se refieren a ámbitos generales de la informática en el contexto de la gestión de servicios. Son catorce.
- Prácticas de gestión de servicios: se centran en la gestión de servicios. Son diecisiete.
- Prácticas de gestión tecnológica: se han definido para cubrir el ámbito tecnológico. Son tres.

2.1 Lista de prácticas generales

Esta es la lista de prácticas generales:

- Gestión de la arquitectura
- Mejora continua
- Gestión de la seguridad de la información
- Gestión del conocimiento
- Medición e informes
- Gestión del cambio organizativo
- Gestión del porfolio
- Gestión de proyectos
- Gestión de las relaciones
- Gestión de riesgos
- Gestión financiera de los servicios
- Gestión estratégica
- Gestión de proveedores
- Gestión del personal y del talento

2.2 Lista de prácticas de gestión de servicios

Esta es la lista de prácticas de gestión de servicios:

- Gestión de la disponibilidad
- Análisis empresarial
- Gestión de la capacidad y el rendimiento
- Gestión del cambio
- Gestión de incidentes
- Gestión de problemas
- Gestión de activos de servicio
- Supervisión y gestión de eventos
- Gestión de los MEP
- Gestión del catálogo de servicios
- Gestión de la configuración de los servicios
- Gestión de la continuidad del servicio
- Diseño de servicios
- Centro de servicios
- Gestión de los niveles de servicio
- Gestión de las peticiones de servicio
- Validación y pruebas del servicio

2.3 Lista de prácticas de gestión tecnológica

A continuación, figura una lista de prácticas de gestión tecnológica:

- Gestión de la implantación
- Gestión de infraestructuras y plataformas
- Desarrollo y gestión de software

3. Prácticas de la cadena de valor de los servicios

Una práctica no está asociada a una fase concreta de la vida del servicio, como ocurría con los procesos vinculados a una fase del ciclo de vida en ITIL V3. Por lo tanto, una práctica abarcará las seis actividades de la cadena de valor del servicio, es decir, Compromiso, Planificación, Optimización, Diseño y transformación, Obtención y construcción, Suministro y soporte.

El enfoque de ITIL 4, en el libro Fundamentos, ofrece tendencias para implementar cada práctica. Como en la versión ITIL V3 con los procesos, no se trata de dar la secuencia de actividades que hay que desplegar. Se trata únicamente de recomendaciones de implementación, ya que la práctica se puede adaptar a las limitaciones que conlleva el enfoque ágil "Quick to market". Para ello, ITIL 4 recomienda utilizar un mapa de calor para posicionar las prácticas en las distintas actividades.

Este es el principio en el que se basa el mapa de calor: una gradación que va de lo más fuerte a lo no aplicable, pasando por lo medio o lo más débil. En estos cuatro niveles, el enfoque ITIL 4 recomienda, sin imponer nada, el posicionamiento de las distintas prácticas. Este posicionamiento se debe adaptar al contexto de la empresa y, sobre todo, al enfoque ágil determinado para responder mejor a las exigencias del "Quick to market".

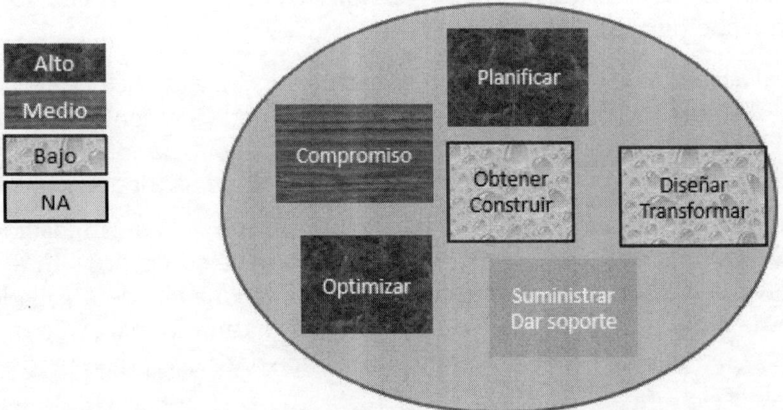

"Fuerte" significa que se aplicarán todas las recomendaciones recomendadas por ITIL 4.

"Medio" significa que se aplicarán todas o parte de las recomendaciones de ITIL 4.

"Bajo" significa que se aplicará una pequeña parte de las recomendaciones de ITIL 4.

"NA", Not Applicable, que la actividad no se refiere a la práctica citada.

He aquí un ejemplo de la práctica de Desarrollo y gestión de software:

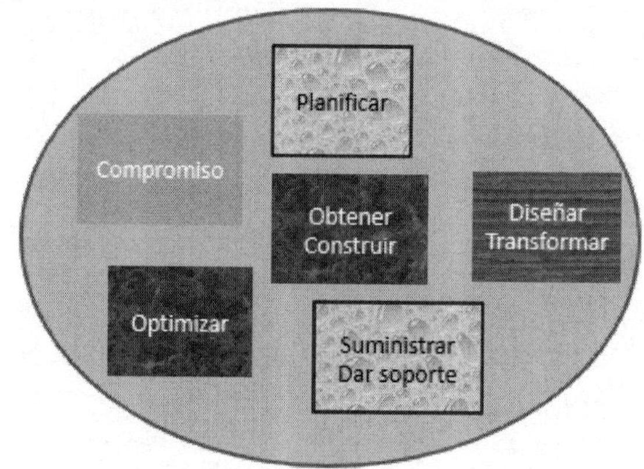

Este ejemplo de la práctica Desarrollo y gestión de software, en la categoría gestión de la tecnología, muestra que:

- La principal actividad es la obtención y construcción: se trata de desarrollar o obtener un componente de software interna o externamente. Esto es esencial, independientemente de las prácticas de desarrollo de software o de la obtención de un componente desarrollado por organizaciones terceras.
- Las actividades medias son el diseño y la transformación, y la optimización. A menudo hay que adaptar un módulo de software a su entorno final o incluso volver a desarrollarlo si es necesario. Además, una vez desarrollado, a menudo hay que optimizarlo, es decir, ajustarlo o afinarlo, para que funcione bien en su entorno. Estas actividades suelen ser necesarias, pero no imprescindibles.

- La actividad más débil es la planificación, el suministro y el soporte. Si se trata de un componente sencillo o básico para el producto o servicio, la planificación no tiene por qué verlo a su nivel, el suministro y el soporte pueden ser marginales.
- Una actividad no es aplicable. Se trata del compromiso. Si el módulo es sencillo o básico, se convierte en marginal. No se identifica como hito en el plan de desarrollo y, por tanto, no es visible para la actividad de compromiso.

Todo ello se debe reposicionar en el marco de una práctica de gestión tecnológica. En conjunto, estas son prácticas de soporte a las prácticas generales o de gestión de servicios.

Además, el capítulo Posicionamiento de las prácticas ofrece una visión invertida del mapa de calor. Para cada una de las seis actividades de la cadena de valor de los servicios, es decir, Compromiso, Planificación, Optimización, Diseño y transformación, Obtención y construcción, Suministro y soporte, se identifican las prácticas si su presencia es fuerte.

Capítulo 11
Las prácticas generales

1. Introducción

Existen catorce prácticas generales:

- Gestión de la arquitectura
- Mejora continua
- Gestión de la seguridad de la información
- Gestión del conocimiento
- Medición e informes
- Gestión del cambio organizativo
- Gestión del porfolio
- Gestión de proyectos
- Gestión de las relaciones
- Gestión de riesgos
- Gestión financiera de los servicios
- Gestión de la estrategia
- Gestión de proveedores
- Gestión del personal y del talento

En cada una de las secciones siguientes, mencionaremos el objetivo de la práctica, sus principios fundamentales, en la medida de lo posible lo que produce, las principales partes interesadas y las actividades que intervienen a través del mapa de calor. También se hará referencia a la asistencia de un proceso ya conocido en ITIL V3 y a las modificaciones que se hayan podido realizar.

2. Gestión de la arquitectura

2.1 Objetivo de la práctica

Esta práctica aborda un tema nuevo en relación con ITIL V3. En la versión anterior de ITIL no existía ningún proceso de gestión de la arquitectura.

El objetivo de la gestión de la arquitectura es proporcionar a la empresa y a las organizaciones que la asisten, una visión de los distintos elementos que componen el sistema de información, para que puedan comprender cómo este sistema les ayudará a alcanzar sus objetivos. La gestión de la arquitectura proporcionará los principios, normas y elementos de arquitectura necesarios para gestionar un sistema de información a menudo complejo y permitirle evolucionar para ser más eficaz, ya sea en modo ágil o en modo estructurado.

Abarca tres tipos de arquitectura que permiten a cada nivel de la empresa tener una visión pertinente.

2.2 Arquitectura empresarial (business)

La arquitectura empresarial (o business) permitirá identificar las oportunidades actuales de creación de valor para las partes interesadas. Aportará información a las distintas organizaciones para que puedan adaptar sus estrategias. Está dirigida a los propietarios de los proyectos y a los distintos departamentos empresariales de informática, como gestión de proyectos, desarrollo, producción, gestión de proveedores y arquitectura.

También ayudará a las organizaciones a identificar el camino para alcanzar sus objetivos futuros. Se identifican "hojas de ruta" (como dicen los anglosajones), basadas en lo que ya existe, para alcanzar esos objetivos futuros.

2.3 Arquitectura de servicios

La arquitectura de servicios proporcionará un mapa de todos los servicios que se prestan actualmente. Esto incluye las relaciones y dependencias entre cada uno de los servicios prestados actualmente. Identificaremos los datos compartidos por los servicios, los datos de entrada y los entregables. Así tendremos una visión clara de los datos físicos y lógicos compartidos entre servicios y quién es responsable de ellos. La gestión de datos se ha vuelto esencial, ya sean datos genéricos o personales. Saber si los datos son compartibles o confidenciales se está convirtiendo en algo crucial hoy en día.

Todos necesitamos esta información.

2.4 Arquitectura del sistema

La arquitectura del sistema definirá todo el software y hardware necesarios para que la infraestructura soporte la arquitectura del servicio. Esto significa identificar la infraestructura física y lógica y las bases de datos. También estudiaremos todas las limitaciones relacionadas con el entorno y cómo gestionar los cambios que serán necesarios: cambios relacionados con la tecnología, las técnicas de desarrollo, la política, la normativa, las leyes, la economía, la ecología, los avances sociales, etc.

2.5 Mapa de calor de la práctica

El mapa de calor para la práctica de Gestión de la arquitectura es el siguiente:

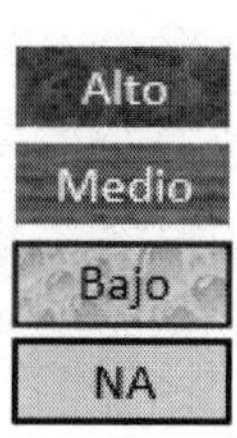

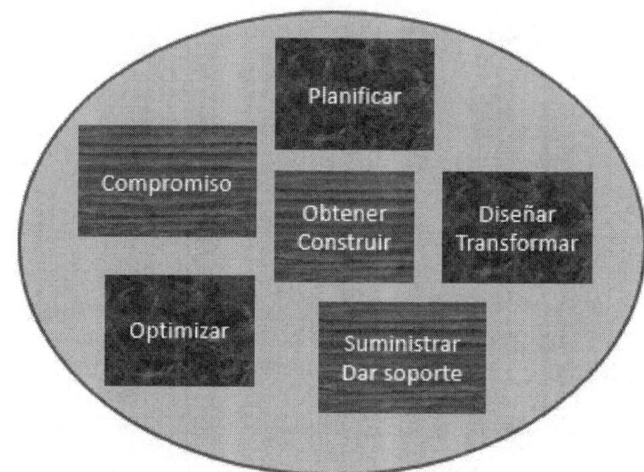

- **Planificar** (fuerte): la gestión de la arquitectura se encarga de mantener una correspondencia precisa entre la arquitectura actual en producción y la arquitectura objetivo. Proporciona la referencia en términos de arquitectura. Por tanto, es la base de todas las actividades de planificación.
- **Optimizar** (fuerte): la optimización necesita una visión clara de las arquitecturas empresariales, de servicios y tecnológicas para impulsar estas iniciativas.
- **Diseñar** y **Transformar** (fuerte): esta actividad necesita la arquitectura de servicios para especificar los nuevos componentes del servicio.
- **Compromiso** (medio): la gestión de la arquitectura ayuda a comprender los cambios necesarios y facilita la toma de decisiones para la actividad de compromiso.
- **Obtener** y **Construir** (medio): la gestión de la arquitectura proporciona la referencia en términos de arquitectura de servicios y tecnológica y facilita la identificación de los componentes del sistema de información.
- **Suministrar** y **Dar soporte** (medio): la gestión de la arquitectura proporciona la referencia del sistema de información a los equipos de operaciones y producción.

3. Mejora continua

3.1 Objetivo de la práctica

La práctica de la mejora continua no se debe confundir con el componente del sistema SVS general, el Sistema de Valor de los Servicio, que se detalló en un capítulo anterior.

El objetivo de esta práctica es adaptar los servicios y las formas de trabajar de las organizaciones a las necesidades detectadas a través del cambio. Esto afectará a productos, servicios, prácticas y todos los elementos relacionados.

Esta práctica abarca la metodología, las normas y las técnicas para garantizar que se tiene en cuenta el cambio solicitado con el fin de mejorar su implantación y su éxito.

Las principales acciones llevadas a cabo por esta práctica son las siguientes:

- Asignar y asegurar el presupuesto para la mejora continua.
- Identificar oportunidades de mejora.
- Priorizar las oportunidades de mejora.
- Ayudar a realizar estudios de oportunidad sobre iniciativas de mejora o llevar a cabo dichos estudios.
- Evaluar los resultados una vez aplicadas las oportunidades de mejora.
- Coordinar el despliegue de las oportunidades de mejora.

3.2 Mapa de calor de la práctica

El mapa de calor para la Mejora continua es el siguiente:

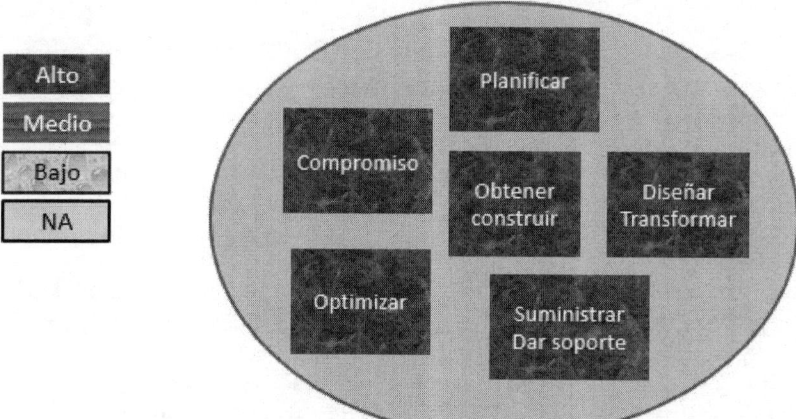

Planificar (fuerte): la práctica de mejora continua garantiza que se planifican todas las oportunidades de mejora aprobadas, así como los métodos y técnicas utilizados para ponerlas en práctica.

Optimizar (fuerte): obviamente, la práctica de la mejora continua es clave en esta actividad de optimización. Se encargará de gestionar los recursos y tareas necesarios.

Compromiso, **Obtener** y **construir**, **Diseñar** y **Transformar** y **Suministrar** y **Dar soporte** (fuerte): la práctica de la mejora continua intervendrá en cada una de estas actividades para que mejoren continuamente.

4. Gestión de la seguridad de la información

4.1 Objetivo de la práctica

El principal objetivo de la práctica de Gestión de la seguridad informática es proteger la información que necesitan la empresa y sus organizaciones para alcanzar sus objetivos empresariales. Se encargará de identificar los riesgos para la seguridad informática.

4.2 Una variación de esta práctica

En primer lugar, esta práctica se basa en los procesos de gestión de la seguridad informática de la versión V3 de ITIL.

Aplicará la política de seguridad de la empresa para el sistema de información y, sobre todo, la política de seguridad para los datos de la empresa. Por lo tanto, estará muy implicado en muchos procesos y procedimientos, proporcionándoles un marco de trabajo, normas, directrices e incluso instrucciones. He aquí una lista no exhaustiva:

- Gestión de incidentes de seguridad informática.
- Gestión de riesgos.
- Auditoría y control de procesos.
- Gestión de los accesos.
- Gestión de eventos.
- Procedimientos de prueba y validación.
- Gestión del cambio en la seguridad informática.
- Reglas de seguridad de redes informáticas (por ejemplo, reglas de cortafuegos).

4.3 Terminología de seguridad informática

La gestión de la seguridad informática es responsable de aplicar los siguientes conceptos:

Definición de disponibilidad de datos

Definirá la disponibilidad de los datos y no la disponibilidad de los servicios, como veremos en la práctica de la Gestión de la Disponibilidad. La disponibilidad de datos significa dar a los usuarios que la solicitan la información que necesitan, cuando la necesitan. Por ejemplo, usted consulta su saldo bancario en Internet. El servicio puede estar disponible o no (me conecto a la aplicación que gestiona los saldos de las cuentas). ¿Está actualizada la información que aparece en mi pantalla? ¿El saldo de mi cuenta no es el mismo que hace varios días? Todo depende de la disponibilidad de la información.

Definición de confidencialidad

Confidencialidad significa hacer que la información sólo esté accesible para quienes están autorizados a acceder a ella. Por ejemplo, una contraseña en un buzón garantiza la confidencialidad de los correos electrónicos. Otro aspecto de la confidencialidad se puede abordar codificando, encriptando o incluso cifrando la información. El objetivo en este caso es evitar la piratería y la apropiación indebida de la información.

Definición de integridad

Integridad significa garantizar que la información está completa y no ha sido modificada o alterada fraudulentamente. Significa establecer copias de seguridad para impedir modificaciones no autorizadas. Por ejemplo, en las operaciones informáticas, convendría comprobar periódicamente si las copias de seguridad que se realizan tratan efectivamente los datos con integridad, es decir, comprobar si las copias de seguridad son buenas.

Definición de autenticidad

Esta noción es un poco más reciente en informática, pero se está convirtiendo en crucial en un contexto como el de la desmaterialización de los documentos y, por supuesto, el comercio electrónico. La autenticidad consiste en hacer fiables los intercambios introduciendo la noción de firma electrónica. ¿Cómo se puede estar seguro de que un correo electrónico de alguien ha sido escrito realmente por esa persona? Por supuesto, procede de su cuenta, pero eso es todo lo que se puede decir al respecto.

Definición de no repudio

Con la noción de autenticidad hablamos de no repudio, es decir, de asumir el hecho de haber realizado una acción (como el envío de un correo electrónico). Asociada a esta noción está la noción de firma de documentos.

4.4 Actividades de la práctica

Esta práctica debe gestionar una mezcla de tres acciones:

- Prevención, es decir, evitar que se produzcan incidentes de seguridad informática trabajando de forma proactiva.
- Detección, es decir, detectar lo antes posible los incidentes de seguridad informática inevitables.
- Corrección, es decir, resolución de incidentes y problemas de seguridad informática.

La gestión de estas acciones se basa en una norma, que proporciona su ámbito. La norma en cuestión es la ISO 27001 (antes ISO17799 y BS7799 emitidas por el British Standard Institute).

Estas acciones son responsabilidad de un miembro del departamento informático. A menudo, incluso se dedica a estas acciones un equipo formado por varios miembros.

4.5 Mapa de calor de la práctica

El mapa de calor para la práctica de Gestión de la seguridad informática es el siguiente:

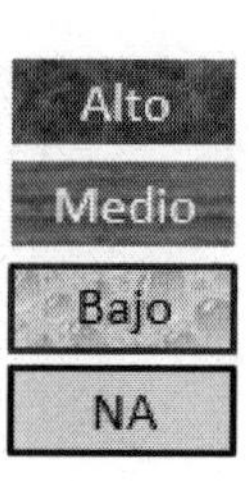

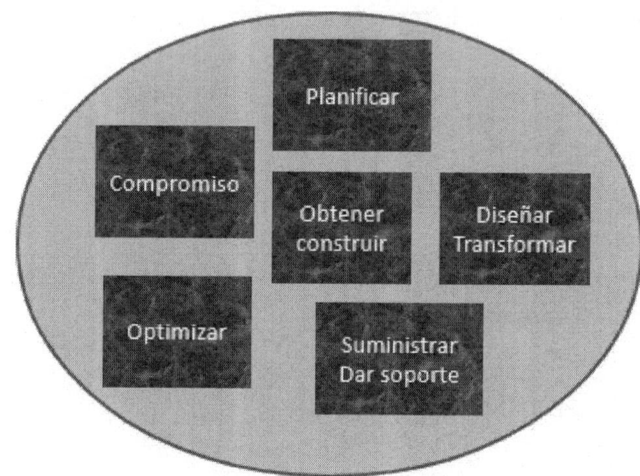

Planificar (fuerte): la práctica de gestión de la seguridad informática participa en todas las tareas de planificación y en todas las prácticas y servicios.

Optimizar (fuerte): también participa en todas las oportunidades de mejora, asegurándose de que se despliega el nivel adecuado de vulnerabilidad.

Compromiso (fuerte): en todos los niveles, desde la estrategia hasta las operaciones, se deben respetar las recomendaciones de la gestión de la seguridad informática. Es lo que se conoce como mentalidad de seguridad informática.

Diseñar y **Transformar** (fuerte): esta práctica comprueba que todos los componentes siguen sus recomendaciones en materia de seguridad informática.

Obtener y **construir** (fuerte): esta práctica debe garantizar que todos los componentes cumplen sus recomendaciones en materia de seguridad informática, en particular para los componentes procedentes de proveedores externos.

Suministrar y **Dar soporte** (fuerte): esta práctica participa en la detección y corrección de incidentes de seguridad.

5. Gestión del conocimiento

5.1 Objetivo de la práctica

El objetivo de la práctica de la Gestión del conocimiento es dar a los empleados información, cuando la necesiten, en la forma que la necesiten, al nivel que la necesiten y que puedan entender. Debe mantener y mejorar el uso de la información y el conocimiento. La misión de la práctica de Gestión del conocimiento es proporcionar información comprensible y fiable que permita tomar decisiones en todo momento.

Esta práctica se basa en el proceso de Gestión del conocimiento de ITIL V3.

5.2 Terminología de la práctica

La información consiste en uno o varios datos enriquecidos por el tiempo dedicado a responder a preguntas básicas como: ¿QUIÉN? ¿CUÁNDO? ¿QUÉ? ¿DÓNDE? La información está estructurada y puede ser el resultado de varios datos. Por ejemplo, la cotización de la empresa XX es de YY euros al cierre del CAC 40 el 4 de octubre de 2023, un 3% más que el día anterior.

El conocimiento es la correlación de información sobre un tema concreto. En cambio, respondemos a una pregunta del tipo: ¿CÓMO? Por ejemplo, la cotización de la empresa XX es de YY euros al cierre del CAC 40 el 4 de octubre de 2023, con una ganancia del 15% desde principios de año tras la adquisición de la empresa ZZ.

Los ingleses también hablan de sabiduría, en la terminología de la gestión del conocimiento. Este es el objetivo último del conocimiento. Identificar el ¿POR QUÉ? Por ejemplo, la cotización de la empresa XX es de YY euros al cierre del CAC 40 el 4 de octubre de 2023, con una ganancia del 15% desde principios de año tras la adquisición de la empresa ZZ: se ha convertido en líder de un mercado muy boyante.

Progresamos en el grado de comprensión en relación con un contexto determinado pasando de la información a la sabiduría.

5.3 Mapa de calor de la práctica

El mapa de calor para la práctica de Gestión del conocimiento es el siguiente:

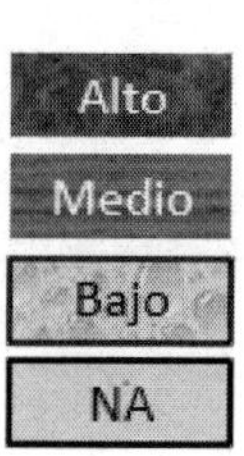

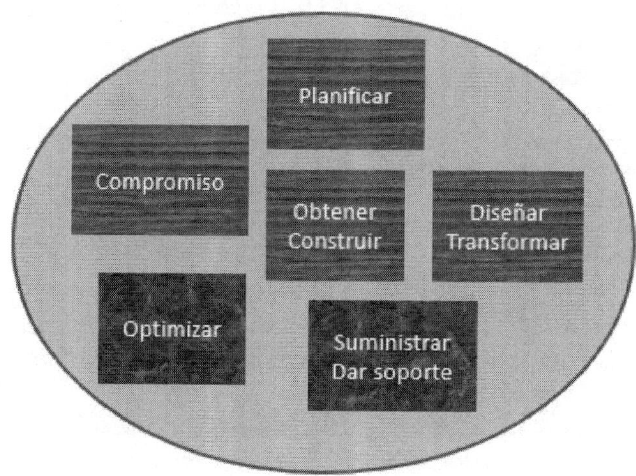

Planificar (medio): la práctica de la gestión del conocimiento le ayuda a tomar decisiones de planificación.

Optimizar (fuerte): la optimización requiere un buen conocimiento de lo que ya existe. La gestión del conocimiento es esencial.

Compromiso (medio): esta práctica ayuda a tomar decisiones, en particular a comprender mejor las dependencias entre proyectos o componentes.

Diseñar y **Transformar** (medio): la gestión del conocimiento puede ayudar a reutilizar módulos existentes.

Obtener y **Construir** (medio): la gestión del conocimiento puede ayudar a reutilizar los módulos existentes.

Suministrar y **Dar soporte** (fuerte): la gestión del conocimiento es esencial para esta actividad, ya que proporciona todas las bases de conocimiento necesarias para comprender mejor las soluciones desplegadas y, sobre todo, el historial de situaciones ya encontradas.

6. Medición e informes

6.1 Objetivo de la práctica

El principal objetivo de la práctica de Medición e informes es apoyar la toma de decisiones basada en datos fiables. Estos datos abarcan tanto productos y servicios como prácticas, actividades y organizaciones (equipos o individuos).

Apoya dos tareas: la recopilación de indicadores y la elaboración de informes.

6.2 Recopilación de indicadores

En el enfoque ITIL 4, al igual que en la versión V3, se utilizan dos tipos de indicadores:

- Los KPI (*Key Performance Indicators* en inglés) son muy operativos. Sirven para evaluar una situación en un momento dado en relación con un objetivo que se debe alcanzar.
- Los CSF (*Critical Success Factors* en inglés) son las condiciones necesarias para alcanzar un objetivo.

Todos los indicadores deben estar vinculados a una línea de referencia. No podemos deducir ninguna información que nos permita dirigir, validar, justificar o intervenir si no podemos comparar la medición con una medida de referencia o *Baseline*. La línea de referencia nos proporcionará un punto de comparación o situación factual. Por eso es importante documentar las líneas de referencia y asegurarse de que son conocidas y aceptadas por todos.

La recogida es un trabajo repetitivo, por lo que se debe automatizar en la medida de lo posible.

7. Informes

7.1 Objetivo de la práctica

El valor añadido de esta práctica reside en la elaboración de informes. ITIL recomienda que los informes de medición se realicen en forma de gráficos, simplemente para mostrar la evolución de las tendencias de los indicadores y su posicionamiento en relación con la línea de referencia y el objetivo a alcanzar, el CSF.

Deben responder a dos preguntas: ¿cuánto esfuerzo es necesario para alcanzar el objetivo y qué nos impide lograr un resultado mejor?

7.2 Mapa de calor de la práctica

El mapa de calor para la práctica de Medición e informes es el siguiente:

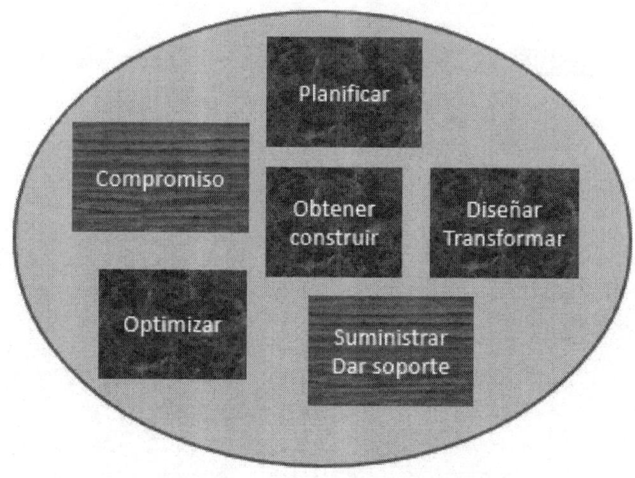

Planificar (fuerte): la medición y la elaboración de informes son esenciales para tomar decisiones de planificación. Hay que tener una visión objetiva de dónde se está.

Optimizar (fuerte): la mejora requiere una medición continua para evaluar la creación de valor.

Compromiso (medio): las partes interesadas necesitan un mínimo de información, a menudo en forma de cuadros sinópticos, para tomar decisiones.

Diseñar y **Transformar** (fuerte): durante esta actividad, las mediciones y los informes son esenciales en cada etapa para la gestión diaria.

Obtener y **Construir** (fuerte): la medición y la elaboración de informes aportarán transparencia al progreso de esta actividad.

Suministrar y **Dar soporte** (medio): los informes ayudarán en las tareas cotidianas.

8. Gestión del cambio organizativo

8.1 Objetivo de la práctica

En primer lugar, esta práctica no está respaldada por un proceso identificado en el enfoque ITIL V3.

El objetivo de esta práctica es gestionar el cambio estructural en las organizaciones, de modo que el cambio se produzca sin contratiempos y con éxito. Abarcará los aspectos humanos del cambio organizativo. Se trata de una auténtica innovación con respecto a ITIL V3.

Es esencial en contextos en los que se requiere agilidad. En efecto, esta práctica permitirá introducir cambios en la organización a medida que se gestionen los distintos proyectos. En cambio, no es útil en las empresas que trabajan en modo de ciclo en "V" para la gestión de proyectos.

8.2 Actividades de la práctica

Las actividades de esta práctica son las siguientes:

- Definir claramente los objetivos del cambio: el cambio organizativo debe aportar un valor real y esto se debe explicar a todo el mundo.
- Fuerte implicación de la dirección: hay que identificar a un patrocinador. Debe defender el cambio organizativo.
- Una mentalidad positiva por parte de los participantes: un cambio organizativo tiene éxito si los participantes han comprendido por qué se realiza el cambio y si están convencidos del valor que puede aportar el cambio.
- Apoyo tras el cambio: muchos cambios organizativos fracasan porque no se les presta apoyo. Ayudar a las personas a adaptarse a los nuevos procedimientos y relaciones, demostrar las ventajas de la nueva organización y transmitir los mensajes de la dirección son fuentes de éxito.

8.3 Mapa de calor de la práctica

El mapa de calor para la práctica de Cambio organizativo es el siguiente:

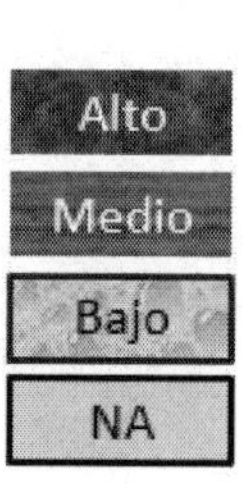

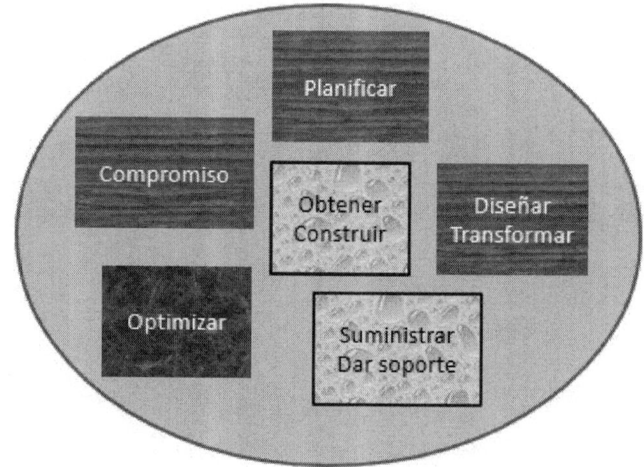

Planificar (media): la planificación puede iniciar el cambio organizativo cuando se introducen modificaciones importantes en el porfolio de servicios o productos.

Optimizar (fuerte): la mejora continua requiere a menudo un cambio organizativo, y cualquier cambio organizativo debe ir necesariamente acompañado de mejora y creación de valor.

Compromiso (medio): el cambio organizativo requiere la implicación de las partes interesadas.

Diseñar y **Transformar** (medio): cuando se implanta un nuevo servicio, suele ser necesario un cambio organizativo.

Obtener y **Construir** (bajo): la gestión del cambio organizativo puede tener consecuencias para la gestión de proyectos y adquisiciones.

Suministrar y **Dar soporte** (bajo): la gestión del cambio organizativo puede tener consecuencias para la gestión de proyectos.

9. Gestión del porfolio

9.1 Objetivo de la práctica

Esta práctica se basa en el proceso de Gestión del porfolio de servicios de ITIL V3. Sin embargo, su alcance se ha ampliado, ya que ahora abarca no solo servicios, sino también programas, proyectos y productos.

Su misión es maximizar la creación de valor para la empresa controlando, dirigiendo y gestionando los costes y riesgos de los programas, proyectos, productos y servicios. Permitirá tomar decisiones, apoyándose en herramientas de porfolio.

9.2 Herramientas del porfolio

9.2.1 Porfolio de productos/servicios

El porfolio de productos/servicios representa las oportunidades y compromisos de la informática para prestar servicios a los distintos clientes de la empresa. Este porfolio incluirá toda la información sobre los servicios prestados, los nuevos servicios en desarrollo y los planes de mejora. También incluye todos los servicios que puedan ofrecer terceros, proveedores externos a las líneas de negocio.

9.2.2 Porfolio de proyectos

El porfolio de proyectos sirve para coordinar todos los proyectos y garantizar que se ajustan al calendario y al presupuesto. Comprueba que los proyectos no se duplican y que se respeta su alcance. Los proyectos pequeños y grandes se gestionan en la misma herramienta.

9.2.3 Porfolio de clientes

El porfolio de clientes es responsabilidad de la práctica de Gestión de las relaciones. Se trata de una herramienta importante para la gestión del porfolio. Contiene toda la información relativa a la recepción y suministro de componentes, productos y servicios para cada organización interna o externa.

9.3 Actividades de la práctica

A continuación, se enumeran las principales actividades de la práctica de Gestión del porfolio:

- Evaluar y priorizar las peticiones de desarrollo o creación de productos y servicios en función de la estrategia definida, la creación de valor, los riesgos, los recursos disponibles y los presupuestos.
- Supervisar el rendimiento global del porfolio y solicitar la gestión de cambios operativos cuando sea necesario.
- Revisar el progreso del porfolio en términos de resultados, costes, riesgos y creación de valor.

9.4 Mapa de calor de la práctica

El mapa de calor para la práctica de Gestión del porfolio es el siguiente:

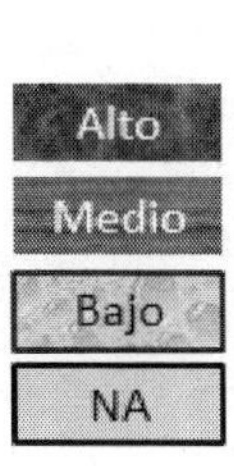

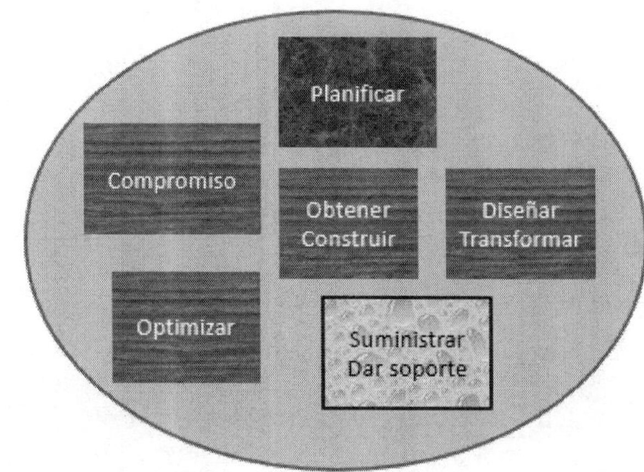

Planificar (fuerte): la gestión del porfolio es esencial para la planificación. En concreto, para obtener una visión clara y fiable del progreso de los distintos productos, proyectos y servicios.

Optimizar (medio): la gestión del porfolio desempeña un papel activo en la optimización, garantizando que no haya redundancia entre productos y servicios.

Compromiso (medio): las decisiones de compromiso se basan en un análisis de las distintos porfolios.

Diseñar y **Transformar** (medio): mediante el seguimiento del progreso de los productos, proyectos y servicios, la gestión del porfolio garantiza el cumplimiento de los objetivos iniciales.

Obtener y **Construir** (medio): mediante el seguimiento del progreso de los productos, proyectos y servicios, la gestión del porfolio garantiza el cumplimiento de los objetivos iniciales.

Suministrar y **dar soporte** (bajo): mediante el seguimiento del progreso de los productos, proyectos y servicios, la gestión del porfolio garantiza el cumplimiento de los objetivos iniciales.

10. Gestión de proyectos

10.1 Objetivo de la práctica

Se trata de una práctica nueva. No existía en versiones anteriores de ITIL, lo que suponía una importante laguna en las buenas prácticas. Además, a menudo provocaba un rechazo de las buenas prácticas de ITIL por parte de los equipos de proyecto, porque se sentían olvidados en el proceso. Las versiones V2 y V3 de ITIL preferían referirse a la metodología de proyectos PRINCE 2, sin situarla dentro de sus procesos.

El objetivo de la práctica de la Gestión de proyectos es garantizar que todos los proyectos se lleven a cabo con éxito. Es decir, que alcancen sus objetivos dentro de los plazos y costes fijados al inicio del proyecto. El nivel de calidad de la entrega se debe corresponder con los compromisos adquiridos. Además, ITIL 4 insiste en que los equipos de proyecto deben estar motivados para completar su trabajo de principio a fin.

10.2 Enfoques del proyecto

El enfoque ITIL 4 admite dos planteamientos de proyecto: agilidad y "waterfalls".

Ambos enfoques son recomendables y pueden o deben coexistir, pero el enfoque de ITIL 4 no da ninguna preferencia.

10.2.1 Proyecto ágil

El enfoque de proyecto ágil se recomienda cuando el requisito es entregar rápidamente una solución a los usuarios. El factor tiempo es primordial, a menudo vinculado a un entorno competitivo, en detrimento de la exhaustividad del pliego de condiciones. En cambio, cuando la expresión de la necesidad es vaga o incompleta o incluso prácticamente desconocida en el caso de que el propietario de un proyecto descubra un nuevo sector de actividad, el enfoque de proyecto ágil es la solución a adoptar.

10.2.2 Proyecto "Waterfalls"

El método de las cascadas es un enfoque mucho más tradicional de la gestión de proyectos. En la década de 2000 (y antes), este método se conocía como ciclo en "V". Las actividades se abordan secuencialmente, con especificaciones en cada paso del ciclo en "V", que son fijadas y aprobadas por todos y una validación con respecto a las especificaciones asociadas en cada paso del ciclo.

Este enfoque del proyecto tiene sentido cuando conocemos o podemos definir la expresión de las necesidades antes del proyecto. Por ejemplo, en temas relacionados con la legislación, las finanzas, los recursos humanos y los proyectos de carácter nacional. Lo importante no es realmente el plazo de ejecución, sino el cumplimiento del pliego de condiciones. En estos proyectos, no se deben introducir cambios en las especificaciones antes de la aceptación final.

10.3 Organización del proyecto

Estos dos enfoques del proyecto repercutirán en la forma en que se establezcan las organizaciones (los equipos).

La práctica del cambio organizativo, descrita anteriormente, permitirá crear equipos durante un periodo determinado para gestionar proyectos ágiles. Estos equipos incluirán a todos los actores (propietario del proyecto, jefe de proyecto, desarrolladores, probadores, producción, representantes de los usuarios, etc.) durante uno o varios sprints o durante todo el proyecto.

Para los proyectos en "cascada", las organizaciones especializadas serán muy eficaces: propietario del proyecto, jefe de proyecto, desarrollo, probadores, producción.

Tanto si se trata de un enfoque como de otro, la gestión de proyectos debe garantizar la eficacia y la eficiencia tanto de los nuevos proyectos como de los denominados proyectos de mantenimiento de aplicaciones.

10.4 Mapa de calor de la práctica

El mapa de calor para la práctica de Gestión de proyectos es el siguiente:

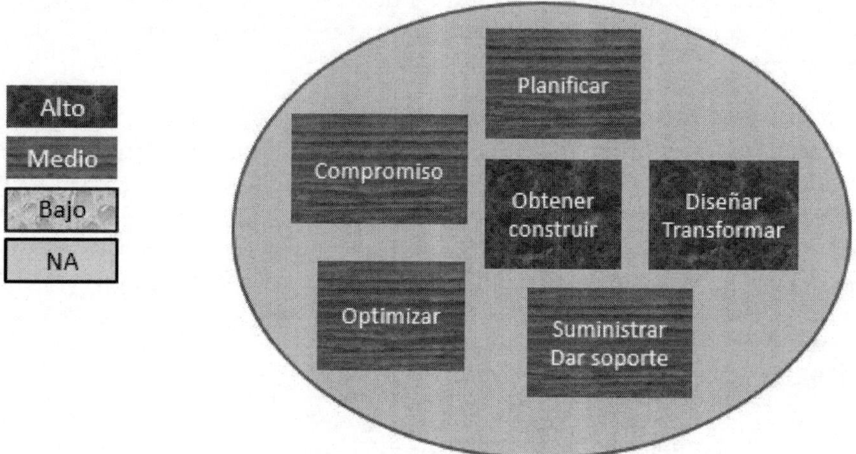

Planificar (media): la gestión de proyectos apoyará la planificación con sus propias herramientas de seguimiento de proyectos (cuadros de mando, informes, etc.).

Optimizar (medio): la optimización se suele basar en proyectos más o menos complejos para mejorar el sistema existente.

Compromis (medio): un proyecto debe contar con la aceptación de las partes interesadas para poder ponerse en marcha.

Diseñar y **Transformar** (fuerte): esta actividad es la razón de ser de la gestión de proyectos.

Obtener y **Construir** (fuerte): esta actividad resume la mayor parte de las tareas de gestión de proyectos.

Suministrar y **Dar soporte** (medio): la dirección del proyecto se encarga de transferir los conocimientos a los equipos de instalación y dar soporte durante el suministro.

11. Gestión de las relaciones

11.1 Objetivo de la práctica

Esta práctica se basa en el proceso de relación empresarial de la fase de estrategia del servicio, definido en la versión V3-2011 de ITIL.

El objetivo de esta práctica es garantizar la satisfacción de las líneas de negocio, los propietarios de proyectos, la dirección e incluso los accionistas, no en el contexto de un contrato de servicios (satisfacción del cliente), sino en el contexto general de la relación entre una parte interesada y el proveedor de servicios de informática. Esta relación funcionará tanto a nivel estratégico como táctico.

11.2 Actividades de la práctica

Una de las principales actividades de la práctica es estructurar y organizar la relación entre las distintas partes interesadas de la empresa y la informática. Periódicamente se celebran comités que permiten a la informática presentar sus cuadros de mando de calidad de servicio a cada organización, conocer su grado de satisfacción con los servicios de informática e informarles sobre futuros proyectos. Estos comités también sirven de foro para debatir los cambios en la empresa, actualizar las prioridades y desarrollar los planes estratégicos y tácticos.

Gestionar la satisfacción de las partes interesadas también significa gestionar las quejas y reclamaciones. Saber gestionar estas situaciones es garantía de profesionalidad. Las quejas y reclamaciones se deben registrar y recibir un seguimiento con respuestas oficiales que pongan de relieve los planes de acción.

11.3 Mapa de calor de la práctica

El mapa de calor para la práctica de Gestión de relaciones es el siguiente:

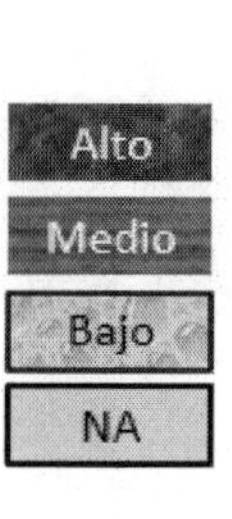

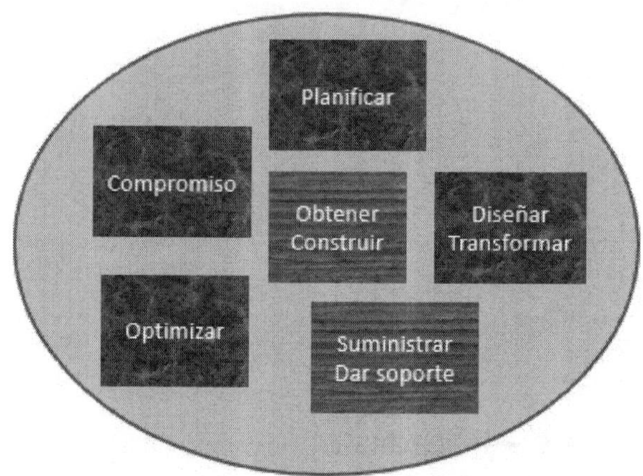

Planificar (fuerte): la gestión de las relaciones desempeña un papel clave en la planificación, ya que establece las prioridades a nivel estratégico que ha recabado de las partes interesadas.

Optimizar (fuerte): la gestión de las relaciones debe gestionar la coherencia entre las distintas peticiones de mejora de todas las partes interesadas.

Compromiso (fuerte): la gestión de las relaciones es responsable de los compromisos con las partes interesadas.

Diseñar y **Transformar** (fuerte): la gestión de las relaciones desempeña un papel clave en esta actividad, ya que garantiza la satisfacción de las partes interesadas, a pesar de los impactos y las dificultades encontradas durante las tareas de diseño y transformación.

Obtener y **Construir** (medio): la gestión de las relaciones ayuda a priorizar los componentes que se deben adquirir externamente o desarrollarse internamente.

Suministrar y **Dar soporte** (medio): la gestión de las relaciones debe garantizar una buena relación entre los usuarios y los equipos de soporte.

12. Gestión de riesgos

12.1 Preámbulo a la gestión de riesgos

No hay ningún proceso dedicado a la gestión del riesgo en los enfoques ITIL V2 e ITIL V3. La gestión del riesgo estaba repartida entre todos los procesos. En el enfoque ITIL 4, se ha definido una práctica dedicada, lo cual es muy positivo y se basa en la norma ISO 31000.

Esta norma del instituto mundial de normalización ISO es la referencia en materia de gestión de riesgos. La última versión de esta norma data de 2018. Proporciona directrices sobre la gestión de riesgos para una organización, sea cual sea su sector de actividad. Se puede considerar algo genérica.

La única terminología utilizada en este libro es la de la norma ISO 31000, que arroja luz sobre una serie de conceptos, pero a través del prisma de una norma genérica.

12.2 Terminología de la práctica

Definición de riesgo

Un riesgo es el efecto de la incertidumbre sobre la consecución de un objetivo. Un riesgo se identifica por fuentes de riesgo, sucesos, consecuencias y probabilidad.

Fuente de riesgo

La fuente de riesgo es cualquier elemento, solo o en combinación con otros, que pueda dar lugar a un riesgo.

Evento

Un evento es un cambio particular en las circunstancias. Puede ocurrir y no esperarse o puede esperarse y no ocurrir. Un acontecimiento puede ser una fuente de riesgo.

Consecuencias

Una consecuencia es el efecto de un evento sobre un objetivo.

12.3 Objetivo de la práctica

El objetivo de la práctica de Gestión del riesgo es garantizar que la organización identifique y tome las medidas necesarias para gestionar el riesgo. Para ITIL 4, la Gestión del riesgo es fundamental en la cadena de valor de SVS.

12.4 Actividades de la práctica

Las tres principales actividades de gestión de riesgos son las siguientes:

- Identificación de los riesgos y comprensión común de los mismos por todas las partes interesadas.
- Evaluación del riesgo, con la elaboración de una probabilidad de aparición del riesgo y un nivel de riesgo.
- Gestión de los riesgos, con la identificación de las acciones adecuadas, la planificación de estas acciones, el seguimiento y el control.

12.5 Mapa de calor de la práctica

El mapa de calor para la práctica de Gestión de riesgos es el siguiente:

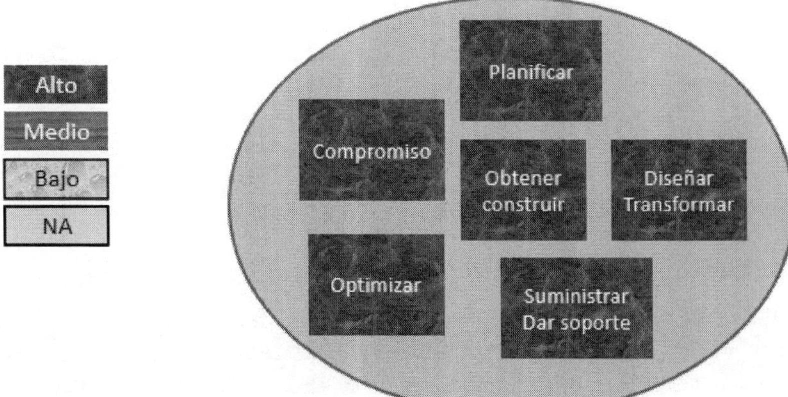

Todas las actividades se ven muy afectadas.

Planificar (fuerte): la gestión de riesgos interviene en la planificación haciendo un seguimiento de todos los riesgos identificados y, en particular, de los denominados estratégicos, como los relacionados con la legislación, la competencia, la dependencia de los proveedores, los conflictos entre accionistas, etc.

Optimizar (fuerte): cualquier cambio y, en particular, los derivados de la optimización, puede entrañar riesgos.

Compromiso (fuerte): igual que la actividad de planificación.

Diseñar y **Transformar** (fuerte): la gestión de riesgos se centrará en los llamados riesgos técnicos, tratando de priorizarlos.

Obtener y **Construir** (fuerte): la gestión de riesgos se centrará en los denominados riesgos técnicos, tratando de priorizarlos en la actividad de obtención y construcción.

Suministrar y **Dar soporte** (fuerte): la gestión de riesgos ayudará a identificar los riesgos asociados al despliegue, mantenimiento y soporte de los servicios.

13. Gestión financiera de los servicios

13.1 Objetivo de la práctica

Esta práctica se basa en el proceso ITIL V3 de gestión financiera, situado en la fase de estrategia del servicio.

El principal objetivo de la práctica de Gestión financiera de los servicios, es ser capaz de tomar decisiones estratégicas basadas en la lógica financiera.

Los demás objetivos de la práctica son los siguientes:

- Identificar los costes reales de la prestación de servicios informáticos.
- Optimizar los costes de la informática a medio y largo plazo. La Gestión financiera de los servicios proporciona datos de entrada clave para optimizar la prestación de servicios. Examinará los datos de entrada y las limitaciones de los componentes del servicio para determinar si es necesario explorar alternativas sobre cómo se debe prestar un servicio, para mejorar su calidad u optimizar su coste.
- Garantizar un presupuesto equilibrado. Este equilibrio se garantiza refacturando los costes a las líneas de negocio.

13.2 Terminología de la práctica

13.2.1 Retorno de la inversión (ROI)

El retorno de la inversión (en inglés ROI, *Return on Investment*) es el análisis comparativo de los gastos y costes financieros asociados a un servicio, en relación con el valor que este servicio aportará a la empresa. En otras palabras, ¿cuánto se obtiene por la inversión? Otra noción incluida en el rendimiento de la inversión es la duración de esta inversión. ¿Cuánto tiempo tardará en aportar valor a la empresa?

13.2.2 Coste de propiedad de la informática (TCO)

El coste total de propiedad (en inglés TCO, *Total Cost of Ownership*) es el coste total de la prestación de servicios informáticos. Estos costes incluyen el diseño, desarrollo, integración, pruebas y validación, explotación y producción, soporte y mantenimiento y actualizaciones.

13.2.3 El coste de un servicio

El coste de un servicio es el dinero que se gasta en diseñarlo o prestarlo. Los costes pueden ser directos (identificables mediante una factura, como la compra de equipos, contratos de mantenimiento, etc.), indirectos (por ejemplo, una parte que hay que pagar a la empresa por el alquiler de oficinas, seguridad, etc.) u ocultos (se incluirán en el TCO, es decir, una estimación de los costes no visibles, por ejemplo, la falta de formación conlleva costes adicionales por utilizar un producto concreto).

13.2.4 El precio de un servicio

El precio de un servicio es el coste del servicio más un margen. Esto es lo que llamamos valoración del servicio. La valoración del servicio se centra en dos conceptos clave:

- Los costes informáticos subyacentes.
- La utilidad y garantía del servicio en comparación con lo que el cliente puede hacer con sus propios recursos y habilidades.

13.2.5 Facturación de un servicio

La facturación es un concepto fácil de entender. La facturación es la emisión de una factura para recuperar el dinero por un servicio que tiene un precio acordado. Sin embargo, en muchas empresas, el departamento de informática no refactura al negocio o a la empresa por los servicios de informática. En el mejor de los casos, la informática refactura los costes de los servicios informáticos.

La facturación permite recuperar y distribuir los fondos.

13.3 Actividades de la práctica

Las actividades de gestión financiera de los departamentos son las siguientes:

- Presupuestación: esta actividad le permitirá comprender todos los costes implicados, planificar los fondos en consecuencia, comparar los gastos reales con el presupuesto a lo largo del año, justificar los gastos en todo momento y asegurarse de que los créditos cubren los débitos.
- Contabilidad: esta actividad permite imputar los costes a los centros de coste y desencadenar las actividades del proceso de gestión financiera vinculadas a los servicios. Imputar significa desglosar los costes según claves de reparto. Se trata de la contabilidad de costes.
- Facturación: esta actividad, opcional, permitirá emitir una factura a los distintos servicios de la empresa. Por supuesto, también se puede tratar de una refacturación o incluso de una factura proforma o de un simple conjunto de asientos contables.

13.4 Mapa de calor de la práctica

El mapa de calor para la práctica de Gestión financiera de los servicios es el siguiente:

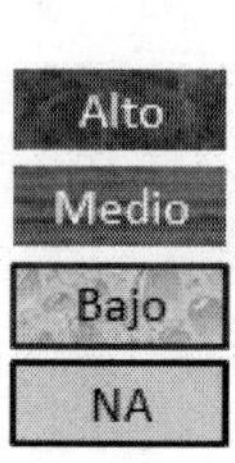

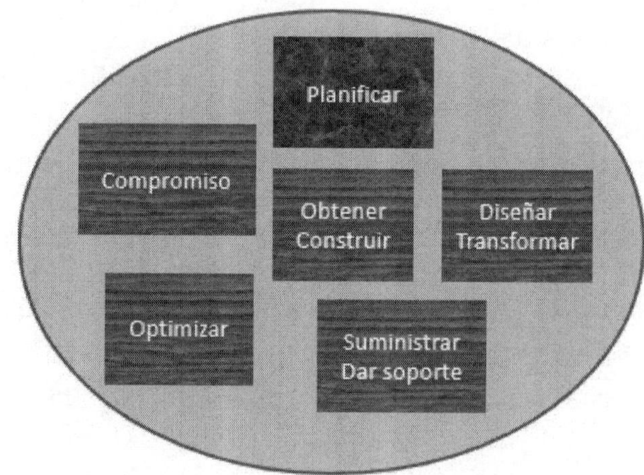

Planificar (fuerte): la planificación se debe basar en información financiera (presupuestos, costes, rendimiento de la inversión, previsiones, etc.).

Optimizar (medio): toda inversión en una mejora requiere una evaluación financiera de los costes y el rendimiento de la inversión.

Compromiso (medio): el compromiso requiere una visión de la información financiera.

Diseñar y **Transformar** (medio): la gestión financiera es la garante de los presupuestos y controla las posibles desviaciones.

Obtener y **Construir** (medio): la gestión financiera garantiza que los presupuestos estén disponibles cuando se necesiten.

Suministrar y **Dar soporte** (medio): la gestión financiera también gestiona los costes operativos: los costes recurrentes de producción y mantenimiento de los servicios.

14. Gestión de la estrategia

14.1 Objetivo de la práctica

La práctica de Gestión de la estrategia se basa en el proceso del mismo nombre, de la fase de Estrategia del servicio del enfoque ITIL V3.

El papel de esta práctica es elaborar la política de informática y definir el sistema de información para los próximos años. Establece la dirección que tomará la informática. Es la práctica clave en términos de estrategia de servicios.

Los objetivos de gestión de la estrategia son los siguientes:

- Garantizar que la estrategia de informática esté alineada con la estrategia empresarial: para ello es necesario que el departamento de informática conozca y comprenda la estrategia empresarial.
- Determinar las necesidades presentes y futuras de las líneas de negocio de la empresa.

- Garantizar que los servicios informáticos cumplen o cumplirán los requisitos de las actividades de la empresa.
- Garantizar que los servicios informáticos corresponden a la realidad del mercado y prever las tendencias del mercado con el apoyo activo de las líneas de negocio.
- Garantizar el equilibrio presupuestario del departamento informático.

14.2 Actividades de la práctica

Las actividades de la práctica de Gestión de la estrategia son las siguientes:

- Definir el mercado: definir el mercado significa, en primer lugar, comprender las actividades de los clientes. Definir el mercado también significa comprender las oportunidades, los retos, las dificultades y los cambios de las líneas de negocio en el mercado, así como dentro de la empresa (¿cuál es la actividad principal de la empresa y cómo evolucionará en los próximos años?). Por último, esta actividad permitirá posicionar las líneas de negocio y, por tanto, los servicios informáticos asociados, en función del valor que aportan a la empresa.
- Fomentar el desarrollo de la oferta: esta actividad se basará en la práctica de la Gestión del porfolio.
- Desarrollar recursos estratégicos: esta actividad nos permitirá gestionar las inversiones en recursos como infraestructuras, aplicaciones, competencias del personal, conocimientos, procesos, etc., para garantizar una prestación eficaz de los servicios.
- Preparar la implantación: en esta actividad se analizarán los puntos fuertes y débiles de la organización informática y del sistema de información y se definirán un alcance y unos objetivos, con los factores clave de éxito asociados.

El resultado de todas estas actividades es un documento que consolida toda la información recopilada por este proceso y que se denomina plan director. El plan director es un documento que describe la política de informática y sistemas de información para los próximos tres a cinco años.

14.3 Mapa de calor de la práctica

El mapa de calor para la práctica de Gestión de la estrategia es el siguiente:

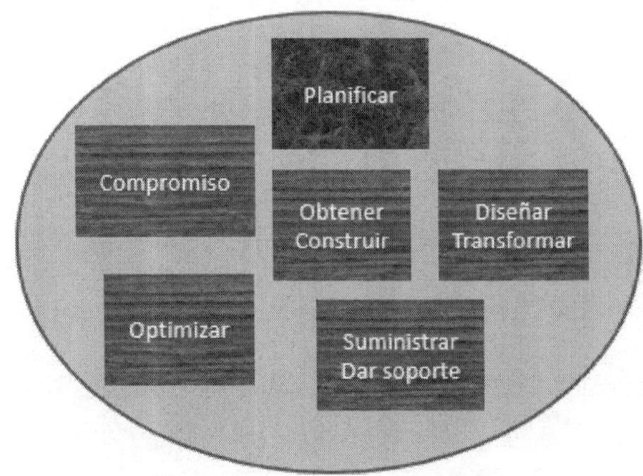

Planificar (fuerte): la gestión de la estrategia garantiza que se aplique el plan director y que las decisiones tácticas se ajusten a la estrategia.

Optimizar (medio): la gestión de la estrategia proporciona orientación y prioridades para las opciones de mejora.

Compromiso (media): la gestión de la estrategia participa en la toma de decisiones, del mismo modo que la gestión de riesgos y la gestión del personal y el talento.

Diseñar y **Transformar** (medio): la gestión de la estrategia garantiza que se respete el plan director.

Obtener y **Construir** (medio): la gestión de la estrategia garantiza el cumplimiento del plan director.

Suministrar y **Dar soporte** (medio): la gestión de la estrategia garantiza el cumplimiento del plan director.

15. Gestión de proveedores

15.1 Objetivo de la práctica

La gestión de proveedores se basa en el proceso de Gestión de proveedores de la fase de Diseño de los servicios de ITIL V3.

La función de esta práctica es gestionar las relaciones con los proveedores, prestadores de servicios externos u organizaciones internas y supervisar los contratos que firman para prestar todo o parte de un servicio, con vistas a garantizar la mejor relación coste/calidad.

Los objetivos de la práctica de Gestión de proveedores son los siguientes:

- Garantizar que los servicios prestados por los proveedores internos y externos se ajustan a las expectativas de la organización.
- Negociar los contratos con proveedores.
- Definir y aplicar una política de gestión de proveedores.
- Mantener actualizada la base de datos de proveedores externos.
- Añadir valor a los servicios de los proveedores.

15.2 Actividades de la práctica

Las principales actividades de la práctica de gestión de proveedores son:

- Definir la política de gestión de proveedores: esta actividad identificará la política de proveedores de informática. Es decir, el marco que deben respetar todos los proveedores que deseen trabajar con el departamento de informática. En concreto, identificaremos la naturaleza de las actividades que podrán asumir los proveedores, el marco jurídico de los contratos y el posicionamiento de los distintos tipos de proveedores. Un buen ejemplo de esta noción de política de gestión de proveedores es el código de contratación pública, que hace referencia a todas las prácticas que intervienen en la adjudicación de un contrato con el Estado o un organismo público, y a los principios fundamentales de la normativa que rige estos contratos.

Está claro que los departamentos de "Compras" y "Jurídico" de la empresa son actores clave en esta actividad. Otro ejemplo de política de gestión de proveedores lo ofrecen algunas grandes empresas que han introducido una política de referenciación de proveedores. Los proveedores de servicios externos sólo pueden trabajar con estas empresas si previamente han sido incluidos en la lista de la empresa en cuestión.

- Identificar las necesidades de los clientes con el fin de preparar un expediente para los proveedores. El objetivo es conocer las necesidades de las líneas de negocio para plasmarlas en un documento del tipo "licitación". Este expediente de "licitación" debe formar parte de una política de gestión de proveedores.
- Evaluar a los proveedores: en esta actividad se determinarán los criterios y procedimientos que permitirán comparar a los proveedores entre sí en función de sus respuestas a las licitaciones. Estos criterios deben ser independientes de las propias licitaciones y, por supuesto, de las respuestas a las mismas. Esta evaluación debe ser objetiva. Esta actividad de evaluación debe tener en cuenta todos los aspectos del proveedor, como sus competencias empresariales, sus competencias técnicas, su fiabilidad financiera, su reputación y notoriedad y, por supuesto, los precios de los servicios ofrecidos.
- Seleccionar nuevos proveedores: la actividad de evaluación anterior permitirá seleccionar nuevos proveedores. Para ello, la contratación de proveedores requiere la negociación de todos los criterios que conformarán el contrato marco de gestión de proveedores.
- Clasificar a los proveedores: hay que clasificar a los proveedores por la naturaleza de su actividad, pero también por la importancia que se desea que tengan en el departamento de informática (proveedores estratégicos, proveedores tácticos o proveedores ocasionales) y, por supuesto, por el tipo de relación contractual (socio, cocontratante, subcontratista, etc.).
- Gestionar el rendimiento del proveedor: esta actividad permitirá evaluar el trabajo realizado por el proveedor. Para ello, controlará los indicadores vinculados al propio proveedor, que se completarán con indicadores específicos de los contratos, comunicados a su vez por la gestión del nivel de servicio. Esta actividad se encargará de informar sobre el rendimiento de los proveedores al departamento de informática. También gestionará la relación con el proveedor y participará en las distintas revisiones con él.

- Gestionar litigios con los proveedores: esta actividad aborda los posibles litigios con los proveedores, ya sea por parte de la informática o del proveedor. La gestión de quejas y litigios se debe formalizar con el proveedor.
- Gestionar el final del contrato: como se indica en la práctica de Gestión del nivel de servicio, las buenas prácticas ITIL recomiendan no renovar tácitamente los contratos con un proveedor externo. Por lo tanto, será necesario gestionar el final de la vida del contrato, ya sea renegociando una renovación del contrato o incluso un nuevo contrato, o activando la cláusula de "devolución" o reversibilidad si el departamento de informática no está satisfecho con el servicio prestado, lo que dará lugar a la rescisión parcial o total del contrato.

La reversibilidad de un contrato es la actividad que consiste, al final de este contrato, en que el solicitante recupere todos los conocimientos que ha desarrollado o adquirido el proveedor en el marco de la producción de este contrato. Este concepto se utiliza a menudo en el contexto de la gestión de instalaciones o el alojamiento. La reversibilidad es una sección del contrato propiamente dicha, en la que se describen los medios, recursos y documentación facilitados por el proveedor, así como el calendario de aplicación de esta fase de reversibilidad.

15.3 Relaciones con los proveedores

Para ITIL, la noción de proveedor no prejuzga el tipo de relación. Son posibles varios tipos de relación con los proveedores:

- Subcontratación: contratación de una organización externa para el diseño, desarrollo, explotación o mantenimiento de un servicio.
- Co-contratación: implicación de una organización externa para participar en actividades del ciclo de vida de un servicio.
- Asociación: compromiso a largo plazo entre una organización externa y el departamento de informática para crear nuevas oportunidades.
- Modalidad ASP (*Application Service Provision*): compromiso por parte de una organización externa de prestar todo o parte de un servicio bajo demanda a partir de su propio sistema de información y red.

No hay que olvidar que la noción de proveedor también se aplica a las organizaciones internas. Así pues, podemos tener lo que los ingleses llaman *in sourcing*, donde una actividad se subcontrata a un equipo dentro de la empresa, pero con un contrato de compromiso de suministro.

15.4 Integración

El enfoque ITIL 4 destaca un punto muy específico en la cadena de tareas que implica la prestación de un servicio. Se trata de la integración. Esta tarea implica coordinar el trabajo de los distintos actores implicados en el desarrollo, el suministro de componentes (software o hardware), la provisión de equipos de prueba, etc. Estos actores pueden ser proveedores internos o externos, con sus propios contratos y quizás con objetivos que no suelen ser compatibles. La gestión de proveedores desempeñará este papel. Sin embargo, puede delegarla en un prestatario de servicios externo, es decir, un proveedor externo, lo que corre el riesgo de complicar las relaciones entre todos los proveedores.

15.5 Mapa de calor de la práctica

El mapa de calor para la práctica de Gestión de proveedores es el siguiente:

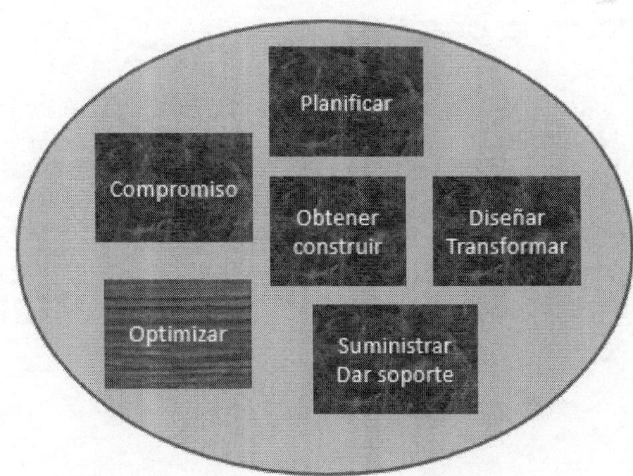

- **Planificar** (fuerte): la gestión de proveedores debe llevar su estrategia de aprovisionamiento (estrategia de gestión de proveedores) a la fase de planificación.
- **Optimizar** (medio): la dirección de los proveedores debe validar que los proveedores actuales son capaces de asumir las propuestas de mejora.
- **Compromiso** (fuerte): la gestión de proveedores se encarga de seleccionar a los proveedores, negociar y celebrar contratos (acuerdos marco) y supervisar los contratos.
- **Diseñar** y **Transformar** (fuerte): en esta actividad, la dirección de proveedores negociará los contratos operativos con los proveedores, asegurándose de que las condiciones se corresponden con los requisitos solicitados.
- **Obtener** y **Construir** (fuerte): la gestión de proveedores garantiza la correcta entrega de componentes y productos de los proveedores.
- **Suministrar** y **Dar soporte** (fuerte): la gestión de proveedores garantiza que los proveedores externos respeten sus compromisos en cuanto a la durabilidad de los componentes y productos suministrados.

16. Gestión del personal y del talento

16.1 Objetivo de la práctica

Esta práctica es completamente nueva en comparación con las versiones anteriores de ITIL, que se centraban en los procesos y sólo abordaban de forma marginal los recursos humanos.

El principal objetivo de la práctica de gestión de los recursos humanos y el talento es garantizar que la organización disponga de las personas adecuadas con los perfiles y conocimientos adecuados, para las distintas funciones requeridas.

16.2 Las cualidades de las personas

No es el propósito de esta sección enumerar las habilidades técnicas de un perfil concreto de persona, como gestor de proyectos, desarrollador, probador, técnico de redes, etc. ITIL 4 se ocupa de las cualidades humanas necesarias a la hora de implementar la gestión de los servicios, especialmente en el contexto de la agilidad. ITIL 4 aplica estos conceptos no sólo a los individuos, sino también a los equipos y a las propias organizaciones.

Eficacia

La persona o el equipo son eficaces y rápidos en la ejecución. Trabajan rápido y bien, minimizando costes y riesgos.

Apertura de espíritu

La persona o el equipo están abiertos a adquirir nuevos conocimientos. Captan con rapidez nuevos contextos.

Estado de ánimo

Una actitud positiva por parte de la persona o el equipo crea un clima de tranquilidad entre las partes interesadas. La motivación es muy importante.

Compartir conocimientos

El individuo o equipo no duda en compartir su información y conocimientos con otros individuos o incluso con otros equipos.

16.3 Actividades de la práctica

Las principales actividades de la práctica de Gestión de personal y del talento, son las siguientes:

- Planificación de los recursos humanos: proponer tareas a cada persona en función de sus capacidades y de las necesidades requeridas. El objetivo es evitar o reducir al mínimo lo que en el sector de los servicios informáticos se conoce como periodos entre contratos.
- Contratación: contratar a las personas adecuadas en el momento oportuno.
- Medición del rendimiento individual: evaluar al individuo es una tarea difícil. Hay que ser muy riguroso y objetivo. Siempre hay que medir al individuo con respecto al papel que se espera que desempeñe.
- Desarrollo personal: los individuos deben ser capaces de proyectarse en el futuro dentro de su organización y tener la oportunidad de lograrlo.
- Formación continua: es la parte de la formación técnica y profesional que permitirá al individuo seguir el ritmo de la evolución del mercado.
- Patrocinio: se trata de identificar a las personas valiosas que queremos conservar y desarrollar.

16.4 Mapa de calor de la práctica

El mapa de calor para la práctica de Gestión de personal y del talento es el siguiente:

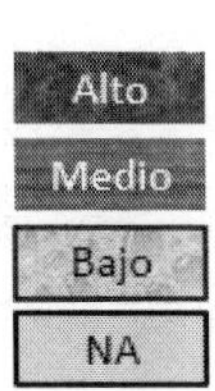

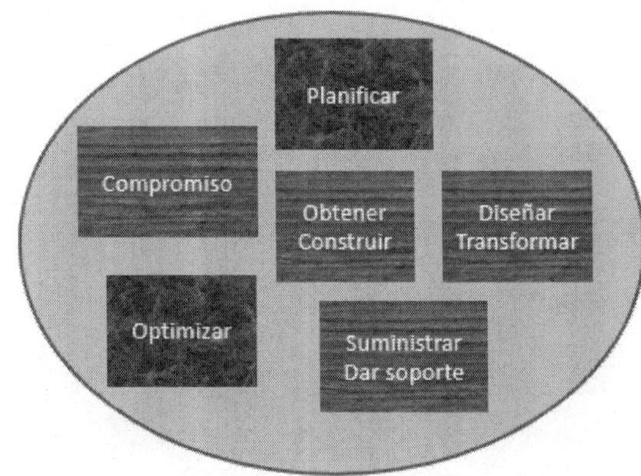

Planificar (fuerte): la plantilla y la gestión del talento tienen un papel clave en la planificación, ya que aportarán los perfiles adecuados en el momento oportuno.

Optimizar (fuerte): al igual que para mejorar, hay que encontrar los recursos adecuados. En eso consiste la gestión de los recursos humanos y el talento.

Compromiso (medio): en esta actividad, la gestión de los recursos humanos y del talento desempeña un papel de apoyo a las demás prácticas, proporcionando información sobre las personas.

Diseñar y **Transformar** (medio): en esta actividad, la gestión de los recursos humanos y del talento identificará las competencias técnicas y las cualidades humanas.

Obtener y **Construir** (medio): en esta actividad, la gestión de los recursos humanos y del talento identificará las competencias técnicas y las cualidades humanas.

Suministrar y **Dar soporte** (medio): en esta actividad, la gestión de los recursos humanos y del talento identificará las competencias técnicas y las cualidades humanas.

Capítulo 12
Las prácticas de gestión de servicios

1. Introducción

Existen diecisiete prácticas de gestión de servicios:

- Gestión de la disponibilidad
- Análisis empresarial
- Gestión de la capacidad y el rendimiento
- Gestión del cambio
- Gestión de incidentes
- Gestión de problemas
- Gestión de activos de servicio
- Supervisión y gestión de eventos
- Gestión de la entrada en producción (MEP)
- Gestión del catálogo de servicios
- Gestión de la configuración de los servicios
- Gestión de la continuidad del servicio
- Diseño de servicios
- Centro de servicios
- Gestión del nivel de servicio

- Gestión de las peticiones de servicio
- Validación y pruebas del servicio

En cada una de las secciones siguientes se mencionarán, a través del mapa de calor, el objetivo de la práctica, sus principios fundamentales, en la medida de lo posible lo que produce, las principales partes interesadas y las actividades implicadas. También se hará referencia al apoyo de un proceso ya conocido en ITIL V3 y a las modificaciones que se hayan podido introducir.

2. Gestión de la disponibilidad

2.1 Objetivo de la práctica

Esta práctica se basa en el proceso de Gestión de la disponibilidad ya presente en las versiones V2 y V3 de ITIL.

La misión de la práctica de Gestión de la disponibilidad es garantizar que los niveles de disponibilidad de los servicios contratados en los acuerdos de servicio cumplan los contratos, es decir, que se alcancen o superen los niveles, al mejor coste posible. Estos niveles de servicio deben corresponder a las expectativas de los clientes y usuarios.

Para lograr esta misión de disponibilidad del servicio (servicios de extremo a extremo), la gestión de la disponibilidad se basará en la disponibilidad de los elementos que componen este servicio de extremo a extremo.

2.2 Actividades de la práctica

Las actividades de la práctica de Gestión de la disponibilidad son las siguientes:

- Elaborar un plan para mejorar la disponibilidad del servicio, teniendo en cuenta las necesidades actuales y futuras.
- Asesorar a las líneas de negocio para ayudarles a expresar sus necesidades en términos de disponibilidad.
- Suministrar las herramientas y recursos para medir la disponibilidad.
- Reducir el número y duración de los incidentes y problemas relacionados con la disponibilidad.
- Supervisar la disponibilidad, análisis e informes.
- Evaluar el impacto de los cambios.
- Optimización continua durante toda la vida útil de los servicios.

2.3 Terminología de la práctica

2.3.1 Disponibilidad de componentes o servicios

La disponibilidad es la capacidad de un componente o servicio para realizar las funciones requeridas durante un periodo determinado o en un momento dado.

La gestión de la disponibilidad debe ser eficaz en los dos niveles siguientes:

- Disponibilidad del servicio, es decir, la disponibilidad garantizada de extremo a extremo y de acuerdo con los objetivos del contrato de servicio. La disponibilidad del servicio se basa en la disponibilidad de los componentes.
- Disponibilidad de los componentes: es la capacidad de los elementos de la infraestructura para desempeñar su función de acuerdo con los niveles de servicio acordados.

La disponibilidad del servicio equivale al nivel de disponibilidad del eslabón más débil del componente. Por tanto, eliminar los SPOF (*Single Points Of Failure* en inglés) o los componentes poco fiables contribuirá significativamente a la disponibilidad del servicio.

2.3.2 Fiabilidad de un componente o servicio

La fiabilidad es la capacidad de un componente o servicio para funcionar durante mucho tiempo sin fallos. En un sistema, la fiabilidad se mide en relación con la fiabilidad del eslabón más débil del sistema.

2.3.3 Mantenimiento de un componente o servicio

Es la capacidad de volver a poner en marcha un componente o servicio defectuoso. Con la noción de mantenibilidad, nos acercamos a las nociones de localización de averías y reparación, pero también a la de piezas de repuesto (*Spare parts* en inglés).

2.3.4 Tasa de disponibilidad

La tasa de disponibilidad es el porcentaje de tiempo durante el cual el componente o servicio funciona correctamente (estado normal, véase el proceso de gestión del nivel de servicio), a lo largo de un periodo acordado.

$$\%\,Disponibilidad = \frac{Duración\ contractual\ de\ disponibilidad - Duración\ de\ no\ disponibilidad}{Duración\ contractual\ de\ disponibilidad}\ X100\%$$

La tasa de disponibilidad se calcula para los periodos en los que el servicio está abierto.

Ejemplo 1: si un servicio está abierto de 8.00 a 18.00 horas, el cálculo de la tasa de disponibilidad a lo largo de un día con una avería de 1 hora es = 90%.

Ejemplo 2: si un servicio está abierto las 24 horas del día, el cálculo de la tasa de disponibilidad para un día con una avería de 1 hora es = 96%.

2.3.5 Tiempo medio de recuperación

Tiempo medio de recuperación (MTTR, *Mean Time To Restore*): el MTTR es el tiempo medio de restablecimiento de un componente o servicio tras una avería, durante un periodo acordado. Este concepto es importante porque complementa el concepto anterior de tasa de disponibilidad. El MTTR nos permitirá afinar el concepto de disponibilidad de componentes o servicios.

2.3.6 El tiempo medio entre dos fallos

Tiempo medio entre fallos (MTBF, *Mean Time Between Failure*): el MTBF es el tiempo medio entre dos fallos de un componente o servicio, a lo largo de un periodo acordado.

2.3.7 Mapa de calor de la práctica

El mapa de calor para la práctica de Gestión de la disponibilidad es el siguiente:

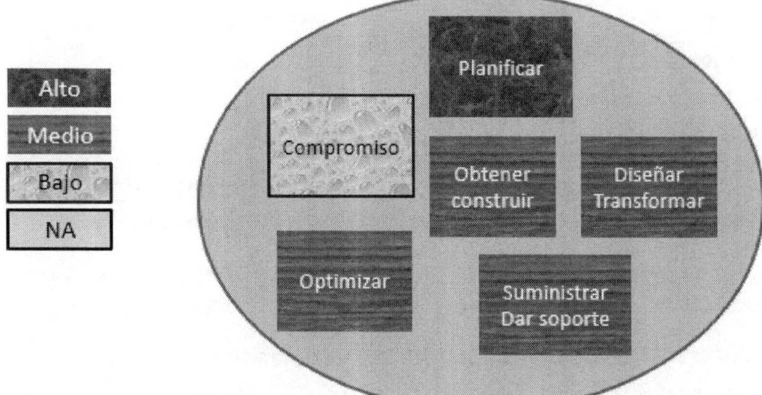

Planificar (fuerte): la gestión de la disponibilidad debe estar presente en la actividad de planificación y, en particular, en las principales decisiones tomadas por la Gestión del porfolio.

Optimizar (medio): las decisiones de optimización y mejora deben ser validadas por la gestión de la disponibilidad, para garantizar que no afectan a la disponibilidad actual del servicio.

Compromiso (bajo): la gestión de la disponibilidad establece sus requisitos para los cambios.

Diseñar y **Transformar** (medio): todos los cambios deben tener en cuenta los requisitos de gestión de la disponibilidad.

Obtener y **construir** (medio): el nivel de disponibilidad requerido debe estar presente para cada componente desarrollado internamente u obtenido externamente.

Suministrar y **Dar soporte** (medio): la gestión de la disponibilidad supervisa los componentes y servicios y reacciona en caso necesario.

3. Análisis empresarial

3.1 Objetivo de la práctica

Esta es una de las nuevas prácticas definidas por ITIL 4.

Su misión es analizar los negocios de la empresa o los componentes de esos negocios, para recomendar soluciones que creen valor o mejoren el existente.

La creación de valor tendrá en cuenta los dos aspectos de utilidad y garantía. A modo de recordatorio:

- La utilidad representa las funcionalidades expresadas por los clientes y usuarios.
- La garantía representa el uso que harán de ella los usuarios. Se expresa mediante requisitos no funcionales.

La práctica de Análisis empresarial también participará en la elaboración de los criterios mínimos de validación para encargar cambios en el aspecto de la garantía.

3.2 Actividades de la práctica

Las principales actividades de la práctica son las siguientes:

- Analizar los procesos empresariales, servicios existentes y arquitecturas.
- Determinar las prioridades de mejora.
- Proponer acciones de mejora, incluso fuera del entorno informático.

3.3 Mapa de calor de la práctica

El mapa de calor de la práctica Análisis empresarial es el siguiente:

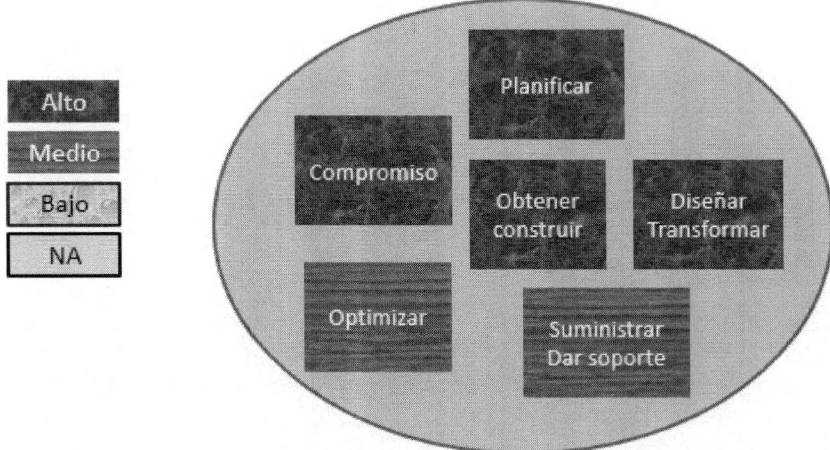

Planificar (fuerte): el análisis empresarial contribuye a la toma de decisiones estratégicas.

Optimizar (medio): el análisis empresarial proporciona a la actividad de optimización información sobre las oportunidades de crear valor.

Compromiso (fuerte): el análisis de negocio es un actor clave en el compromiso para crear valor.

Diseñar y **Transformar** (fuerte): esta práctica proporciona una visión para elegir la mejor solución o arquitectura.

Obtener y **construir** (fuerte): el análisis empresarial ayuda a elegir los mejores componentes o productos.

Suministrar y **Dar soporte** (medio): el análisis empresarial recoge información sobre los servicios en producción.

4. Gestión de la capacidad y el rendimiento

4.1 Introducción

Esta práctica se basa en el proceso de Gestión de la capacidad de ITIL V2 y V3 y en parte de las actividades del proceso de Gestión de la demanda, definido en la fase de Estrategia de los servicios de ITIL V3. El nombre de la práctica ha cambiado. Ahora hablamos de capacidad y rendimiento. El uso del cloud computing hace que la gestión de la capacidad sea menos crucial.

4.2 Objetivo de la práctica

La misión del proceso de gestión de la capacidad es garantizar que el rendimiento actual del sistema de información se produce al mejor coste posible, teniendo en cuenta los requisitos exigidos por la empresa y asegurar que este sistema de información es capaz de satisfacer las futuras demandas de rendimiento.

La gestión de la capacidad y el rendimiento abarca productos, servicios, personas, organizaciones y prácticas.

4.3 Actividades de la práctica

Las actividades de gestión de la capacidad y el rendimiento son las siguientes:

- Elaborar un plan de capacidad que analice el estado actual de la capacidad del sistema de información, la sitúe en relación con las necesidades expresadas e identifique las acciones que garantizarán el apoyo al rendimiento futuro.
- Garantizar el cumplimiento de los objetivos de rendimiento o incluso superarlos, con la mejor relación coste/calidad.
- Ayudar a diagnosticar y resolver eventos, incidentes y problemas relacionados con el rendimiento y la capacidad.

– Mejorar continuamente el rendimiento del sistema de información, garantizando al mismo tiempo el mantenimiento de la relación coste/calidad.

4.4 Mapa de calor de la práctica

El mapa de calor para la práctica de Gestión de la capacidad y el rendimiento es el siguiente:

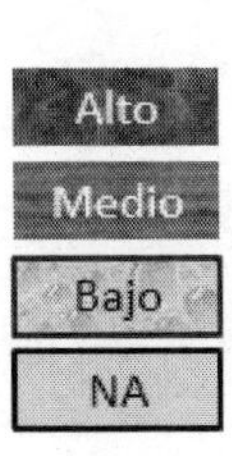

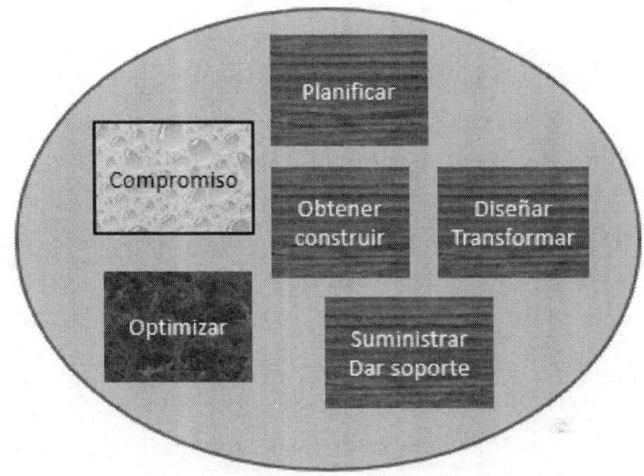

Planificar (medio): la gestión de la capacidad y el rendimiento desempeña un papel de planificación en las actividades tácticas y operativas, proporcionando información sobre la demanda y el rendimiento actuales y futuros.

Optimizar (fuerte): la optimización debe estar impulsada por la necesidad de mejorar el rendimiento.

Compromiso (débil): la actividad de compromiso debe tener en cuenta las necesidades expresadas por los clientes en términos de rendimiento y las limitaciones vinculadas a las capacidades de los SI.

Diseñar y **Transformar** (medio): el diseño debe tener en cuenta los requisitos de capacidad y rendimiento.

Obtener y **construir** (medio): la gestión de la capacidad y el rendimiento debe respaldar la actividad de adquisición y construcción garantizando que los componentes y servicios cumplan los requisitos.

Suministrar y **Dar soporte** (medio): la gestión de la capacidad y el rendimiento debe respaldar la actividad de suministro y soporte, garantizando que los componentes y servicios cumplen los requisitos durante todo su ciclo de vida.

5. Gestión del cambio

5.1 Introducción

Esta práctica se basa en el proceso de Gestión del cambio definido en las versiones V2 y V3 de ITIL.

Esta práctica no se debe confundir con la descrita en el capítulo anterior, que se denomina Gestión del cambio organizativo y se ocupa del cambio organizativo.

5.2 Objetivo de la práctica

La misión de la práctica de Gestión del cambio es maximizar el éxito de la implantación de cambios en productos y servicios. Garantiza que todos los cambios se registren, evalúen, autoricen y prioricen y que su implantación, integración y despliegue sigan un procedimiento definido.

5.3 Actividades de la práctica

Las actividades de la práctica de Gestión del cambio consisten en:

- garantizar que los procedimientos y métodos utilizados para tramitar los cambios sean eficaces y eficientes,

- garantizar que las modificaciones realizadas en los elementos de configuración durante un cambio se registran en la base de datos correspondiente,
- responder a las necesidades cambiantes de los clientes minimizando el riesgo de interrupción del servicio y maximizando el valor aportado,
- mantener un calendario completo de todos los cambios actuales y futuros.

5.4 Ámbito de aplicación

La práctica de la Gestión del cambio se aplica a un perímetro que se debe definir explícitamente (mencionando también lo que no forma parte de él). Es específica de cada organización.

Abarca:

- cualquier modificación, adición o supresión de un elemento de configuración a lo largo de su ciclo de vida, ya sea interna o por parte de un proveedor externo.

No cubre:

- cambios en la actividad u organización empresarial,
- cambios operativos relacionados con los consumibles (por ejemplo, cambio de cartucho de tinta).

5.5 Terminología de la práctica

5.5.1 Definición de un cambio

Esta definición de cambio es importante, porque suele ser objeto de muchas discusiones en las empresas. En el sentido ITIL, un cambio es una modificación de uno o más elementos de configuración (CI's, *Configuration Items*) que componen el sistema de información o de uno o más servicios proporcionados por este sistema de información. Modificación significa añadir o modificar uno o más atributos de CI o eliminar uno o más CI. Un cambio tiene un impacto directo o indirecto en uno o más servicios.

He aquí otros ejemplos de cambios: una nueva versión de una aplicación informática, la instalación de un puesto de trabajo, la introducción de un nuevo servidor, la sustitución de una impresora, etc.

Una modificación de una documentación o un contrato es un cambio (véase la sección sobre el proceso de gestión de la configuración).

Por tanto, modificar datos no es un cambio. Conceder permisos de acceso no es un cambio. Modificar una actividad de un proceso de negocio no es un cambio.

El cambio tiene orígenes muy diversos. He aquí una lista no exhaustiva:

- Parches (eventos, incidentes, problemas, etc.)
- Legislación
- Organización
- Directivas o normas
- Cambios en los servicios existentes
- Nuevos servicios
- Un nuevo modelo de abastecimiento
- Una innovación tecnológica,
- Etc.

5.5.2 Petición de modificación

Una petición de modificación, RFC (*Request For Change*) es la formalización de una modificación de uno o varios elementos de configuración (CI, *Configuration item*). Todos los cambios se deben formalizar en una RFC. Existen diferentes tipos de RFC, que corresponden a diferentes tipos de cambio.

Todos los usuarios o líneas de negocio tienen derecho a presentar una petición de cambio, pero esto no significa que vaya a ser aceptada.

5.5.3 Tipos de cambio

Las buenas prácticas de ITIL 4 identifican tres tipos de cambio:

- Cambio normal: requiere una evaluación completa y autorización antes de poder llevarse a cabo.
- Cambio estándar: son cambios preautorizados que siguen procedimientos predefinidos.
- Cambio urgente: requiere una reacción más rápida de lo previsto para limitar el impacto en la empresa.

5.5.4 Las características del llamado cambio normal

El cambio no es ni estándar ni urgente. Se caracteriza por la necesidad de evaluación y seguimiento (o control), que serán más o menos importantes en función de los riesgos, la complejidad y el esfuerzo necesarios para aplicar el cambio.

La autoridad de gestión del cambio es un órgano que evaluará, autorizará o rechazará el cambio, lo planificará y lo supervisará hasta su finalización. Este comité de cambio debe adaptarse a la naturaleza del cambio propuesto.

5.5.5 Las características de un cambio estándar

Las acciones necesarias para aplicar un cambio estándar son conocidas, están documentadas, ya se han realizado, probado y validado (*under control*). Los riesgos son bajos y están bien controlados. Se conocen los recursos y los costes. Ya se ha realizado la validación técnica previa. Sólo es necesaria la validación presupuestaria.

Por tanto, los cambios estándar son cambios que han sido aprobados previamente porque están bajo control y asociados a procedimientos establecidos. Suelen estar asociados a modelos de cambio.

Los puntos clave son los siguientes:

- El desencadenante está claramente definido.
- Las tareas están bien gestionadas y documentadas.
- Se ha concedido la autorización.
- La aprobación del presupuesto se autoriza previamente o la gestiona íntegramente el solicitante.
- La mayoría de las veces, se trata de cambios bien conocidos y de bajo riesgo.

Dado que un cambio estándar tiene desencadenantes bien definidos, las solicitudes de cambio estándar se suelen aplicar utilizando formularios predefinidos que proporcionarán un mini catálogo de cambios preautorizados.

La siguiente lista ofrece algunos ejemplos de cambios estándar:

- Configurar una estación de trabajo.
- Configurar un servidor.
- Sustituir una impresora, etc.

5.5.6 Las características de un cambio urgente

En primer lugar, la urgencia no es la norma, sino que es la excepción. Los cambios urgentes se utilizarán con carácter excepcional. La urgencia es solicitada por el autor de la petición (RFC), pero se debe validar y autorizar por una instancia apropiada. La urgencia permitirá cortocircuitar los procedimientos de realización y aplicación del cambio para reducir los plazos, por ejemplo, aplazando la redacción de la documentación hasta después de la puesta en servicio del cambio o incluso minimizando las pruebas. Por otra parte, un cambio urgente siempre debe incluir procedimientos de reversión y pruebas. Un cambio urgente puede requerir la reprogramación de otros trabajos o la asignación de recursos adicionales en detrimento de otras actividades.

5.6 Mapa de calor de la práctica

El mapa de calor para la práctica de Gestión del cambio es el siguiente:

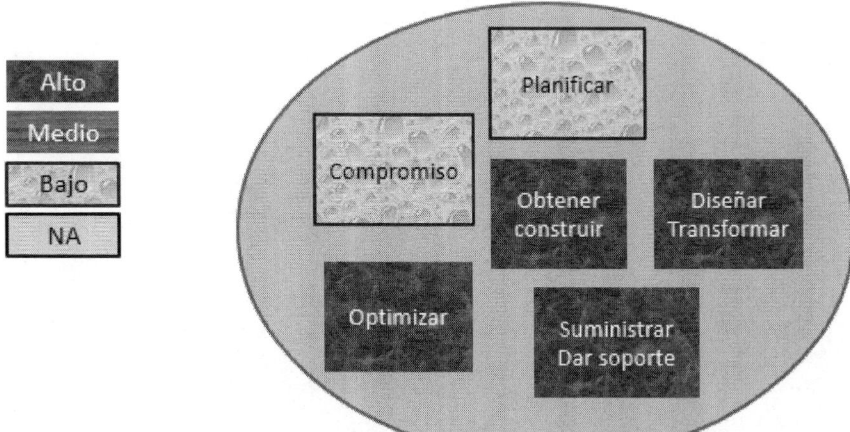

Planificar (bajo): este mapa de calor muestra que la actividad de planificación es baja en el proceso de gestión del cambio. En V3, el proceso de gestión del cambio tenía una gran responsabilidad en la planificación del cambio. Este ya no es el caso en ITIL 4. La práctica de gestión de cambios se centra en el control, dejando la responsabilidad de la planificación a la gestión del porfolio, por ejemplo.

Optimizar (fuerte): la gran mayoría de las propuestas de optimización o mejora estarán bajo el control de la gestión del cambio.

Compromiso (bajo): la gestión del cambio ayudará y dará soporte a la actividad de compromiso.

Diseñar y **Transformar** (fuerte): la gestión del cambio es la práctica principal en la actividad global de diseño y transformar.

Obtener y **construir** (fuerte): la gestión del cambio es la práctica principal en la actividad global de obtener y construir.

Suministrar y **Dar soporte** (fuerte): la gestión del cambio debe minimizar el impacto en la entrada en producción y el soporte a la hora de implantar nuevos cambios.

6. Gestión de incidentes

6.1 Objetivo de la práctica

Esta práctica se basa en el proceso del mismo nombre definido en ITIL V2 y V3.

La práctica de la gestión de incidentes tiene dos objetivos distintos que no se deben confundir, porque la finalidad no es la misma:

- Restablecer el servicio a un estado normal lo antes posible, de conformidad con el acuerdo de nivel de servicio asociado.
- Minimizar el impacto del incidente en los usuarios.

6.1.1 Restablecer el servicio

Restablecer el servicio no significa encontrar una solución, sino restaurar el servicio para que vuelva a funcionar en un estado denominado normal (o estándar).

Restablecer el servicio a menudo significa reiniciar el servidor o la aplicación sin entender la causa. Si el servicio vuelve a funcionar en su estado normal (o estándar), la incidencia se ha resuelto. Esto es lo más importante para el cliente y los usuarios del servicio. Sin embargo, puede no ser satisfactorio para los equipos informáticos. En la próxima sección, Gestión de problemas, se estudiará cómo responder a esta situación.

En resumen, restablecer el servicio significa encontrar una solución o incluso un paliativo, que devuelva el servicio a su estado normal.

6.1.2 Minimizar el impacto

El segundo objetivo de la gestión de incidentes es minimizar las consecuencias para los usuarios.

Restablecer el servicio dentro del plazo contractual es comprometerse con el cliente a obtener resultados. Minimizar el impacto del incidente significa comprometer recursos y el departamento de informática hará todo lo posible en función de los recursos disponibles (*best effort*).

6.1.3 Lo que no hace la gestión de incidentes

El objetivo de la práctica de la Gestión de incidentes no es encontrar las causas de los incidentes. Se centra en restablecer el servicio. El análisis de las causas es responsabilidad de la práctica de Gestión de problemas, que realizará este análisis en el back office fuera de la presión de la gestión de incidentes. Por supuesto, si la Gestión de incidentes comprende las causas del fallo, el proceso las tendrá en cuenta para restablecer el servicio y las comunicará a la Gestión de problemas.

El objetivo es liberar tiempo para los equipos de gestión de incidentes y hacer que estén más disponibles para tratar nuevos incidentes.

6.2 Terminología de la práctica

6.2.1 Definición de incidente

Es importante entender el concepto de incidente y, sobre todo, no confundir un incidente con un suceso o un problema (conceptos que se tratarán en los siguientes apartados).

Para una mejor comprensión, un recordatorio sobre la noción de evento: un evento es un hecho detectable que ocurre en la infraestructura del sistema de información; un incidente es un evento que altera o degrada un servicio prestado a un usuario. Decimos que se produce un incidente cuando el servicio se detiene o cuando se reduce la calidad del servicio.

Todos los incidentes tienen su origen en un suceso, se haya detectado o no. Sin embargo, no todos los sucesos conducen a la creación de un incidente.

Un incidente sólo se puede producir cuando el servicio está operativo en producción, de lo contrario se trata de una anomalía.

Un incidente lo detecta un usuario, que se pone en contacto con el centro de servicio, o herramientas de supervisión o gestión que utilizan la práctica de Gestión de incidentes.

6.2.2 Impacto, urgencia, prioridad

Para cada incidente, es importante identificar la información que permitirá codificarlo. Codificar un incidente significa determinar la prioridad que debe asignársele. Para ello, identificamos el impacto y la urgencia del incidente:

- El impacto es el efecto del incidente en el uso del servicio. Ejemplos: pérdida de operaciones, número de usuarios que no pueden trabajar, incumplimiento de las disposiciones legales, etc. El impacto es una calificación que se suele situar en una escala de 1 a 3 o de 1 a 5 (1 = Alto, 3 o 5 = Bajo).
- La urgencia es el tiempo de que dispone el departamento de informática para restablecer el servicio antes de que se noten los efectos del incidente. Por ejemplo, si el servidor que soporta la aplicación de nóminas se estropea el día 3 del mes, la urgencia asociada a este incidente es menor que si el servidor se estropea el día 25 del mes. La urgencia es una calificación que se suele situar en una escala de 1 a 3 o de 1 a 5 (1 = Alta, 3 o 5 = Baja).

La prioridad de los incidentes es la combinación de estos dos conceptos: impacto y urgencia. Por tanto, la prioridad permitirá determinar la importancia relativa de los incidentes entre sí y asignar los recursos en consecuencia.

A cada nivel de prioridad (P1, P2, P3) se le asigna un tiempo de recuperación (por ejemplo, P1 = 2 h, P2 = 8 h, P3 = 24 h).

Todos estos conceptos utilizados para codificar una incidencia (Impacto, Urgencia, matriz de asignación de niveles de prioridad y tiempos de recuperación) se deberán explicar en el documento de Acuerdo de Nivel de Servicio de cada servicio y negociarse con las líneas de negocio antes de que el servicio entre en funcionamiento.

6.2.3 Incidente grave

Algunos incidentes tienen un gran impacto en las líneas de negocio o en la empresa en su conjunto. Son los llamados incidentes graves. Quedan fuera del sistema de codificación y, por tanto, tienen una prioridad superior a P1. Se tratan de forma diferente a los demás incidentes: se aplica un procedimiento denominado "de crisis" y se crea una célula de crisis para tratar estos incidentes graves. La comunicación fuera de informática para estos incidentes graves es específica de cada situación y debe tratarse como tal.

Ciertos incidentes importantes pueden activar el Plan de continuidad del servicio de la informática (véase la sección sobre Gestión de la continuidad del servicio).

6.2.4 Ticket del incidente

Cada incidente se debe registrar en una base de datos de incidentes, mediante un ticket de incidente que registre toda la información relativa al mismo (hora, fecha, contexto, efecto, seguimiento de la escalada, resolución, cierre, etc.).

6.3 Gestión de la escalada

Los incidentes pueden ser diagnosticados y resueltos por diferentes organizaciones, dependiendo de la complejidad del incidente. Por tanto, será necesario establecer un mecanismo de escalado descrito mediante un procedimiento.

En primer lugar, los propios usuarios pueden diagnosticar y resolver las incidencias.

El centro de servicios es responsable de la gestión y seguimiento de incidentes de primer nivel.

Los incidentes más complejos se elevan a los grupos de apoyo de nivel 2 y 3.

El siguiente diagrama de flujo muestra cómo los grupos de soporte de nivel 2 y 3 escalan desde el centro de servicios (soporte de nivel 1). Los grupos de soporte de nivel 3 pueden ser proveedores externos.

Durante su trabajo, los grupos de apoyo pueden, si es necesario, estar en contacto con los usuarios (para obtener información adicional o comprender un entorno o configuración o para comprobar una solución).

En cualquier caso, aunque los grupos de soporte resuelvan la incidencia y restablezcan el servicio, la validación final con el usuario sigue siendo responsabilidad del centro de servicios.

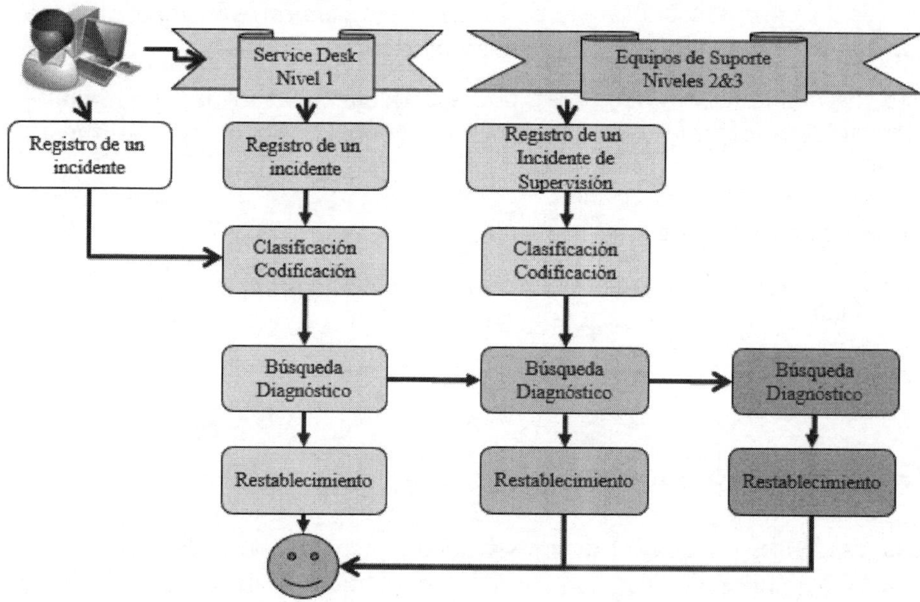

Las mejores prácticas ITIL identifican dos tipos de escalado: escalado funcional y escalado jerárquico.

Estos dos tipos de escalada son independientes y se deben gestionar por separado:

– Escalada funcional: se produce una escalada funcional cuando un equipo que ha sido asignado para tratar el incidente es incapaz de hacerlo (diagnosticar o recuperar). Este equipo transfiere entonces el incidente a otro equipo con un nivel de experiencia superior o con el mismo nivel de experiencia, pero en otro campo. Esta situación se conoce como escalada funcional. Este es el caso que se muestra en el diagrama de flujo anterior.

– Escalada jerárquica: un escalado jerárquico se utiliza para alertar a la jerarquía (dirección) de una situación concreta: posible incidente importante, fuerte impacto en las líneas de negocio, bloqueo por falta de recursos y medios, etc.

6.4 Mapa de calor de la práctica

El mapa de calor para la práctica de Gestión de incidentes es el siguiente:

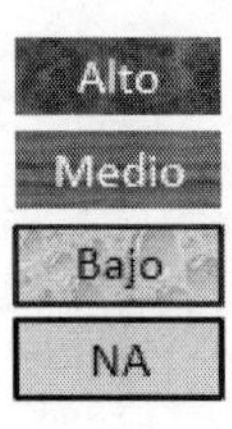

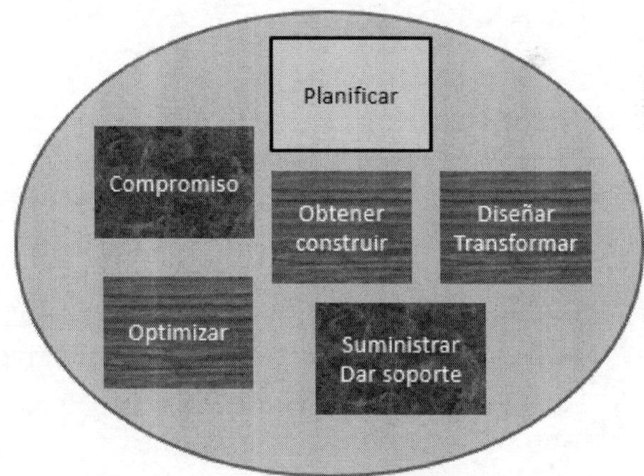

Planificar (NA): por supuesto, la gestión de incidentes no se aplica a la actividad de planificación. La ocurrencia de un incidente no se puede planificar.

Optimizar (medio): los tickets de incidencias son un elemento importante para identificar oportunidades de mejora.

Compromiso (fuerte): los incidentes son muy visibles para los usuarios y la empresa. La gestión de incidentes es, por tanto, una práctica de la que debe rendir cuentas el más alto nivel de la organización o bien depender de la dirección para comunicarse con los usuarios. Por tanto, estará presente en la actividad de implicación.

Diseñar y **Transformar** (medio): la gestión de incidentes se puede utilizar para validar la resolución de situaciones anómalas en esta actividad de diseño y transformar.

Obtener y **construir** (medio): la gestión de incidentes se puede utilizar para resolver anomalías en esta actividad de adquisición y construcción.

Suministrar y **Dar soporte** (fuerte): la gestión de incidentes forma parte, por supuesto, de la actividad de apoyo.

7. Gestión de problemas

7.1 Objetivo de la práctica

La práctica de Gestión de problemas se basa en el proceso de Gestión de problemas definido en ITIL V2 e ITIL V3.

La práctica de la Gestión de problemas tiene cuatro objetivos principales:

- Reducir el número de incidentes: es el principal objetivo de este proceso.
- Prevenir la aparición de nuevos incidentes y problemas: este objetivo es el corolario del anterior, pero implicará acciones mucho más centradas en la anticipación y la proactividad.
- Minimizar el impacto de los incidentes.
- Optimizar la eficacia de los equipos de soporte.

7.2 Terminología de la práctica

7.2.1 Definición de un problema

Un problema es una situación en la que se busca la causa desconocida de uno o varios incidentes.

En primer lugar, no se puede hablar de problema si antes no ha habido uno o varios incidentes. Los incidentes se gestionan mediante el proceso de gestión de incidentes y conducen al restablecimiento del servicio. La gestión de problemas, en cambio, examina las causas reales para aportar soluciones.

La gestión de incidentes se ocupa de las situaciones en tiempo real (en *front line*) y la gestión de problemas se ocupa de las causas de esas situaciones a posteriori (en back office).

No hay problema si antes no ha habido al menos un incidente. Por otra parte, no todos los incidentes generan una situación problemática. Esta frase es muy importante porque es la base de la gestión del servicio. Lo importante es restablecer el servicio. Más adelante, intentaremos comprender las causas de los incidentes y encontrar soluciones. Entender las causas y encontrar soluciones cuesta tiempo y dinero.

El problema surge en el caso de los incidentes recurrentes. La recurrencia depende del contexto de la empresa. Hay que tener en cuenta que la recurrencia comienza en dos partes. Otro caso en el que se abre un problema es en el contexto de un incidente importante. Evidentemente, cuando se ha restablecido el servicio tras un incidente importante con un gran impacto en la empresa, no se quiere que vuelva a ocurrir; por lo tanto, se abrirá sistemáticamente un problema, aunque la recurrencia sea una.

7.2.2 Definición de error conocido

Un error (en inglés *known error*) conocido es un problema cuya causa se conoce y para el que se ha identificado una solución temporal o definitiva, pero que aún no se ha aplicado.

Se investiga la causa, se encuentra la causa y/o se encuentra una solución (solución temporal o acción correctiva), el problema se convierte entonces en un error conocido.

Sin embargo, no cerramos el problema una vez que hemos llegado a un error conocido, sino que esperamos a tener la solución definitiva, la que erradica el problema, antes de cerrarlo.

La base de datos de errores conocidos contiene toda la información relativa a los problemas para los que se ha encontrado la causa y una solución temporal o definitiva. Esta base de datos, bajo la responsabilidad de los grupos de soporte, también se pone a disposición del centro de servicio.

7.2.3 Definición de una solución temporal ("workaround")

Una solución provisional (en inglés *workaround*) es una solución que reduce o elimina el impacto de un incidente o problema cuando no se dispone de una solución permanente.

7.3 Actividades de la práctica

Las principales actividades de la práctica de Gestión de problemas son las siguientes:

- Analizar las situaciones problemáticas.
- Detectar las situaciones ya registradas como problemas.
- Transformar los problemas en errores conocidos.
- Gestionar los incidentes importantes que se convierten en problemas.
- Gestionar la corrección de errores mediante la práctica de la Gestión del cambio.
- Analizar proactivamente la información transmitida por proveedores internos o externos sobre situaciones que podrían deteriorar los niveles de servicio.

7.4 Mapa de calor de la práctica

El mapa de calor para la práctica de Gestión de problemas es el siguiente:

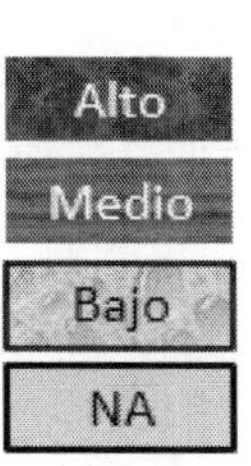

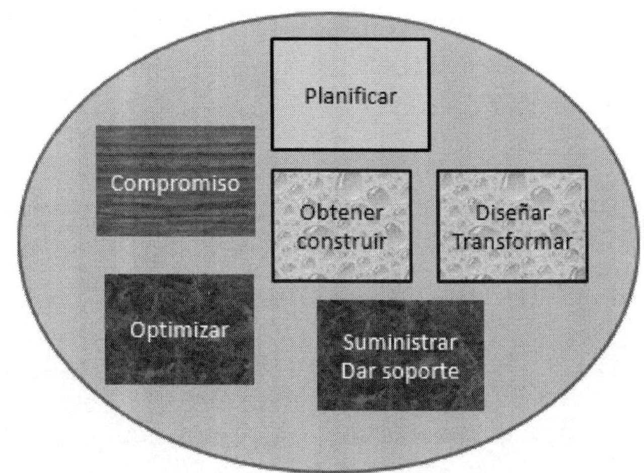

Planificar (NA): por supuesto, al igual que los incidentes, los problemas no se pueden planificar de antemano.

Optimizar (fuerte): la razón de ser de la gestión de problemas es mejorar los productos y servicios.

Compromiso (medio): la actividad de compromiso debe gestionar la priorización de los problemas o incluso la selección de los propios problemas.

Diseñar y **Transformar** (débil): la gestión de problemas proporciona información sobre situaciones problemáticas y errores conocidos.

Obtener y **construir** (débil): la gestión de problemas consiste en analizar las situaciones problemáticas de los componentes en construcción.

Suministrar y **Dar soporte** (fuerte): la gestión de problemas participa principalmente en esta actividad para identificar situaciones problemáticas (repetición de incidentes).

8. Gestión de activos de servicio

8.1 Preámbulo

Esta práctica no se basa directamente en un proceso ITIL V3. Esta práctica utiliza tareas gestionadas por los procesos ITIL V3, Gestión de activos de servicio y configuración, Gestión de la configuración y Gestión financiera.

8.2 Objetivo de la práctica

Los principales objetivos de la práctica de Gestión de activos de servicio son planificar y gestionar el ciclo de vida de los activos de servicio, con el fin de maximizar su valor, controlar sus costes y gestionar sus riesgos. Apoyará la práctica de Gestión de proveedores proporcionando información sobre la adquisición de nuevos activos, su retirada o reutilización.

8.3 Terminología de la práctica

8.3.1 Activos de servicio

Un activo de servicio es un componente que contribuye a la prestación de uno o varios servicios y tiene un valor financiero. En inglés se denomina asset.

Los activos de servicio no se deben confundir con los elementos de configuración CI (*Configuration Item*). Los CI se gestionan mediante la práctica de Gestión de la configuración.

8.3.2 Tipos de activos de servicio

Los tipos de activos de servicio abarcan todos los componentes del sistema de información, es decir:

- Componentes de hardware, como servidores, estaciones de trabajo, matrices de discos, periféricos, etc.
- Componentes de software, como sistemas operativos, controladores, herramientas de supervisión, programadores, herramientas de copia de seguridad, etc.
- Componentes de software de aplicación, por ejemplo, desarrollos específicos, ERP, etc.
- Bases de datos, por ejemplo, archivos de parámetros y configuración, etc.
- Equipos de redes y telecomunicaciones, como rúteres, bridge, teléfonos y centralitas, videoconferencia, etc.
- Componentes de infraestructura medioambiental, por ejemplo, emplazamientos, energía e inversores, acondicionadores de aire, armarios y bastidores, etc.

8.3.3 Los atributos de un activo de servicio

Los atributos de un bien de servicio son toda la información que describe el bien y su comportamiento durante su vida útil. Son sus referencias técnicas y su información financiera y contractual. Los atributos pueden ser estáticos (fecha de compra) o dinámicos, es decir, que pueden cambiar a lo largo de la vida del bien (depreciación y amortización, por ejemplo). Encontraremos la siguiente información:

- Referencia técnica
- Nombre del proveedor
- Referencia del contrato del proveedor
- Fecha de compra o suministro
- Fecha provisional de retirada
- Coste
- Amortización

- Estado (pedido, entregado, en stock, instalado, en producción, inactivo, retirado, etc.)

8.4 Actividades de la práctica

Las actividades de la práctica de Gestión de activos de servicio son muy similares a lo que se conoce como actividades relacionadas con el inventario. En efecto, el inventario debe identificar todos los componentes que tienen un valor financiero y seguir su vida útil hasta su retirada o desguace.

Esto significa que esta práctica debe gestionar:

- etiquetado de todos los bienes de hardware,
- la firma (referencia, número de versión, número de instancia, etc.) de todos los activos de software básico y software de aplicación,
- seguimiento y control de todos los activos.

La mejor práctica de ITIL 4 recomienda combinar la base de activos de servicio con la base de elementos de configuración, el CMS (*Configuration Management System*).

8.5 Mapa de calor de la práctica

El mapa de calor para la práctica de Gestión de activos de servicio es el siguiente:

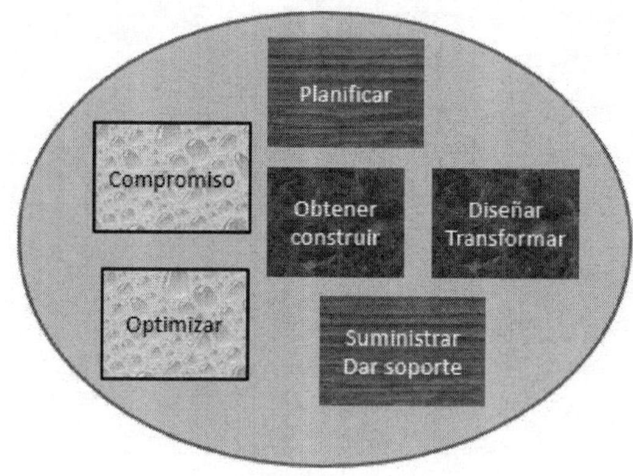

Planificar (media): esta práctica está estrechamente vinculada a la gestión financiera. Suministrará información sobre los activos del servicio a la gestión financiera, que la utilizará en la actividad de planificación.

Optimizar (bajo): esta práctica aplica su visión de los costes de los activos de servicio a las propuestas de mejora.

Compromiso (bajo): esta práctica aporta su visión de los costes de los activos de servicio a las propuestas de mejora.

Diseñar y **Transformar** (fuerte): esta práctica tiene en cuenta todos los cambios de estado de los activos de servicio durante esta actividad de diseño y transformar.

Obtener y **construir** (fuerte): esta práctica debe poner en marcha todos los mecanismos para rastrear los activos de servicio durante esta actividad de adquisición y construcción.

Suministrar y **Dar soporte** (medio): esta práctica proporciona información sobre la ubicación de los activos de servicio durante su ciclo de vida.

9. Supervisión y gestión de eventos

9.1 Objetivo de la práctica

En primer lugar, el nombre de esta práctica ha evolucionado en relación con el proceso definido en ITIL V3. En efecto, en ITIL V3 sólo se hablaba de gestión de eventos. Con ITIL 4, el ámbito se ha ampliado para incluir la actividad de supervisión (*monitoring* en inglés) por derecho propio.

La práctica de Supervisión y gestión de incidentes tiene dos objetivos principales: minimizar el número de incidentes y garantizar la calidad de servicio del sistema de información.

9.1.1 Minimizar el número de incidentes

Este es el principal objetivo de esta práctica. Cuanto más eficaces seamos en la gestión de eventos, menos incidentes habrá. Supervisar los eventos y comprenderlos, así como establecer umbrales que disparen las alarmas, permitirá anticiparse a las acciones y reaccionar antes de que la situación se degrade lo suficiente y, por tanto, tenga un impacto en el servicio y los usuarios. Detectar los acontecimientos lo antes posible permitirá tomar las medidas necesarias antes de que se produzcan incidentes. Un indicador que muestre una reducción del número de incidentes es un muy buen indicador de la eficacia del proceso de gestión de incidentes. Sin embargo, un aumento del número de eventos pero una disminución del número de incidentes, muestra que el sistema de información está bajo control.

9.1.2 Garantizar la calidad del servicio del sistema de información

La supervisión y la gestión de eventos también están diseñadas para anticiparse a situaciones que pueden acabar deteriorando la calidad de servicio del sistema de información. Mediante el establecimiento de umbrales en componentes clave, la gestión de eventos intervendrá de forma proactiva para mantener y garantizar el nivel de calidad del servicio.

9.2 Terminología de la práctica

9.2.1 Definición de evento

Un evento es un hecho detectable que ocurre en el sistema de información y que tiene importancia para la gestión de la infraestructura o la prestación de los servicios ofrecidos. Ejemplo: cada mañana, al llegar a su oficina, enciende su puesto de trabajo y abre su buzón. La apertura del buzón genera un evento. En el servidor de correo se registra una notificación de apertura del buzón. Este es el handheld del servidor de correo. Este handheld representa la lista de eventos que se han producido en el servicio de correo. Otro evento ocurrirá cuando cierre su buzón por la noche y apague su estación de trabajo. Se registrará otro mensaje en el handheld del servidor de correo.

Un evento también es un cambio de estado de uno o varios componentes de la infraestructura. Si, por ejemplo, se añade un rúter a la red interna de la empresa, cuando se pone en servicio, el estado del rúter cambia (de inactivo a activo) y se genera un evento en la herramienta de supervisión o administración de la red.

Estos dos ejemplos muestran que cuando se detecta un suceso, no hay ninguna manifestación visible por parte del usuario. Se dice que un evento es normal cuando no tiene repercusiones visibles para el usuario. Veremos que algunos eventos denominados anormales o excepciones pueden ser visibles para los usuarios sin degradar la calidad del servicio ofrecido.

Un acontecimiento es aleatorio, observable y, por supuesto, medible. Para detectarlo y medirlo se necesitan herramientas de supervisión, explotación y gestión: sin herramientas, no hay suceso.

9.2.2 Tipos de eventos

Existen tres tipos de eventos: Información, Advertencia y Excepción.

Evento de información

Este tipo de evento indica el funcionamiento normal (inicio o fin de actividad), por ejemplo, el buzón electrónico, el fin de los trabajos por lotes, etc.

Evento de advertencia

Este tipo de acontecimiento es inusual, no anormal, no excepcional.

Es una advertencia (*warning* en inglés). Un ejemplo es la proximidad de un umbral crítico, un pico de actividad. Aún no hay impacto negativo en el servicio.

No obstante, es necesario realizar un seguimiento.

Evento de excepción

Este tipo de evento se conoce como anormal. Señala una excepción, un suceso anormal en la infraestructura. Estos eventos los pueden ver los usuarios sin degradar la calidad del servicio ofrecido. Un evento de excepción se puede convertir en un incidente si la situación repercute en la calidad del servicio. Requerirá que se tomen medidas en uno o más componentes o servicios. El evento de excepción también sirve para garantizar que alguien está al tanto del evento.

9.3 Mapa de calor de la práctica

El mapa de calor para la práctica de Supervisión y gestión de eventos es el siguiente:

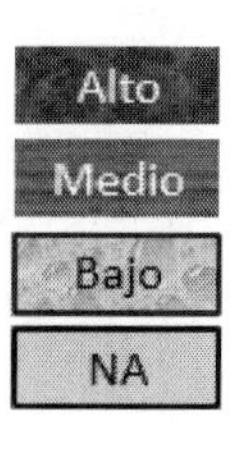

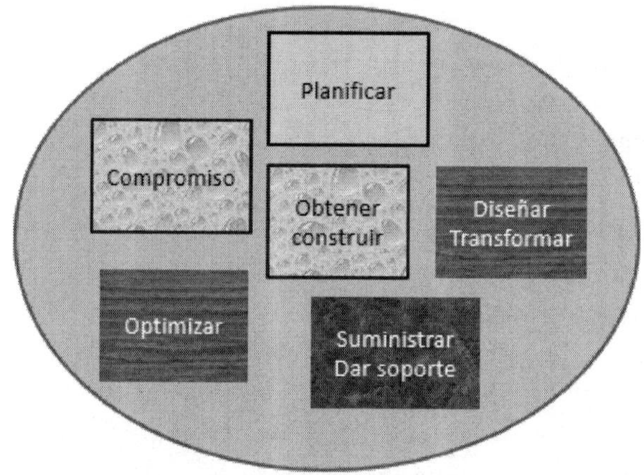

Planificar (NA): la supervisión y la gestión de eventos no es una práctica planificable: la supervisión es permanente y la gestión de eventos se activa cuando se produce un evento.

Optimizar (medio): esta práctica debería desempeñar un papel importante en la optimización, ya que, junto con la supervisión, tiene una visión clara del nivel de calidad proporcionado y de la estabilidad del sistema de información.

Compromiso (débil): esta práctica puede alimentar la actividad de compromiso con propuestas a raíz de situaciones surgidas en el sistema de información.

Diseñar y **Transformar** (medio): esta práctica supervisará la transformación del sistema de información.

Obtener y **construir** (débil): esta práctica se debe utilizar en esta actividad para garantizar que las herramientas de supervisión se obtienen o desarrollan adecuadamente.

Suministrar y **Dar soporte** (fuerte): esta práctica se dedica principalmente a esta actividad. Implica el funcionamiento del sistema de información.

10. Gestión de la entrada en producción

10.1 Objetivo de la práctica

En primer lugar, esta práctica se basa en un proceso de ITIL V3 titulado Gestión del despliegue y la entrada en producción. ITIL 4 ha reducido su título a Gestión de la entrada en producción, un término más genérico que engloba las tareas de puesta en servicio. Esta práctica se apoyará en otra práctica, ésta tecnológica, titulada Gestión del despliegue.

El objetivo principal de la gestión de entrada en producción es la puesta en servicio de lo que en ITIL V3 se conoce como Release, una unidad de la entrada en producción.

10.2 Terminología de la práctica

10.2.1 Una unidad de producción

Una unidad de producción (*release* en inglés), es un conjunto coherente de elementos de configuración (CI) que se entrega para su puesta en producción. Este conjunto cumple los requisitos descritos en el documento de política de entrada en producción. Una unidad de producción puede contener hardware, software, documentación o una mezcla de todos los tipos de elementos de configuración.

Por ejemplo, una organización puede decidir que la unidad de entrada en producción para una aplicación crítica para el negocio es la aplicación completa, con el fin de garantizar la integridad de la aplicación. Alternativamente, puede decidir que la unidad de producción más apropiada para un sitio web es a nivel de página o incluso a nivel de un campo de la página.

Cuidado con el término *release*, que puede llevar a confusión. La palabra release se utiliza a menudo para referirse a una "versión de software". Para el enfoque ITIL, la palabra *release* abarca cualquier tipo de unidad de producción.

Una unidad de producción se puede agrupar (*package release* en inglés). Esto permite incluir varios cambios vinculados entre sí en la misma versión de producción. Por ejemplo, esto es lo que se suele denominar en informática un nivel técnico o un nivel funcional. En una misma versión se incluye un conjunto de desarrollos o modificaciones de un software o una aplicación.

Por ejemplo, una nueva versión de una aplicación requiere la actualización del sistema operativo (Unix, Windows, etc.) y del hardware. En este caso, habría que plantearse un despliegue en producción agrupado.

Una unidad de producción agrupada integra todos los cambios necesarios para prestar el servicio, como:

- cambios en la infraestructura técnica,
- equipos de apoyo a la formación,
- documentación de explotación y mantenimiento,
- actualización de los servicios dependientes.

10.2.2 PIR

El PIR (*Post Implementation Review*) es un comité que analiza los resultados de la puesta en producción de los cambios.

Este comité identifica todos los cambios que, una vez puestos en producción, no han alcanzado sus objetivos, los que han encontrado dificultades imprevistas en su aplicación y los que han generado incidentes post-MEP. Todos estos cambios denominados fallidos se analizan en el comité PIR para identificar las causas de estos fracasos y deducir las contramedidas que se deben adoptar para evitar que se repitan.

10.3 Actividades de la práctica

Las tareas de la práctica Gestión de la entrada en producción son las siguientes:

- Planificar todas las actividades relacionadas con la aplicación de uno o varios cambios. Como tal, se encargará de validar el contenido de los lotes de versiones de producción.
- Construir, integrar, probar, validar, instalar, desplegar y poner en producción un cambio de forma eficaz y eficiente. La automatización y, más en general, la industrialización de los procedimientos de despliegue y producción, es un objetivo primordial. Esta práctica también garantiza la correcta implantación de los repositorios de hardware y software.
- Garantizar que la puesta en producción proporciona el servicio requerido y, en particular, que cada elemento puesto en producción funciona correctamente al nivel de servicio requerido. En otras palabras, asegurar la utilidad y la garantía del servicio puesto en producción de conformidad con los acuerdos de servicio.
- Minimizar el impacto de un lanzamiento de producción en el propio servicio, es decir, causar el menor trastorno posible al servicio o servicios existentes (tiempo de inactividad del servicio, compatibilidad con versiones anteriores, etc.).
- Transferir conocimientos y competencias a las unidades de operaciones y mantenimiento.

– En general, garantizar que el cliente y los usuarios estén satisfechos con las actividades de la fase de transición. La práctica de gestión de versiones es el proceso más visible de la fase de transición para el cliente y los usuarios. Gestionará las expectativas del cliente y se encargará de garantizar que los usuarios dispongan de la información y la formación necesarias para recibir la versión de lanzamiento.

10.4 Técnicas de entrada en producción

Las buenas prácticas de ITIL 4 ofrecen dos recomendaciones para el despliegue de versiones de producción. Difieren según el entorno: tradicional ("Waterfalls") o ágil.

En el primer caso, ITIL 4 recomienda realizar las tareas de despliegue y puesta en marcha en el mismo proceso: despliegue y puesta en marcha al mismo tiempo.

En un entorno ágil, ITIL 4 propone desplegar el software y el hardware en pequeños incrementos tan pronto como hayan sido validados y, posteriormente, llevar a cabo una puesta en servicio global.

10.5 Mapa de calor de la práctica

El mapa de calor para la práctica de Gestión de la entrada en producción es el siguiente:

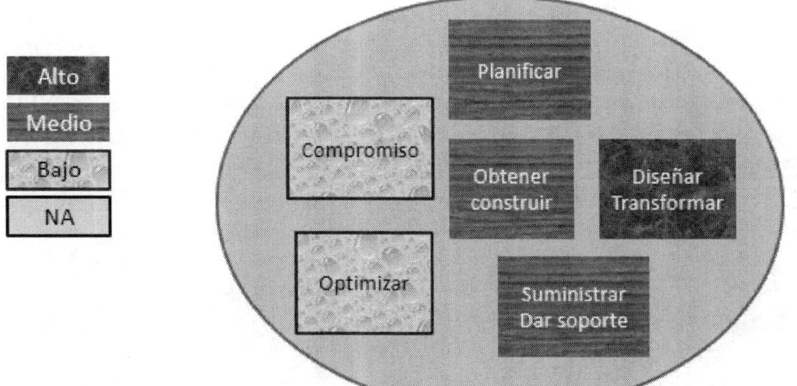

Planificar (medio): esta práctica se basa en el documento de política de las entradas en producción, que planifica los distintos entregas.

Optimizar (bajo): esta práctica pone en servicio todas las nuevas unidades de producción, procedan o no de propuestas de mejora.

Compromiso (bajo): la práctica de Gestión de la entrada en producción pone en servicio las unidades de producción resultantes de las propuestas que han recibido luz verde para comprometerse.

Diseñar y **Transformar** (fuerte): la función principal de esta práctica es garantizar que las unidades de producción estén a disposición de los usuarios.

Obtener y **construir** (medio): una unidad de producción es la construcción de componentes suministrados.

Suministrar y **Dar soporte** (medio): esta práctica debe ayudar a transferir conocimientos a los grupos de apoyo.

11. Gestión del catálogo de servicios

11.1 Objetivo de la práctica

Esta práctica se basa en el proceso de Gestión del catálogo de servicios de ITIL V3.

El objetivo de la práctica de Gestión del catálogo de servicios es desarrollar y mantener un catálogo único de servicios. Este catálogo de servicios contiene toda la información sobre los servicios en producción y los servicios que están a punto de entrar en funcionamiento. Esta práctica también tiene como objetivo promover el catálogo en todas las líneas de negocio de la empresa.

11.2 Terminología de la práctica

11.2.1 Catálogo de servicios

Un catálogo de servicios es la parte de un porfolio de servicios visible para clientes y usuarios. Contendrá toda la información sobre los servicios producidos y sobre los conocimientos informáticos.

El catálogo de servicios se compone de tres documentos que cubren tres misiones diferentes: un catálogo de servicios del negocio, un catálogo de servicios de usuarios y un catálogo de servicios técnicos informáticos.

11.2.2 El catálogo de servicios del negocio

Un catálogo de servicios del negocio contiene información detallada sobre los servicios ofrecidos a las distintas líneas de negocio. Está redactado en un lenguaje comprensible para los clientes, es decir, en su lenguaje empresarial. Ofrece una visión de los servicios prestados por la informática en el contexto de los procesos empresariales del cliente y mencionará, en particular, el rendimiento de los servicios, el nivel de calidad ofrecido y los costes o precios asociados. Es la visión que tiene el cliente del catálogo de servicios.

11.2.3 El catálogo de servicios de usuarios

El catálogo de servicios de usuario ofrece una visión muy operativa de los servicios: cómo pedirlos, cómo instalarlos, cuáles son los requisitos previos, etc.

11.2.4 Catálogo de servicios técnicos informáticos

Un catálogo de servicios técnicos de informática contiene detalles de los servicios ofrecidos a los clientes, utilizando un enfoque tecnológico basado en componentes. Destaca los elementos de configuración (CI, *Configuration Item*) implicados, los recursos, los medios, las herramientas necesarias, el nivel de seguridad, etc. que conformarán los servicios. Contiene detalles de todos los servicios de informática prestados a los clientes y su relación con los servicios de soporte y los servicios compartidos, así como los componentes necesarios para apoyar la prestación de servicios a la empresa. Debe servir de apoyo al catálogo de servicios de la empresa, pero no forma parte de la vista del cliente del catálogo de servicios.

11.3 Interfaz con el porfolio de servicios

El catálogo de servicios se incluye en la herramienta de porfolio de servicios, respaldada por la práctica de gestión del porfolio de servicios. Sólo el catálogo de servicios es visible para clientes y usuarios.

El catálogo de servicios es una parte esencial del porfolio de servicios, ya que proporciona información sobre los servicios existentes y, por tanto, muestra dónde se pueden introducir mejoras en estos servicios.

11.4 Mapa de calor de la práctica

El mapa de calor para la práctica de Gestión del catálogo de servicios es el siguiente:

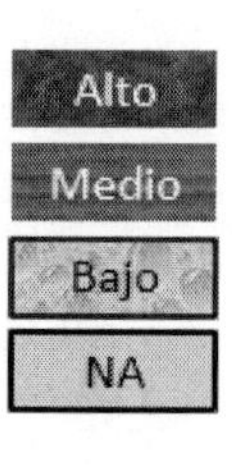

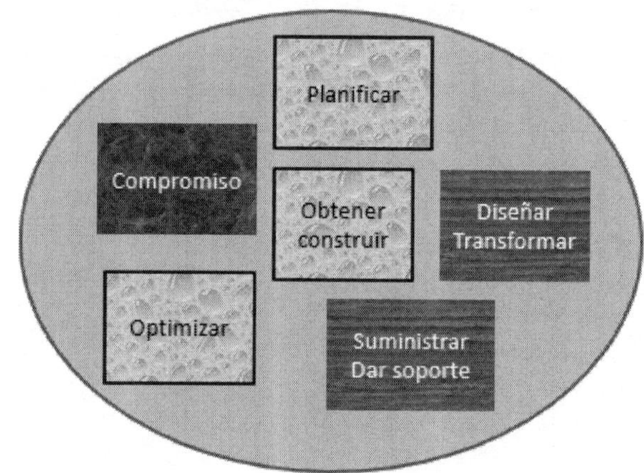

Planificar (débil): esta práctica proporciona información sobre los servicios existentes para ayudar a planificar la evolución de los servicios.

Optimizar (bajo): la actividad de optimización se basa en la información proporcionada por el catálogo de servicios.

Compromiso (fuerte): el catálogo de servicios es esencial en las relaciones a nivel estratégico, táctico y operativo, ya que es la única fuente de información sobre los servicios en producción.

Diseñar y **Transformar** (medio): la práctica del catálogo de servicios debe recopilar la información necesaria para elaborar estos tres tipos de catálogo de servicios.

Obtener y **construir** (bajo): esta actividad utiliza el catálogo de servicios para la adquisición.

Suministrar y **Dar soporte** (medio): el catálogo de servicios es esencial para esta actividad de apoyo.

12. Gestión de la configuración de los servicios

12.1 Preámbulo

En el enfoque ITIL 4, dos prácticas son responsables de la gestión de los elementos de configuración: la Gestión de activos de los servicios, comentada anteriormente y la Gestión de la configuración de los servicios.

Aunque estas dos prácticas no tengan los mismos objetivos, a menudo se gestionarán conjuntamente, o incluso con las mismas bases de datos.

Esta práctica se basa en el proceso de Gestión de activos de servicio y Configuración de las versiones V2 y V3 de ITIL.

12.2 Objetivo de la práctica

La misión de la práctica de Gestión de la Configuración es definir y controlar los componentes de servicios e infraestructuras, y mantener información precisa y exacta sobre sus estados actuales, históricos y planificados.

12.3 Terminología de la práctica

12.3.1 La noción de elemento de configuración

Un elemento de configuración CI (*Configuration Item* en inglés) es un componente del sistema de información que contribuye a la prestación de uno o varios servicios y sobre el que se debe aplicar un control.

Los tipos de elementos de configuración afectan a todos los componentes del sistema de información, es decir:

- Componentes de hardware, como servidores, estaciones de trabajo, bahías de discos, periféricos, etc.
- Componentes de software, como sistemas operativos, controladores de periféricos o hardware, herramientas de supervisión, programadores, herramientas de copia de seguridad, etc.

- Componentes de software de aplicación, por ejemplo, desarrollos específicos, ERP, etc.
- Bases de datos, por ejemplo, archivos de parámetros y configuración, etc.
- Flujos de datos técnicos o de aplicación.
- Equipos de redes y telecomunicaciones, como rúteres, bridges, telefonía (extensiones y PABX), videoconferencia, etc.
- Componentes de infraestructura medioambiental, por ejemplo, emplazamientos, energía e inversores, acondicionadores de aire, armarios de conexiones, etc.
- Servicios, por ejemplo, funcionalidades de servicios, contratos de servicios (SLA, OLA, UC), etc.
- Documentación, por ejemplo, funcional, técnica, operativa, de mantenimiento y directorios, etc.
- Elementos del ciclo de vida, como el anteproyecto, los planes urbanísticos, las limitaciones de la arquitectura, las directrices de prueba y las directrices de validación.
- Elementos operativos, como procedimientos e instrucciones de funcionamiento y supervisión.
- etc.

Esta lista no es exhaustiva. En algunas implantaciones, se llega incluso a hacer referencia a recursos, usuarios, entidades internas o externas (proveedores de servicios, subcontratistas) o procesos empresariales como elementos de configuración.

Estos elementos de configuración se identifican y modelan por tipo, lo que se conoce como clase de CI, CI genérico o modelo de configuración.

Las clases de elementos de configuración se instanciarán y poblarán con la información correspondiente a cada elemento existente en el sistema de información. Cada servidor, puesto de trabajo, etc. se convierte en un CI con su propia información. Por supuesto, muy rápidamente podemos alcanzar un gran volumen de CI (cientos de miles para grandes sistemas de información).

12.3.2 Atributos de un elemento de configuración

Los atributos de un IC son toda la información que describe el elemento y su comportamiento durante su vida útil. Son sus características técnicas, financieras, administrativas, etc. Los atributos pueden ser estáticos (fecha de compra) o dinámicos, es decir, que pueden cambiar a lo largo de la vida del elemento (depreciación y amortización, por ejemplo).

Por ejemplo, he aquí una lista no exhaustiva de los atributos de un IC "estación de trabajo":

- Nombre
- Número de serie
- Categoría, tipo, modelo
- Ubicación, responsable
- Fabricante, minorista
- Fechas de entrega, instalación y puesta en marcha, etc.
- Estado (véase la sección siguiente)
- Precio, coste, depreciación
- Relaciones (véase la sección siguiente)
- Enlaces con otras bases de datos (incidentes, problemas, cambios, etc.)

12.3.3 Estado de un elemento de configuración

El estado de un elemento de configuración (*status* en inglés) representa su progreso a lo largo de su ciclo de vida y su usabilidad, es decir, para un CI del tipo hardware: En proceso, Entregado, En stock, Configurado, Instalado, Puesto en servicio, Fuera de pedido, Eliminado, etc. El estado se verá afectado por las acciones de otros procesos.

12.3.4 Relaciones

Las relaciones se utilizan para identificar los vínculos que existen entre los distintos elementos de configuración (CI), especificando su naturaleza. Este es realmente el valor añadido que la CMDB y el CMS aportarán a los demás procesos que consulten estas bases de datos. Con estas relaciones, el solicitante (el proceso solicitante) obtiene, a partir de un elemento de configuración, información sobre los demás elementos de configuración vinculados a él: en función del perfil del solicitante (naturaleza del proceso, o cualificación de la persona, técnica, administrativa, etc.), obtendrá toda o parte de esta información.

He aquí algunos ejemplos de relaciones:

- Ubicación: se encuentra en..., está en el muelle x, se encuentra en la estantería n° x, etc.
- Relación física padre-hijo: está conectado a tal servidor, es un dispositivo de x, está conectado a tal rúter, etc.
- Relación funcional: consiste en, se ejecuta en el entorno x, actualiza el componente x, etc.

12.3.5 El modelo de configuración

Cada tipo de elemento de configuración estará modelizado, es decir, definido y estructurado. Cada elemento del mismo tipo se describirá mediante los mismos tipos de información, los mismos tipos de atributos y los mismos tipos de relaciones. Un ejemplo de modelo de configuración sería un servidor, una estación de trabajo, un módulo de software o una aplicación.

Un modelo de configuración permite consolidar el análisis de impacto que puede requerir el proceso de gestión de cambios, con el fin de evaluar el impacto de un cambio. El modelo de configuración también permitirá optimizar el uso de los activos y los costes asociados.

Los modelos de configuración consolidados proporcionarán un modelo del sistema de información.

He aquí un ejemplo de los modelos de configuración de un sistema de información modelizado:

12.3.6 CMDB

CMDB (*Configuration Management DataBase*) se refiere a la base de datos y la herramienta de gestión asociada. Los registros de la CMDB son los elementos de configuración (CI). La CMDB es la traducción del modelo anterior a una herramienta de base de datos.

Muchas organizaciones ya utilizan algunos elementos de la Gestión de activos y configuración de servicios, a menudo a través de hojas de cálculo o bases de datos locales o herramientas de gestión de activos. En infraestructuras de informática complejas y extensas, el uso de herramientas CMDB automatizadas se convierte en esencial (actualización automática de la información de CI mediante herramientas de descubrimiento).

12.3.7 El CMS

El CMS (*Configuration Management System* o Sistema de gestión de la configuración) es un sistema que contiene toda la información relativa a los elementos de configuración dentro de un ámbito definido.

Por ejemplo, un elemento de configuración de tipo CI "servicio" contendrá los datos del proveedor, el coste de compra, la fecha de renovación, el contrato de mantenimiento y la documentación relativa a la subcontratación. El CMS, por su parte, mantendrá las relaciones entre los componentes del servicio y los incidentes, problemas, errores conocidos, cambios y versiones asociados.

El CMS es un conjunto de herramientas y bases de datos para gestionar los datos de configuración. El CMS recibe datos de varias CMDB para formar una CMDB compartida.

Un ejemplo de CMDB múltiple: cuando un cierto número de elementos se externalizan y otros se gestionan internamente, cada uno utiliza una CMDB. Si queremos que el centro de servicios acceda a la información de cada una de las CMDB, independientemente de que los CI se gestionen internamente o por el subcontratista, accederá a esta información a través del CMS.

12.4 Actividades de la práctica

Las principales tareas de la práctica de Gestión de la configuración, son las siguientes:

- Identificar, controlar y registrar los activos de servicio y los elementos de configuración (CI, *Configuration Item*).
- Elaborar informes sobre el estado de los activos de servicio y los elementos de configuración.
- Auditar y comprobar los activos de servicio y elementos de configuración.
- Proteger la integridad de los activos de servicio y los elementos de configuración.

En general, la práctica de gestión de la configuración garantiza la integridad de los activos y las configuraciones mediante la gestión de un sistema de gestión de la configuración (CMS).

12.5 Mapa de calor de la práctica

El mapa de calor para la práctica de Gestión de la configuración de servicios es el siguiente:

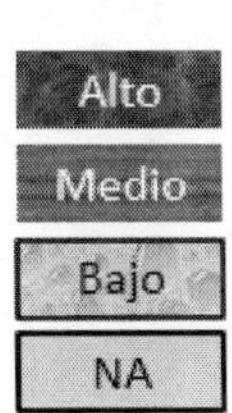

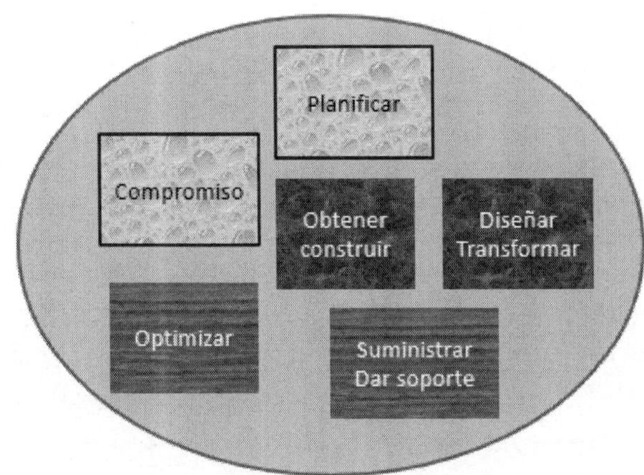

Planificar (bajo): la actividad de planificación utiliza el CMS para planificar los cambios.

Optimizar (medio): la gestión de la configuración ofrece una visión de los componentes (CI) que se pueden mejorar.

Compromiso (débil): la gestión de la configuración tiene una visión de los componentes (CI) susceptibles de mejora.

Diseñar y **Transformar** (fuerte): el CMS, con las relaciones entre los distintos componentes, ofrece una visión clara para diseñar nuevos servicios o modificar los existentes.

Obtener y **construir** (fuerte): el CMS debe ser absolutamente actualizado durante esta actividad de construcción.

Suministrar y **Dar soporte** (medio): el CMS es esencial para las actividades de soporte, en particular para la gestión de incidentes y problemas.

13. Gestión de la continuidad del servicio

13.1 Objetivo de la práctica

Esta práctica se basa en el proceso de Gestión de la continuidad de los servicios informáticos descrito en las buenas prácticas de ITIL V3.

El objetivo de la práctica de Gestión de la continuidad de los servicios es apoyar las actividades generales de la empresa y sus líneas de negocio, garantizando que los servicios informáticos tendrán un nivel suficiente de rendimiento y calidad en caso de catástrofe y que se restablecerán en los plazos necesarios y acordados. En otras palabras, tras una catástrofe que provoque una interrupción de la actividad, este proceso permitirá cubrir un modo de funcionamiento predeterminado. Este modo de funcionamiento predeterminado puede ser en modo degradado y luego en modo normal.

Esta práctica permitirá reducir los efectos y el impacto del fallo catastrófico en la empresa, por supuesto restableciendo el servicio o servicios afectados en el plazo definido, pero también intentando mantener la confianza de los clientes y usuarios en su sistema informático.

Es importante entender que el objetivo de esta práctica no es evitar que se produzcan catástrofes, sino reducir sus efectos y consecuencias.

La práctica de Gestión de la continuidad del servicio contribuye al proceso global de gestión de la continuidad de la actividad. Garantiza que el plan de continuidad del servicio informático esté en consonancia con el plan general de continuidad de la empresa. Con demasiada frecuencia, vemos cómo los informáticos elaboran planes de contingencia sin que la empresa o el negocio estén implicados y sin que la propia empresa haya reflexionado sobre esta noción de continuidad del servicio.

Un plan de gestión de la continuidad del servicio es una garantía de credibilidad ante los usuarios y clientes de la informática.

13.2 Terminología de la práctica

13.2.1 Una amenaza

Una amenaza es una acción, situación o hecho que puede obstaculizar el correcto funcionamiento de un activo de servicio o conjunto de activos de servicio. Las amenazas se enumeran y clasifican:

- catástrofes naturales (incendios, inundaciones, terremotos, etc.)
- terrorismo
- ataque de virus
- conflicto social
- interrupción de la cadena de suministro
- epidemia
- etc.

13.2.2 Vulnerabilidad

La vulnerabilidad es la probabilidad de que la amenaza se produzca en el activo o activos afectados. La vulnerabilidad es un porcentaje asociado a cada activo de servicio. Por supuesto, es la más difícil de identificar. En cualquier caso, la vulnerabilidad de un activo cambia con el tiempo. No es un valor fijo. Cada semana o cada mes, el Ministerio del Interior evalúa el nivel del plan antiterrorista (naranja, rojo, negro, etc.). Se trata de la vulnerabilidad de determinados lugares (estaciones, aeropuertos, etc.).

13.2.3 Riesgo

El riesgo es el análisis de esta situación (activo, amenaza y vulnerabilidad) para comprender sus efectos y consecuencias.

13.2.4 RTO (Recovery Time Objective)

Este acrónimo se utiliza a menudo tal cual y no se traduce al castellano. La RTO es la duración máxima aceptable de indisponibilidad de un servicio antes de que la empresa se vea gravemente afectada. En otras palabras, el RTO es el compromiso que asumirá informática para restaurar el servicio en caso de desastre.

13.2.5 RPO (Recovery Point Objective)

El RPO es el punto de recuperación de los datos en caso de indisponibilidad del servicio. Es el compromiso de informática de restaurar los datos tal y como estaban en un momento determinado.

13.2.6 Análisis del impacto empresarial

El análisis de impacto en el negocio (BIA: *Business Impact Analysis*) es el documento que identifica los impactos y efectos de las catástrofes en la empresa. Destaca las actividades esenciales de la empresa y sus líneas de negocio. Es muy importante centrarse sólo en aquellas actividades que son vitales para el negocio. Son las denominadas funciones vitales de la empresa (Vital *Business* Functions, VBF). En pocas palabras, debemos hacernos la siguiente pregunta: si tuviéramos que mantener una sola actividad en la empresa, ¿cuál deberíamos conservar? No todo es vital. Un cierto número de actividades pueden desplazarse en el tiempo.

El BIA pondrá de relieve los requisitos y limitaciones legales en materia de continuidad en los distintos sectores empresariales.

13.2.7 Gestión de la continuidad de las actividades

La Gestión de la continuidad del negocio (BCM: *Business Continuity Management*) es el enfoque que se ha definido para garantizar que la empresa pueda funcionar, aunque se produzca una catástrofe o se desencadene una amenaza. La Gestión de la continuidad del negocio se basa en el documento BIA.

13.2.8 Plan de emergencia

Un plan de recuperación en caso de catástrofe (*disaster recovery plan*) es un documento que describe cómo se restablecerán los servicios informáticos tras una catástrofe. Identifica los criterios de activación y el calendario de recuperación. Este plan de recuperación también se conoce como plan de continuidad del negocio informático (PCN) o plan de recuperación de catástrofes informáticas (PRC). En un BCP, no aceptamos la interrupción del negocio, pero en un DRP, aceptamos un calendario de recuperación que se especifica en el plan.

Un plan de copia de seguridad suele implicar la creación de uno o varios sitios de copia de seguridad (*back-up*). Un sitio de respaldo debe ser isoconforme con el sitio principal al que respalda, dentro de un perímetro funcional idéntico, por supuesto.

Un plan de contingencia debe contener al menos la siguiente información:

- El alcance del plan, es decir, la lista de departamentos informáticos afectados.
- Criterios de activación.
- La lista de personas autorizadas para activar el plan, con sus datos de contacto (número de teléfono, dirección de correo electrónico, etc.): las mejores prácticas ITIL establecen que estas personas deben ser responsables operativos.
- Tiempos de restablecimiento de los distintos servicios informáticos.
- El calendario de esta recuperación.
- Funciones del modo degradado (si es necesario).
- Condiciones para la vuelta a la normalidad.

13.3 Mapa de calor de la práctica

El mapa de calor para la práctica de Gestión de la continuidad de los servicios es el siguiente:

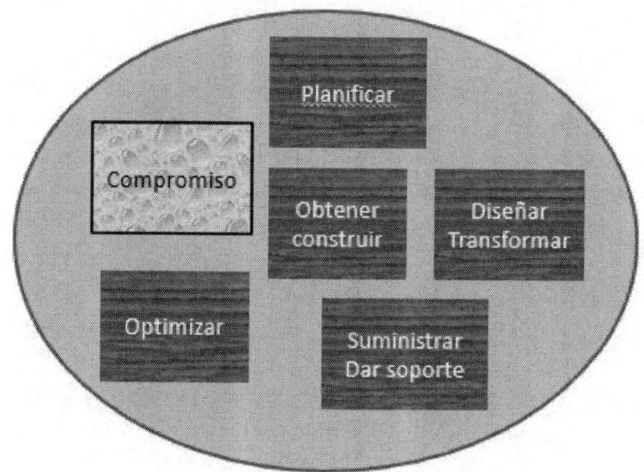

Planificar (media): esta práctica proporcionará información sobre las funciones vitales y los riesgos y amenazas potenciales.

Optimizar (medio): esta práctica garantiza que las oportunidades de mejora tengan en cuenta los planes de contingencia.

Compromiso (bajo): esta práctica debe informar a los interesados de los riesgos que entraña y de la necesidad de contratar un seguro en consecuencia.

Diseñar y **Transformar** (medio): la práctica de gestión de la continuidad de la informática debe garantizar que todas las transformaciones tengan en cuenta el plan de contingencia.

Obtener y **construir** (medio): la práctica de gestión de la continuidad de la informática debe garantizar que todos los componentes y productos tengan en cuenta el plan de contingencia.

Suministrar y **Dar soporte** (medio): el plan de emergencia se debe aplicar en caso de catástrofe.

14. Diseño de servicios

14.1 Objetivo de la práctica

Esta práctica hace referencia a un proceso del enfoque ITIL V3 2011, la coordinación del diseño del servicio.

La misión de la práctica de Diseño de servicios es coordinar todas las actividades, prácticas, procesos y recursos implicados en el diseño de servicios para clientes y usuarios.

Sus objetivos son garantizar que los nuevos servicios y las modificaciones de los servicios existentes sean eficaces y eficientes, comprobar que las arquitecturas de los sistemas de información se ajusten a la política de arquitectura definida y garantizar que los procedimientos y procesos se desplieguen de forma coherente.

El diseño del servicio garantizará que los nuevos servicios cumplan una serie de criterios. Tendrá que plantearse las siguientes preguntas:

- ¿El servicio está orientado a las empresas?
- ¿Es rentable?
- ¿Es flexible y fácil de mantener?
- ¿Puede absorber un pico de carga en términos de volumen de información o transacciones?
- ¿Podrá continuar el servicio si la empresa se reorganiza?
- ¿La explotación del servicio planteará riesgos para la empresa?
- Y así sucesivamente.

14.2 Mapa de calor de la práctica

El mapa de calor de la práctica de Diseño de servicios es el siguiente:

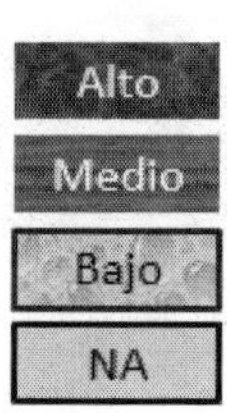

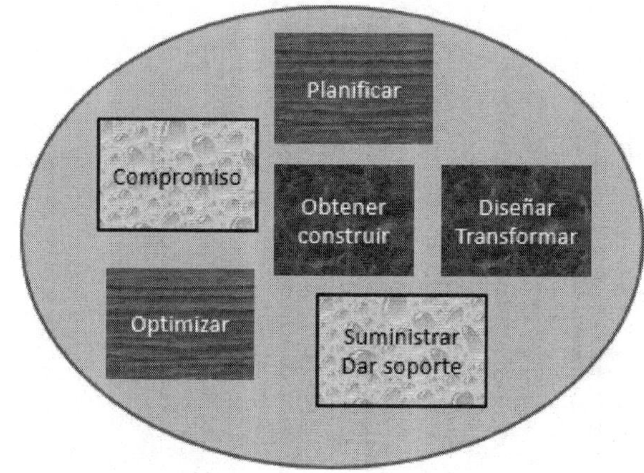

Planificar (medio): esta práctica, al coordinar los recursos, está presente en la actividad de planificación.

Optimizar (medio): esta práctica aporta sugerencias de mejora.

Compromiso (bajo): esta práctica aporta el punto de vista del cliente y del usuario para que los servicios sean más eficaces y eficientes.

Diseñar y **Transformar** (fuerte): el objetivo de esta práctica es diseñar servicios.

Obtener y **construir** (fuerte): esta práctica forma parte integrante de la elección de componentes y productos.

Suministrar y **Dar soporte** (bajo): esta práctica se utiliza en la gestión de apoyo de los servicios para que sea lo más eficaz y eficiente posible.

15. Centro de servicios

15.1 Preámbulo

En el enfoque de ITIL 4, el centro de servicios se ha convertido en una práctica. Anteriormente, en la versión V3 de ITIL, el centro de servicios era una función. Siendo una función una entidad operativa con sus propios recursos y medios, esto planteaba muchas preguntas, porque era difícil posicionar el centro de servicio y los procesos de Gestión de incidentes y cumplimiento de solicitudes. En ITIL 4, es mucho más sencillo: se convierte en una práctica encargada de la relación con los usuarios, ya sea para gestionar un incidente o una solicitud de servicio.

15.2 Objetivo de la práctica

El Centro de servicios es el único punto de contacto entre los usuarios y el departamento de informática. Es responsable de toda la relación con los usuarios. Esta relación es bidireccional: los usuarios llaman al centro de servicios para comunicarse con el departamento de informática y, cuando el departamento de informática quiere enviar mensajes informativos a los usuarios, llama al centro de servicios. El centro de servicios se encarga de mantener informados a los usuarios día a día.

El Centro de servicio es lo que los ingleses llaman un SPOC (*Single Point Of Contact*) desde el punto de vista del usuario. Esto no significa que sea único, sino que un usuario sólo tendrá delante un centro de servicios, ya sea para gestionar una incidencia o una solicitud de servicio.

La misión del centro de servicios es servir y satisfacer a los usuarios: la noción de satisfacción del usuario es ligeramente diferente de la noción de satisfacción del cliente (véase la práctica de la Gestión del nivel de los servicios). El centro de servicios vela por que los usuarios tengan una buena imagen del servicio informático. Es el escaparate del servicio informático, es decir, la punta del iceberg.

Esta tarea nos permitirá alcanzar los dos objetivos principales siguientes:

- Responder a las consultas y solicitudes de los usuarios en los plazos definidos y contractuales.
- Restablecer el servicio a un estado normal y estándar lo antes posible dentro de los plazos definidos y contractuales.

Para alcanzar estos objetivos, el centro de servicios realiza actividades de soporte de nivel 1 (investigación, diagnóstico inicial) y gestiona las escaladas con los grupos de soporte de nivel 2 o 3. Es el punto de coordinación de los grupos de soporte a la hora de responder a una solicitud de un usuario.

15.3 Objetivos de la práctica

La informática es vital para todas las empresas. Por ello, el soporte al usuario también ha adquirido una gran importancia. La calidad del soporte prestada a los usuarios es crucial. Los usuarios bloqueados por una avería informática, que no son informados del progreso de la resolución de problemas o que no saben cuándo se restablecerán los servicios, dan lugar a usuarios de informática insatisfechos que ya no pueden trabajar y, por tanto, a una empresa cuya producción se detiene o deteriora. Las respuestas rápidas y comprensibles del centro de atención al usuario aportan de inmediato importantes ganancias de productividad.

Por otra parte, la creación de un centro de servicios centralizará la información relativa a las llamadas de los usuarios. En consecuencia, el centro de servicios es una función esencial para el departamento de informática, ya que aporta la visión de los usuarios. Es importante comprender cómo utilizan los usuarios los servicios y qué dificultades encuentran. El centro de servicios desempeña un papel proactivo importante a la hora de transmitir esta información a los grupos de investigación y desarrollo.

15.4 Actividades de la práctica

Las tareas de la práctica del Centro de servicios son las siguientes:

- Acuse de recibo de la llamada del usuario: esta actividad consiste en recibir el acuse de recibo de la llamada telefónica o del correo electrónico del usuario. A continuación, se abre un ticket de llamada en la herramienta de gestión del centro de servicios. Se puede ofrecer a los usuarios la posibilidad de abrir sus propios tickets de llamada en la herramienta de gestión de tickets.
- Registro de la información relativa a la llamada del usuario: se trata de registrar en el ticket de llamada el nombre del usuario, o más exactamente su identidad (apellidos, nombre, número de servicio, etc.), un número de contrato (si procede) y el objeto de la solicitud.
- Categorización: esta actividad permitirá clasificar las llamadas por tipos: incidentes o solicitudes denominadas peticiones de servicio (la definición de estos términos figura en este capítulo en las secciones sobre el proceso de gestión de incidentes y el proceso de ejecución de peticiones).
- Codificación: es la actividad que evaluará la prioridad asociada a la solicitud y deducirá el plazo contractual para responder a la llamada.
- Investigación y diagnóstico, donde el centro de servicios añade valor real al intentar comprender el problema del usuario. Es el primer nivel de soporte.
- La respuesta al usuario, que depende de la solicitud: si la solicitud es una incidencia, la respuesta es restablecer el servicio; si la solicitud es una consulta, el centro de servicios ejecutará la consulta.
- Gestionar la escalada a los grupos de apoyo de nivel 2 y 3 en caso necesario.

- Seguimiento de llamadas, es decir, informar al usuario del progreso de su solicitud.
- Cierre de todas las llamadas, aunque hayan sido escaladas a los grupos de soporte. Es esencial que el centro de servicios reciba notificación del trabajo de los grupos de soporte escalados, para que pueda informar al usuario del progreso de su solicitud y cerrarla administrativamente.
- Gestión de las encuestas de satisfacción de los usuarios: el centro de servicios debe velar diariamente por la satisfacción de los usuarios.
- Actualización de las bases de conocimiento: esta actividad consiste en actualizar, en particular, la base que mantiene la información sobre la infraestructura (CMS, *Configuration Management System*). Al hablar con los usuarios o acceder a distancia a sus puestos de trabajo, el centro de servicios puede descubrir que la información de esta base no está actualizada.

15.5 Configuración del centro de servicios

La configuración, el dimensionamiento y la arquitectura de un centro de servicios son cruciales para su éxito. Es el escaparate informático y no hay margen de error en su implantación y rendimiento. El primer paso es definir el alcance (funcionalidades, horarios de apertura, etc.), el tipo de llamadas que se recibirán y los periodos punta y valle, para deducir el número y los tipos de recursos (personas que trabajarán en el centro de servicios, *hotliners*) y los recursos (herramientas) necesarios. También es importante la arquitectura de la propia implantación del centro de servicios. Las mejores prácticas de ITIL 4 proponen diferentes tipos de arquitectura, cada una con sus propias ventajas e inconvenientes.

15.5.1 El centro de servicio local

El centro de servicios local o de proximidad es un centro de servicios situado en el mismo lugar que los usuarios a los que atiende. Esta arquitectura suele adoptar la forma de un mostrador, una oficina a la que los usuarios pueden acudir para sus solicitudes o averías.

15.5.2 El centro de servicios centralizados

En el caso de una empresa con varias sedes, el centro de servicios centralizado puede ser la respuesta a la elección de implantación. Un centro de servicios centralizado se instala en una única sede, a la que se puede acceder a través de canales de telecomunicación como el teléfono, el portal, Internet, el correo electrónico, el chat, etc.

15.5.3 El centro de servicios virtual

Un centro de servicios virtual es un centro de servicios centralizado que pondrá a la persona que llama directamente en contacto con la persona del centro de servicios que esté disponible y tenga el mejor perfil para responder a su solicitud. En otras palabras, en función de la hora del día (por ejemplo, horario de oficina, de día o de noche), el país o la ubicación de la llamada (España o el extranjero, centro administrativo o centro de producción, etc.), el puesto de trabajo y el perfil del usuario que llama, la llamada se dirigirá a un hotliner adaptado al contexto y al puesto de trabajo de la persona que llama. He aquí algunos ejemplos:

- Durante la noche, la llamada se desvía a la célula de guardia.
- Para una llamada desde el Reino Unido, la llamada se desvía a una persona que habla inglés.
- Para una llamada del departamento de contabilidad, responderá un hotliner con conocimientos de aplicaciones financieras.
- Cuando llama un directivo, se le redirige automáticamente a la unidad responsable de la gestión de los VIP de la empresa, etc.

15.6 Herramientas del centro de servicio

La práctica del centro de servicios se debe basar en herramientas y la elección de éstas influirá en su eficacia y eficiencia. En primer lugar, hay que identificar los canales que se elegirán para contactar con el centro de servicios: el teléfono, por supuesto (con un único número interno abreviado), pero también el correo electrónico (dirección genérica), SMS, un portal de intranet, Internet, chat, etc.

Esta selección de canal determina la elección de las herramientas. He aquí una lista de las herramientas posibles:

- La central telefónica inteligente (ACD, *Automatic Call Distributor*): distribuye las llamadas telefónicas a los hotliners en función de la carga y el origen de la llamada.
- El servidor de respuesta vocal interactiva (IVR, *Interactive Voice Response*): precalificará la llamada mediante preguntas ("pulse 1 si llama por una solicitud, pulse 2 si se trata de un incidente, etc."), compensará la limitación de recursos (fines de semana, noches, etc.) y gestionará las situaciones de saturación de llamadas.
- Integración de la telefonía informática (CTI, *Computer Telephony Integration*): la ficha del cliente se visualiza al mismo tiempo que el hotliner atiende la llamada telefónica.
- Software de gestión de las relaciones con los clientes (CRM, *Customer Relationship Management*): gestionará los tickets de llamada, ayudará a introducirlos, a seguirlos y a capitalizar las llamadas anteriores.
- Integración con otras herramientas de apoyo a los demás procesos ITIL, como el CMS (*Configuration Management System*), la base de datos de errores conocidos, etc., así como el enlace con el sistema de gestión de documentos de la empresa y, en general, la integración con las herramientas de gestión de servicios.

Las herramientas del centro de servicios se pueden utilizar para crear un centro de servicios denominado de autoservicio, es decir, para permitir al usuario, sin intervención humana, registrar su llamada (su solicitud, su incidencia, etc.) y hacer un seguimiento de la misma. La integración con las bases de conocimiento también puede permitir a los usuarios acceder a ellas y encontrar directamente respuestas a sus preguntas.

15.7 Mapa de calor de la práctica

El mapa de calor de la práctica del Centro de servicios es el siguiente:

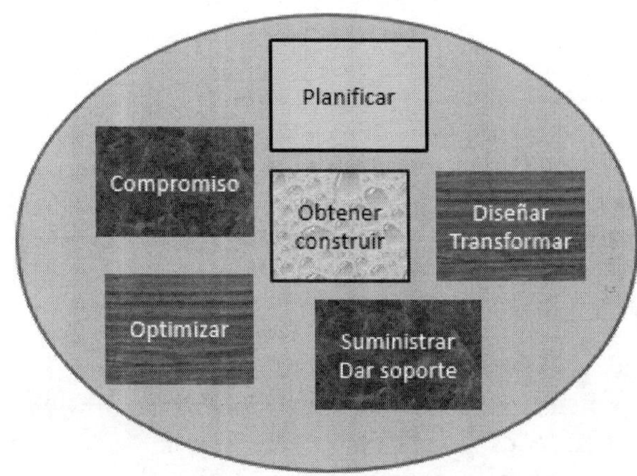

Planificar (NA): el centro de servicios está siempre activo, por lo que no hay actividad de planificación.

Optimizar (medio): el centro de servicios se evalúa constantemente mediante una serie de indicadores para controlar la calidad de su trabajo. La mejora del centro de servicios debe ser continua.

Compromiso (fuerte): el centro de servicios es responsable del compromiso del departamento informático con los usuarios.

Diseñar y **Transformar** (medio): el centro de servicios debe participar en las decisiones de diseño y transformar.

Obtener y **construir** (débil): el centro de servicios también debe participar en la elección de componentes y productos.

Suministrar y **Dar soporte** (fuerte): el centro de servicios es el punto central de la interfaz de usuario.

16. Gestión de los niveles de servicio

16.1 Objetivo de la práctica

Esta práctica se basa en el proceso de Gestión de los niveles de servicio definido en ITIL V3 y V2.

La práctica de gestión de los niveles de servicio es responsable de toda la relación con las líneas de negocio, es decir, los clientes. Es responsable de ellos. Esta práctica escucha las necesidades de los clientes, las tiene en cuenta y las aplica. Garantiza la satisfacción del cliente y proporciona una visión "de extremo a extremo" de los servicios.

Esta práctica se basa en los conceptos de "utilidad" y "garantía" para asegurar que los servicios aportan el valor esperado. ¿Cumplen los servicios prestados las funcionalidades solicitadas? Y los servicios que se prestan actualmente a los clientes, ¿cumplen continuamente el nivel de calidad de servicio acordado? Y los servicios que se prestan actualmente, ¿tienen objetivos realistas y alcanzables en consonancia con los definidos por el cliente?

Los principales objetivos de la práctica de la Gestión de los niveles de servicio son:

- Establecer mecanismos de relación con los clientes.
- Desarrollar y mejorar esta relación con los clientes para ganarse su confianza.
- Conseguir y mantener la satisfacción del cliente.
- Asegúrese de que el cliente y el departamento de informática entienden de la misma manera los niveles de calidad de servicio esperados.
- Definir y documentar los compromisos de nivel de servicio en los contratos.
- Que los contratos de compromiso sean validados por los clientes y el departamento informático.
- Garantizar que los servicios prestados cumplen el nivel de servicio acordado.
- Garantizar acciones proactivas para mejorar los servicios prestados a los clientes.

16.2 Terminología de la práctica

16.2.1 Nivel de servicio

El nivel de servicio se compone de uno o varios indicadores que miden la calidad del servicio prestado. El indicador o indicadores tienen dos valores: el objetivo de compromiso y el valor real medido. En España, el término nivel de servicio se denomina comúnmente calidad de servicio.

16.2.2 SLA (Service Level Agreement)

Este acrónimo está muy extendido en España. La traducción española es "acuerdo sobre los servicios propuestos y sobre los niveles de servicio asociados". Este acuerdo es el resultado de las negociaciones entre el cliente y el proveedor de servicios informáticos, basadas en el SLR (*Service Level Requirement*). Este acuerdo se describe en un documento contractual denominado contrato de servicio o acuerdo de servicio. Este documento define el servicio o servicios ofrecidos y los objetivos de nivel de servicio que se deben alcanzar. Un SLA cubre uno o varios servicios y está vinculado a uno o varios clientes. Debe ser validado y firmado por ambas partes (cliente y proveedor). Es un compromiso para alcanzar los objetivos del servicio.

16.3 Características de un SLA

Para desarrollar un SLA, las buenas prácticas de ITIL 4 recomiendan hacer preguntas sencillas y abiertas a los clientes. He aquí algunas de ellas:

- ¿Cuál es su misión?
- ¿Cómo puede ayudarle la tecnología en su trabajo?
- ¿Quiénes son los actores clave de su empresa?
- ¿Cuáles son las actividades más importantes para usted?
- ¿Hay horas o días más importantes para su trabajo?
- ¿Cuál es la diferencia entre un buen día de trabajo y un mal día de trabajo?
- ¿Cuáles son sus objetivos anuales y cómo se medirán?
- ¿Qué significa el éxito en su profesión?

- ¿Cómo cree que se debe evaluar la calidad del servicio?
- ¿Cómo podemos ayudarle aún más?

Las respuestas a estas preguntas se utilizarán para elaborar el SLA.

El documento SLA debe contener la siguiente información (esta lista no es exhaustiva):

- La descripción del servicio en términos de funcionalidad (o un puntero a la información que describe el servicio en el catálogo de servicios).
- Horario de apertura del servicio (horas, días, periodos del año).
- La tasa de disponibilidad durante un periodo determinado.
- El periodo máximo de indisponibilidad.
- Tiempo de respuesta a una solicitud de cambio.
- El número máximo de cambios en un periodo determinado.
- Las condiciones de puesta en marcha de la producción y, en particular, las franjas horarias, los días y los periodos asignados a la puesta en marcha de la producción.
- Las modalidades de soporte y, en particular, el horario de apertura del centro de servicios.
- Niveles de seguridad de los datos (confidencialidad, integridad, disponibilidad, incluso autenticación y no repudio).
- Rendimiento del servicio de extremo a extremo.
- Detalles del plan de continuidad informática o un indicador de dicho plan.
- Periodos críticos en el servicio e implicaciones para los compromisos.
- Los costes o precios asociados a la entrada en producción del servicio (posiblemente en unidades de trabajo).
- Los indicadores asociados a todos estos datos proporcionarán pruebas fácticas del cumplimiento de los compromisos. Estos indicadores especifican las condiciones de medición, las fórmulas de cálculo, el tipo de herramientas de medición, etc.
- Procedimientos de información: cuadros de mando con ejemplos, distribución (frecuencia y lista de distribución).

- Procedimientos de control: se identifican los organismos implicados, su frecuencia, funciones, misiones y los participantes de ambas partes.
- Sanciones por incumplimiento de los compromisos por parte del proveedor de servicios. Por supuesto, en el caso de una relación entre un cliente interno y el departamento informático de la misma empresa, suele ser muy difícil aplicar sanciones.
- Deberes del cliente: como mínimo, la obligación de participar en los distintos organismos y formalizar sus requisitos de servicio.
- Una lista de contactos clave para ambas partes.
- Procedimientos de escalada en caso de reclamación o queja.
- La fecha de inicio del contrato.
- La duración del contrato.

16.4 Satisfacción del cliente

La práctica de la Gestión de los niveles de servicio necesita medir la satisfacción del cliente. Para ello, es necesario recopilar cierta cantidad de información. ITIL 4 recomienda al menos dos fuentes de información: encuestas de satisfacción e indicadores de negocio.

16.4.1 La encuesta de satisfacción

Puede adoptar dos formas:

- Encuesta in situ: se trata de obtener un feedback inmediato, a raíz de una situación (la resolución de un incidente, por ejemplo); se plantean al cliente algunas preguntas sencillas y cerradas, a menudo con una respuesta en forma de escala de valores (de muy buena a mala, pasando por buena y regular). El resultado es una impresión inmediata.
- Encuesta en frío: se trata de un cuestionario más extenso, preferiblemente con preguntas cerradas sencillas, pero no correlacionado con acontecimientos concretos. La encuesta puede realizarse cada año, por ejemplo. Así se obtiene una imagen más global.

Ambos tipos de encuesta son útiles para medir la satisfacción del cliente.

16.4.2 Indicadores de negocio

En el SLA, podemos identificar indicadores clave que reflejen la satisfacción del cliente. Por ejemplo, esto puede estar vinculado a un tipo concreto de transacción que sea clave para el negocio del cliente. La idea no es tomar todos los indicadores ni fijarse en el nivel de servicio, sino centrarse en un número limitado de indicadores que sean importantes para el negocio.

16.4.3 El efecto sandía

El enfoque de ITIL 4 pone de manifiesto una situación que se ha dado mucho en los últimos años en empresas que han implantado las mejores prácticas de ITIL y, más concretamente, la gestión del nivel de servicio con un indicador de calidad de servicio en el SLA. Se trata del efecto sandía del SLA (*the watermelon SLA effect*).

La sandía es verde por fuera y roja por dentro y suele tener muchas pepitas.

Esto refleja muchas situaciones en las que el indicador de calidad del servicio comunicado a la dirección suele ser verde, es decir, que todo va bien, la calidad de los servicios prestados es buena y corresponde a los compromisos adquiridos y a las expectativas del cliente. Por ejemplo, la tasa de disponibilidad del servicio en el último mes es del 99,5% para un compromiso del 98%. Sin embargo, si se examina más de cerca, se produjo un incidente en el peor momento posible (durante un periodo crítico para la empresa). Incluso si informática pudo resolver el incidente rápidamente (dentro del plazo contractual), el daño puede ser significativo. Entonces nos encontramos con una situación en la que el cliente está muy descontento, rojo por dentro y, sin embargo, el indicador estará verde por fuera.

16.5 Mapa de calor de la práctica

El apa de calor para la práctica de Gestión de los niveles de servicio es el siguiente:

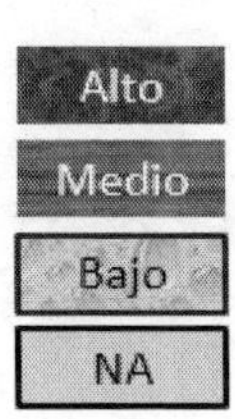

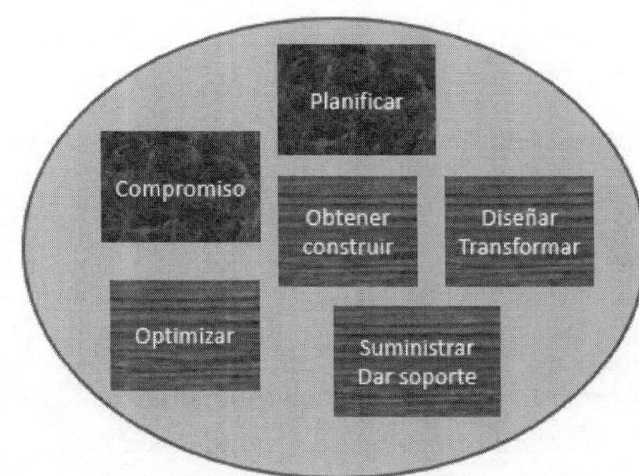

Planificar (fuerte): esta práctica proporciona toda la información sobre el nivel de calidad del servicio para planificar productos y servicios con el fin de crear el porfolio de productos y servicios.

Optimizar (medio): esta práctica permite conocer la opinión de los clientes, su satisfacción y sus sensaciones sobre los servicios prestados, lo que nos permitirá elaborar propuestas de mejora.

Compromiso (fuerte): la gestión del nivel de servicio apoya la actividad de compromiso con el cliente.

Diseñar y **Transformar** (medio): la gestión del nivel de servicio ofrece a los clientes una visión de los cambios que deben introducirse en los servicios.

Obtener y **construir** (medio): la gestión del nivel de servicio proporciona información sobre el rendimiento y la calidad de los componentes, productos y servicios.

Suministrar y **Dar soporte** (medio): esta práctica recoge información sobre la calidad del servicio.

17. Gestión de las solicitudes de servicio

17.1 Objetivo de la práctica

Esta práctica retoma la misión de los procesos de Ejecución de solicitudes y Gestión de accesos del enfoque ITIL V3.

Para información de los lectores familiarizados con ITIL V3, la práctica de Gestión de solicitudes de servicio en ITIL 4 no se debe confundir con el proceso de Gestión de la demanda en ITIL V3, proceso de Estrategia de servicios.

La función de la práctica de Gestión de solicitudes de servicio es responder a todas las solicitudes de los usuarios, definidas de antemano, de la forma más sencilla posible.

De hecho, esta práctica tiene cuatro objetivos muy visibles en la empresa, todos ellos orientados a la relación con los usuarios:

- Suministrar un canal privilegiado para que los usuarios realicen y tramiten sus solicitudes a la informática.
- Ayudar a los usuarios a utilizar los servicios.
- Obtener componentes de servicios estándar de acuerdo con los requisitos de los usuarios.
- Suministrar un canal para elevar las quejas de los usuarios al departamento de informática.

17.2 Terminología de la práctica

17.2.1 La solicitud de servicio

Una solicitud de servicio o *request*, es una petición realizada por un usuario dentro de un marco predefinido (catálogo de solicitudes de usuarios). Esta solicitud de servicio se puede referir al soporte, asesoramiento, información, un simple cambio de norma, un suministro de consumibles, el acceso a un servicio o incluso una reclamación. De hecho, el término solicitud de servicio engloba cualquier solicitud de un usuario que no sea un incidente.

Una solicitud o consulta de servicio es una acción limitada en el tiempo y de bajo riesgo, generalmente gestionada por una sola persona, con un coste reducido. Esta noción cobra sentido si existe una frecuencia real de solicitudes. Por ello, creamos un catálogo de solicitudes de los usuarios (véase más abajo). En muchas empresas, se denominan solicitudes de pequeños trabajos.

17.2.2 El catálogo de solicitudes de los usuarios

Este catálogo es la base del buen funcionamiento de esta consulta. En él se detallan las solicitudes de servicio de los usuarios, con el coste de cada una de ellas (coste o unidad de obra) y el plazo de realización. El otro punto importante de este catálogo es que identifica claramente los perfiles de usuarios que están autorizados a realizar solicitudes.

Distribuir y promocionar este catálogo entre todos los usuarios es un reto importante.

17.3 Automatizar la práctica

El enfoque ITIL 4 recomienda implementar esta práctica de la forma más automática posible, para ser lo más eficientes posible. El uso de un portal, con un catálogo en línea de solicitudes, es un buen ejemplo de ello.

17.4 Mapa de calor de la práctica

El mapa de calor para la práctica de Gestión de solicitudes de servicio es el siguiente:

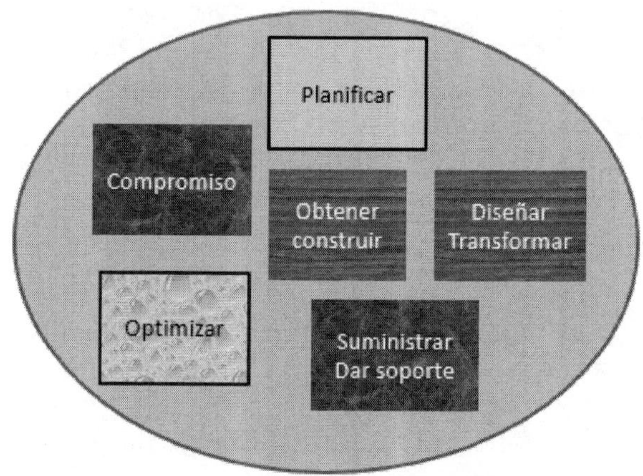

Planificar (NA): las solicitudes de los usuarios no se pueden planificar.

Optimizar (bajo): esta práctica utiliza los comentarios de los usuarios, sobre todo en forma de quejas y quejas, para formular propuestas de mejora.

Compromiso (fuerte): esta práctica proporciona información periódica de los usuarios, lo que permite tomar decisiones de compromiso.

Diseñar y **Transformar** (medio): esta práctica diseñará las soluciones preautorizadas solicitadas por los usuarios.

Obtener y **construir** (medio): esta práctica adquirirá y construirá las soluciones preestablecidas solicitadas por los usuarios.

Suministrar y **Dar soporte** (fuerte): por supuesto, esta práctica es clave para el negocio de suministro y soporte a los usuarios.

18. Validación y pruebas del servicio

18.1 Objetivo de la práctica

Esta práctica se basa en el proceso ITIL V3 2011 titulado Validación y pruebas.

La misión de la práctica de Validación y pruebas de los servicios, es garantizar que todos los cambios (nuevos productos y nuevos servicios, modificaciones de productos o servicios existentes) cumplen los requisitos. Estos requisitos, que representan el valor que aportará el producto o servicio, han sido elaborados por todas las partes interesadas (usuarios, clientes, gestión de proyectos, equipos de producción y soporte, etc.).

Esta práctica garantizará que se gestione adecuadamente cualquier error o mal funcionamiento descubierto durante las fases de prueba, integración, preproducción y postproducción.

Por tanto, su función es definir, poner en marcha y ejecutar todas las campañas de pruebas, así como los procedimientos de validación de los cambios que desee poner en producción.

La fase de validación dará lugar a la elaboración de informes de aceptación, como la aceptación funcional, la aceptación del rendimiento, la aceptación de la operatividad, la aceptación del servicio regular, etc.

18.2 Tipos de pruebas

El enfoque ITIL 4 ofrece una lista de los distintos tipos de pruebas que debe realizar el departamento de informática. Se clasifican en dos categorías: pruebas funcionales, que cubren la "utilidad" y pruebas no funcionales, que cubren la "garantía o utilidad".

18.2.1 Pruebas funcionales

Pruebas unitarias

Su objetivo es detectar fallos en una unidad de programa durante el desarrollo o en un componente de infraestructura. Aíslan el comportamiento de la parte de código o el componente que se va a probar de cualquier factor externo y comprueban que se ajusta a lo esperado.

Pruebas del sistema

Las pruebas del sistema sirven para detectar fallos de funcionamiento en la implementación conjunta de plataformas de infraestructura y software básico.

Pruebas de integración

Las pruebas de integración de componentes se utilizan para detectar fallos de funcionamiento en la ejecución conjunta de varias unidades de programa y/o varios componentes de infraestructura, que han sido probados unitariamente con anterioridad.

Pruebas no regresivas

Su objetivo es detectar problemas de regresión introducidos por efectos secundarios no deseados en piezas no modificadas, vinculados a cambios funcionales o técnicos.

18.2.2 Pruebas no funcionales

Pruebas de rendimiento y capacidad

Su objetivo es medir el rendimiento y los recursos de la aplicación o del sistema (capacidad) necesarios para detectar fallos introducidos como consecuencia de nuevos cambios.

Pruebas de seguridad informática

Su objetivo es detectar los fallos introducidos como consecuencia del incumplimiento de los elementos de seguridad definidos por la práctica de gestión de la seguridad informática.

Pruebas de conformidad

Su objetivo es detectar los posibles fallos introducidos, relacionados con el incumplimiento de las características de las leyes y reglamentos: por ejemplo, en el sector bancario, las leyes sobre blanqueo de dinero.

Pruebas de funcionamiento

Su función es detectar los fallos que se produzcan, relacionados con los procedimientos de copia de seguridad/restauración y de funcionamiento (copias de seguridad del contexto del sistema y de las aplicaciones, copias de seguridad y restauraciones de datos, purgas, historización y archivado, etc.). También se encargan de comprobar el buen funcionamiento del tráfico de red y de aplicar los procedimientos de supervisión.

Pruebas de mantenimiento y soporte

Su objetivo es detectar los fallos introducidos como consecuencia de cambios en la documentación, nuevos cursos de formación, etc.

Pruebas de aceptación del usuario

Este tipo de pruebas, realizadas por los propios usuarios, se clasifican como pruebas no funcionales, aunque también abarcan la funcionalidad global del servicio, ya que tratan del uso del mismo. El objetivo es evaluar la versión observando directamente al usuario, en situación, utilizando el producto a partir de escenarios de uso de las tareas que debe realizar. Esto permite identificar concretamente los problemas que encuentran, las preguntas que plantean y las funcionalidades que aprecian o no, con el fin de proponer hipótesis de mejora o incluso de modificación.

18.3 Mapa de calor de la práctica

El mapa de calor para la práctica de Validación y pruebas del servicio es el siguiente:

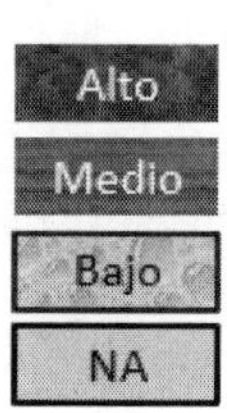

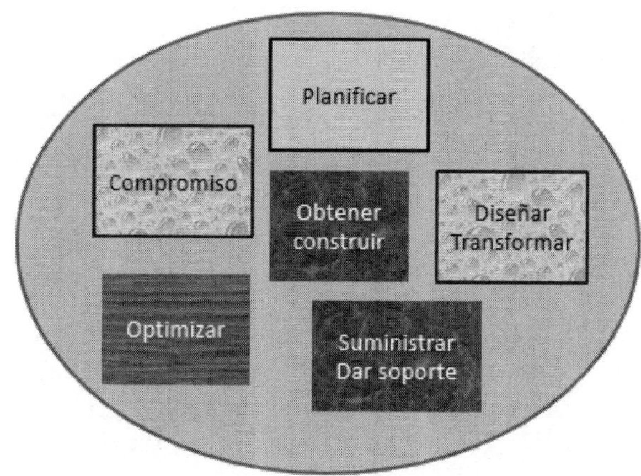

Planificar (NA): ninguna implicación en la actividad de planificación, ya que es una tarea dentro de otras prácticas, como la gestión de proyectos.

Optimizar (medio): esta práctica puede proporcionar sugerencias de mejora basadas en los resultados de las distintas pruebas.

Compromiso (baja): esta práctica puede requerir la participación de determinadas partes interesadas para validar nuevos servicios.

Diseñar y **Transformar** (débil): esta práctica forma parte integrante de las actividades de diseño y transformar.

Obtener y **construir** (fuerte): esta práctica está estrechamente vinculada a todas las prácticas que intervienen en la actividad de adquisición y construcción.

Suministrar y **Dar soporte** (fuerte): esta práctica es clave para la actividad de suministro y soporte, ya que garantiza el correcto funcionamiento y está al tanto de todos los errores encontrados durante las fases de prueba.

Capítulo 13
Las prácticas de gestión tecnológica

1. Introducción

En cada una de las secciones siguientes, se mencionará el objetivo de la práctica, sus principios fundamentales, en la medida de lo posible lo que produce, las principales partes interesadas y las actividades implicadas a través del mapa de calor. También se hará referencia al apoyo de un proceso ya conocido en ITIL V3 y a las modificaciones que se hayan podido realizar.

2. Gestión del despliegue

2.1 Preámbulo

Esta práctica se basa en el proceso de Gestión del despliegue y entradas en producción definido por el enfoque ITIL V3. De hecho, este proceso se ha dividido en dos prácticas ITIL 4: Gestión de entradas en producción y Gestión del despliegue.

2.2 Objetivo de la práctica

El objetivo de la práctica de Gestión del despliegue es transferir a los entornos de producción todos los elementos que componen un cambio, es decir:

- equipos nuevos, modificados o sustituidos por un fallo o error,
- software, aplicaciones o programas básicos nuevos o modificados,
- documentación para productos nuevos o modificados con fines de mejora,
- procesos o procedimientos operativos.

Esto se conoce como desplegar una unidad de producción.

La práctica de gestión del despliegue también puede gestionar la transferencia a entornos de prueba, integración o preproducción.

Esta práctica está estrechamente relacionada con las dos siguientes: la gestión de versiones y la gestión de cambios. En concreto, toda la comunicación con los usuarios es responsabilidad de la gestión de versiones y no de la gestión del despliegue.

2.3 Tipos de despliegue

Esta práctica se encarga de elegir el modo más adecuado para desplegar una unidad de producción, en función del impacto, el tamaño y el riesgo asociados a este despliegue.

Despliegue por fases

Un despliegue por fases se realiza según un plan de despliegue (*roll-out* en inglés), que tiene en cuenta el perímetro definido por el cliente. El despliegue afectará a una parte inicial de usuarios, seguido de fases sucesivas.

Big bang

El despliegue "big bang" se realiza en una sola operación para todos los usuarios al mismo tiempo. Es el método que se utiliza cuando hay muchas dependencias entre los nuevos componentes y los que ya existen en el entorno de producción.

Modo Push o Pull

Push: método de despliegue iniciado por un centro hacia dónde se encuentran los usuarios objetivo. Se envía una actualización a todos los usuarios implicados.

Pull: el despliegue se pone a disposición de los usuarios en un servidor y los usuarios inician el despliegue ellos mismos a su conveniencia.

Despliegue continuo

Se dice que el despliegue es continuo cuando se decide integrar, probar y desplegar los componentes cuando los usuarios los necesitan. En este caso, se utilizan despliegues regulares o sucesión de despliegue. Esto permite obtener muy rápidamente feedback de los usuarios sobre los cambios realizados.

Automático o manual

Por razones de eficacia, se recomienda el despliegue automatizado siempre que sea posible. Por el contrario, si se utiliza el despliegue manual, se debe supervisar y controlar estrechamente para evitar errores humanos.

2.4 Archivar unidades de producción

Las buenas prácticas de ITIL 4 recomiendan encarecidamente asegurar la integridad de todos los componentes desplegados. Para lograrlo, se establecen un DML y un DHS.

2.4.1 El DML

La DML (*Definitive Media Library*) o librería definitiva de recursos multimedia, es un archivo físico seguro para los elementos de configuración de software (CI de software) que se han puesto en producción. Almacena los ejecutables (binarios) de las diferentes versiones de software que se han puesto en producción. Es la referencia para todo el software. Por ello, esta librería debe estar separada de las librerías de software que se encuentran en los equipos de desarrollo, de pruebas e incluso de explotación.

El DML también archiva toda la documentación de todos los componentes (hardware y software).

2.4.2 DHS

El DHS (*Definitive Hardware Stores*) o almacén definitivo de hardware, se trata de un área de almacenamiento físico para una copia de cada pieza de hardware en producción. Es una zona de archivo, no de almacenamiento. No es un parque de mantenimiento ni un lote de reserva en caso de fallo.

2.5 Mapa de calor de la práctica

El mapa de calor para la práctica de Gestión del despliegue es el siguiente:

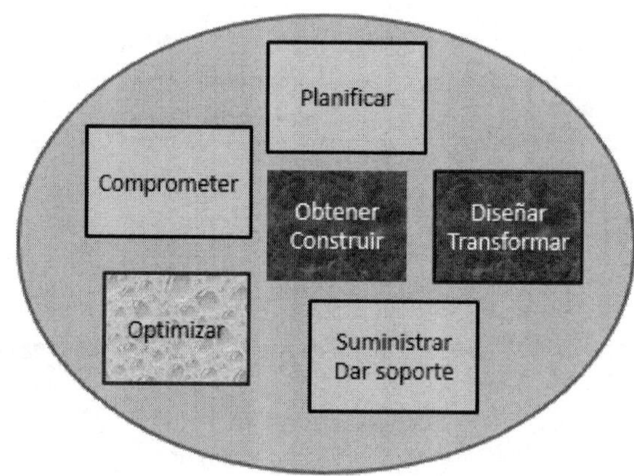

Planificar (NA): esta práctica no tiene tareas ni participa en la actividad de planificación.

Optimizar (bajo): las mejoras pueden requerir que los componentes se desplieguen antes que las propias mejoras.

Comprometerse (NA): esta práctica no tiene ninguna tarea ni participación en la actividad de compromiso.

Diseñar y **transformar** (fuerte): esta práctica es vital para la actividad de diseño y transformación, ya que definirá cómo transferimos a entornos de producción.

Obtener y **construir** (fuerte): en el contexto del desarrollo con metodología ágil, el despliegue se tendrá que adaptar en consecuencia (despliegue continuo, por ejemplo).

Suministrar y **dar soporte** (NA): esta práctica no tiene ninguna tarea ni participación en la actividad de suministro y soporte. De hecho, trabaja para la práctica Gestión de las entradas en producción.

3. Gestión de infraestructuras y plataformas

3.1 Objetivo de la práctica

Esta práctica no se basa en un proceso ITIL de versiones anteriores.

La misión de la práctica de Gestión de infraestructuras y plataformas es supervisar las infraestructuras informáticas en producción. Se trata de un tema vital para los equipos de operaciones.

La infraestructura informática abarca todos los elementos del sistema básico, es decir:

- servidores físicos o virtuales,
- estaciones de trabajo,
- bahías de archivo,
- elementos de red,

- middleware,
- sistemas operativos,
- conductores,
- de hecho, todos los recursos tecnológicos, incluida el cloud que se utilice.

La práctica de Gestión de infraestructuras y plataformas es responsable de las herramientas necesarias para el soporte y el mantenimiento.

3.2 Mapa de calor de la práctica

El mapa de calor para la práctica de Gestión de infraestructuras y plataformas es el siguiente:

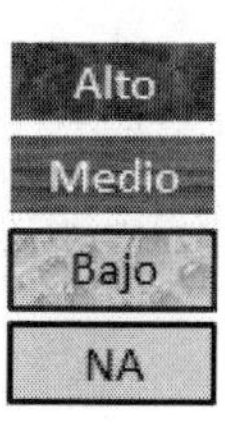

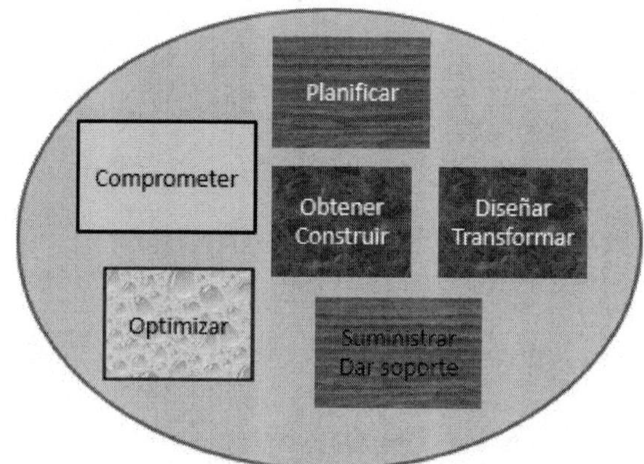

Planificar (media): esta práctica proporciona información sobre nuevas oportunidades tecnológicas para la actividad de planificación.

Optimizar (bajo): esta práctica proporciona una visión general de los avances tecnológicos que pueden utilizarse como parte de las propuestas de mejora.

Compromiso (NA): esta práctica no está directamente relacionada con esta actividad.

Diseñar y **Transformar** (fuerte): esta práctica debe garantizar que la tecnología pueda soportar lo que se diseña y transforma.

Obtener y **construir** (fuerte): esta práctica garantiza que las infraestructuras y plataformas puedan soportar los nuevos productos que se adquieran o construyan.

Suministrar y **Dar soporte** (medio): esta práctica se utiliza en las operaciones cotidianas.

4. Desarrollo y gestión de software

4.1 Objetivo de la práctica

Esta práctica de Desarrollo y gestión de software cubre un tema que es nuevo en el enfoque ITIL. Implica garantizar que el software de aplicación se diseñe de forma que cumpla con las especificaciones requeridas por todas las partes interesadas en términos de funcionalidad, disponibilidad, mantenibilidad y cumplimiento. Esto se aplica al software desarrollado interna o externamente.

4.2 Actividades de la práctica

Esta práctica abarca los métodos de gestión de software de tipo "waterfalls " (antiguo ciclo en V) y los métodos de desarrollo ágil.

Las tareas de la práctica de Desarrollo y gestión de software son las siguientes:

- Creación de arquitecturas de soluciones
- Diseñar soluciones
- Desarrollo de software
- Gestión de pruebas de software (pruebas unitarias, pruebas de integración, pruebas no regresivas, pruebas de seguridad, pruebas de usuario, etc.)
- Gestionar y archivar la documentación del software y las fuentes de los módulos de software
- Crear las versiones que se van a desplegar
- Comprobación y auditoría de código

Esta práctica también gestionará la eliminación del software de aplicación que ya no se utilice o que ya no desee utilizar.

4.3 Mapa de calor de la práctica

El mapa de calor para la práctica de Desarrollo y gestión de software es el siguiente:

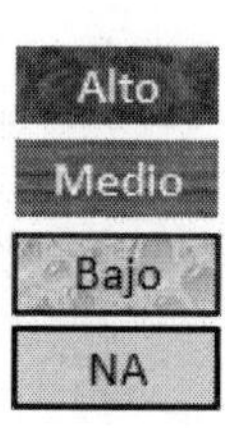

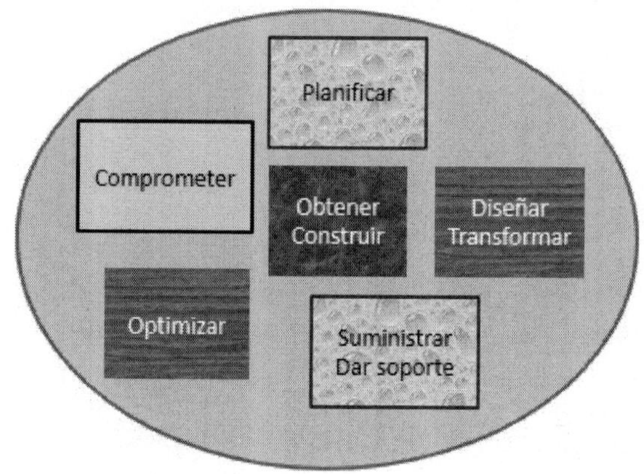

Planificar (débil): esta práctica proporciona información (oportunidades y limitaciones) sobre los cambios relacionados con el software de aplicación.

Optimizar (medio): esta práctica forma parte integrante de la elección de las oportunidades de mejora, sobre todo si se desarrollan internamente.

Compromiso (NA): esta práctica no participa en la actividad de compromiso.

Diseñar y **Transformar** (medio): esta práctica ayuda al diseño y la transformación de componentes de software de aplicación.

Obtener y **construir** (fuerte): esta práctica dirige esta actividad para el software de aplicación.

Suministrar y **Dar soporte** (bajo): esta actividad proporciona documentación sobre software de aplicación a los equipos de soporte.

Capítulo 14
Posicionamiento de las práticas

1. Introducción

Este capítulo ofrece una visión invertida del mapa de calor definido en los capítulos anteriores. Para cada una de las seis actividades de la cadena de valor de los servicios, es decir, planificación, optimización, compromiso, diseño y transformación, obtención y construcción, suministro y soporte, se identifican prácticas con un alto nivel de presencia.

De este modo, los responsables de las distintas actividades identificarán fácilmente las prácticas importantes que les conciernen. Éstas son las que se deben aplicar prioritariamente.

2. Planificación

El objetivo de la actividad de planificación es garantizar que todas las partes interesadas compartan la misma visión y la misma visión de los productos y servicios, en las cuatro direcciones definidas por ITIL 4: organizaciones y personas, información y tecnologías, socios y proveedores y flujos de valor y procesos.

A continuación, figura una lista de prácticas con una fuerte presencia en la actividad de planificación.

Prácticas generales

- Gestión de la arquitectura
- Mejora continua
- Gestión de la seguridad de la información
- Medición e informes
- Gestión del porfolio
- Gestión de las relaciones
- Gestión de riesgos
- Gestión financiera de los servicios
- Gestión estratégica
- Gestión de proveedores
- Gestión del personal y del talento

Prácticas de gestión de servicios

- Gestión de la disponibilidad
- Análisis empresarial
- Gestión del nivel de servicio

3. Optimización

El objetivo de la actividad de optimización es garantizar la implementación de la mejora continua de productos, servicios y prácticas, en las cuatro direcciones definidas por ITIL 4.

A continuación, figura una lista de prácticas con una fuerte presencia en la actividad de planificación.

Prácticas generales

- Gestión de la arquitectura
- Mejora continua
- Gestión de la seguridad de la información
- Gestión del conocimiento
- Medición e informes
- Gestión del cambio organizativo
- Gestión de las relaciones
- Gestión de riesgos
- Gestión de personal y del talento

Prácticas de gestión de servicios

- Gestión de la capacidad y el rendimiento
- Gestión del cambio
- Gestión de problemas

4. Compromiso

El objetivo de la actividad de compromiso es comprender y responder a las necesidades de las partes interesadas de forma permanente y garantizar las buenas relaciones entre ellas.

A continuación, figura una lista de prácticas con una fuerte presencia en la actividad de planificación.

Prácticas generales

- Gestión de la arquitectura
- Mejora continua
- Gestión de la seguridad de la información
- Gestión de las relaciones
- Gestión de riesgos
- Gestión de proveedores

Prácticas de gestión de servicios

- Análisis empresarial
- Gestión de incidentes
- Gestión del catálogo de servicios
- Centro de servicios
- Gestión de los niveles de servicio
- Gestión de las peticiones de servicio

5. Diseño y transformación

El objetivo de la actividad de diseño y transformación es garantizar que los productos y servicios satisfagan las necesidades reales de las partes interesadas en la actualidad, en términos de funcionalidad, rendimiento, calidad, coste y calendario.

A continuación, figura una lista de prácticas con una fuerte presencia en la actividad de planificación.

Prácticas generales

- Mejora continua
- Gestión de la seguridad de la información
- Medición e informes
- Gestión de proyectos
- Gestión de las relaciones
- Gestión de riesgos
- Gestión de proveedores

Prácticas de gestión de servicios

- Análisis empresarial
- Gestión del cambio
- Gestión de activos de servicio
- Gestión MEP
- Gestión de la configuración de los servicios
- Diseño de servicios

Prácticas de gestión tecnológica

- Gestión del despliegue
- Gestión de infraestructuras y plataformas

6. Obtener y construir

El objetivo de la actividad de obtención y construcción es garantizar que los productos y servicios estén disponibles cuando los usuarios los necesiten y que cumplan las expectativas especificadas en el pliego de condiciones.

A continuación, figura una lista de prácticas con una fuerte presencia en la actividad de planificación.

Prácticas generales

- Mejora continua
- Gestión de la seguridad de la información
- Medición e informes
- Gestión de proyectos
- Gestión de riesgos
- Gestión de proveedores

Prácticas de gestión de servicios

- Análisis empresarial
- Gestión del cambio
- Gestión de activos de servicio
- Gestión de la configuración de los servicios
- Diseño de servicios
- Validación y pruebas del servicio

Prácticas de gestión tecnológica

- Gestión del despliegue
- Gestión de infraestructuras y plataformas
- Desarrollo y gestión de software

7. Suministro y soporte

El objetivo de la actividad de suministro y apoyo es garantizar que los servicios estén a disposición de los clientes para su uso operativo, con el apoyo necesario de acuerdo con las partes interesadas.

A continuación, figura una lista de prácticas con una fuerte presencia en la actividad de planificación.

Prácticas generales

- Mejora continua
- Gestión de la seguridad de la información
- Gestión del conocimiento
- Gestión de riesgos
- Gestión de proveedores

Prácticas de gestión de servicios

- Gestión del cambio
- Gestión de incidentes
- Gestión de problemas
- Supervisión y gestión de eventos
- Centro de servicios
- Gestión de las peticiones de servicio
- Validación y pruebas del servicio

Capítulo 15
Implementación del enfoque ITIL

1. Preámbulo

Este capítulo ofrece recomendaciones para implantar un enfoque de gestión de servicios basado en ITIL. Se complementa con los dos capítulos siguientes, que detallan cómo migrar de un entorno ITIL V2 a ITIL 4, y de un entorno ITIL V3 a ITIL 4.

Implantar ITIL en una empresa no es un tema fácil, ya que los libros oficiales de OGC o AXELOS ofrecen poca información al respecto. Todos los ejemplos demuestran que no existe un enfoque universal ni una receta milagrosa. Como todos sabemos, adoptar ITIL en una empresa significa adaptar el enfoque a esa empresa y, sobre todo, a su entorno. Implantar ITIL llevará tiempo, recursos y medios. Si nos basamos en el método de la rueda de Deming, no podremos implantar todas estas buenas prácticas a la vez. Hay que aplicar un enfoque iterativo con objetivos que se puedan alcanzar a corto plazo.

Por otra parte, en lo que respecta al enfoque de ITIL 4, los consultores disponen ahora de cierta retrospectiva sobre su implementación: ha habido pocas implantaciones de ITIL 4 en España. Por otra parte, los fundamentos de ITIL 4 muestran muchos signos que apuntan en la dirección de la metodología de implementación descrita a continuación y ya utilizada por un cierto número de consultores desde hace varios años, con las mejores prácticas de ITIL V3.

2. Metodología de implementación

Antes de hablar de un proyecto ITIL, de un ciclo de implementación o de definir prioridades entre las prácticas a implantar, es importante identificar o aclarar qué espera la empresa de la implementación de ITIL. Para ello, la alta dirección, cuya responsabilidad es definir la visión de negocio de la empresa y los objetivos asociados, tendrá que integrar lo que el enfoque ITIL puede ofrecer. Veamos algunos ejemplos:

- Una empresa se posiciona como protagonista de la excelencia y la calidad, ISO 20000 es una respuesta a esta visión y el enfoque ITIL un medio para alcanzarla.
- Una empresa se posiciona como profesional al servicio de sus clientes, reconocida en su sector de mercado. La gestión de servicios, con su contractualización de la relación con el cliente, es la respuesta (el enfoque ITIL es el más avanzado en este sector).
- Si una empresa quiere volver a centrarse en su actividad principal externalizando su informática, el enfoque ITIL aclarará los papeles y funciones de cada parte y facilitará esta externalización.

También es importante que el departamento de informática y la empresa tengan una visión clara de sus necesidades de agilidad. ¿La empresa se encuentra en un mercado en el que el tiempo de comercialización es importante o no? ¿Se encuentra en un contexto en el que la competencia es poco agresiva o incluso inexistente? ¿Se especifican siempre con detalle los requisitos del cliente? Las respuestas a estas preguntas tendrán una gran influencia en la implementación del enfoque ITIL 4, ya que tiene un fuerte impacto en la gestión de proyectos e ITIL 4, a diferencia del enfoque ITIL V3, incluye esta gestión en sus prácticas, lo que también influye en la gestión de servicios.

3. Apoyar el cambio

La aplicación total o parcial del enfoque ITIL va a requerir apoyo en la gestión del cambio para el personal de informática, e incluso para los propios clientes. ¿Por qué será necesario? Las mejores prácticas de ITIL cambiarán la forma de trabajar del personal de informática y, en consecuencia, su relación con los clientes y usuarios. Esto requerirá su apoyo. Para lograrlo, necesitamos implicar al mayor número posible de personas en el desarrollo de estos cambios, en particular mediante la organización de talleres en los que nos preocupemos de implicar a un panel representativo de personas. En otras palabras, impulsaremos los cambios y luego los apoyaremos informando e incluso promoviéndolos entre todas las partes interesadas. Siempre debemos hacer hincapié en los beneficios que aportarán estos cambios.

Se sugiere que este apoyo al cambio corra a cargo de un equipo formado por personal interno y consultores externos. Un consultor interno aportará legitimidad al cambio. A un consultor externo le resultará más fácil convencer a un empleado interno de que cambie sus pautas de trabajo.

Este apoyo al cambio se verá acentuado por el hecho de que, con ITIL 4, no sólo participarán en la aplicación de este enfoque los equipos de producción, soporte y mantenimiento, los clientes y los propietarios de los proyectos, como ocurre con ITIL V3, sino también los equipos de gestión de proyectos y desarrollo. Sabemos que en la mayoría de las entidades de informática, los equipos de gestión de proyectos y desarrollo tienen la mayoría del personal, en comparación con el resto de la población. Y también sabemos que desde que se llevaron a cabo los primeros proyectos ITIL a finales de los 90, estos equipos han sido bastante reticentes a las mejores prácticas ITIL.

4. Formar a los empleados en el enfoque ITIL

No existe ninguna norma para determinar cuántos empleados se deben formar o certificar en ITIL y a qué perfiles afecta esta formación.

La experiencia ha demostrado que es esencial que todo el personal de informática conozca, al menos, el enfoque, es decir, una jornada de formación para todos (tanto internos como proveedores de servicios externos). Por supuesto, esta jornada de sensibilización debe presentar ITIL de forma sencilla y concisa, demostrando sus ventajas, pero también debe incluir una presentación de la forma en que ITIL se implantará en la empresa (trayectoria y objetivos a corto plazo). Es importante tener en cuenta que una de las ventajas del enfoque ITIL reside en un vocabulario común. Todo el mundo debe estar familiarizado con este vocabulario.

Por otro lado, todos aquellos que vayan a trabajar en el desarrollo de procedimientos, procesos y prácticas deberían recibir formación de nivel 1 (los fundamentos) y para aquellos que vayan a definir e implementar una o más prácticas, se recomienda encarecidamente el nivel 2 (véase el capítulo El programa de formación de ITIL 4).

En cuanto a los denominados "directores" o directivos, también es muy recomendable la formación en ITIL nivel 1 (los fundamentos), ya que les permitirá implicarse personalmente en la implementación (véase la sección Factores de éxito y causas de fracaso en la implementación de ITIL - Causas de fracaso, en este capítulo). Lo mismo se aplica al departamento de informática: el DSI y su junta directiva deben demostrar su implicación en el enfoque ITIL, formándose en el enfoque de la misma manera que los demás empleados.

Por supuesto, el Sr. o la Sra. ITIL, la persona que va a gestionar la implementación del enfoque, intentará seguir varios cursos de formación de nivel 2 o incluso alcanzar el nivel 3 "Master" para aumentar su credibilidad en la materia.

Hemos hablado aquí de la formación del personal informático. No olvidemos a los clientes de la informática y a los representantes de los usuarios. Son las personas que estarán en contacto con la informática y que también tendrán que entender el enfoque ITIL y los beneficios que aportará. Es muy recomendable planificar una sesión de concienciación personalizada (media jornada, por ejemplo) para estos actores.

Surge una pregunta importante: ¿certificación o no? Sabemos que los cursos de formación en ITIL pueden conducir a la certificación mediante los exámenes APMG y EXIN. Algunas empresas imponen esta certificación a sus empleados, mientras que otras la hacen opcional. No hay nada obligatorio al respecto. Es sólo una ventaja para los propios empleados: la certificación es una certificación individual, no una certificación de empresa.

Todas las organizaciones de formación ofrecen dos tipos de formación ITIL: interempresa o in-company. ¿Qué fórmula elegir? No entraremos aquí en los aspectos financieros de ninguna de las dos opciones. Por otro lado, se recomienda utilizar la formación in-company si se está muy comprometido con la implementación de ITIL. Siempre se debe reservar algún tiempo en la formación para situar el enfoque de la implementación en relación con las mejores prácticas de ITIL.

5. Prioridades de implementación de ITIL

Una vez aclarada la metodología de implementación de ITIL, ¿cómo se definirán los objetivos alcanzables (paso 3)? ¿Cómo se gestionarán las prioridades? ¿Qué procesos se van a implantar y por dónde hay que empezar? No existe una respuesta genérica en los libros oficiales de AXELOS. La respuesta está en el análisis de los resultados de la etapa 2, el inventario. Por esta razón, el inventario de las instalaciones debe abarcar todo el perímetro informático.

Dos criterios le ayudarán a elegir la prioridad adecuada: ¿cuál es el punto más vulnerable de la organización o la forma de trabajar actuales? ¿Qué se puede hacer a corto plazo con el mínimo esfuerzo? La combinación de estos dos criterios dará la(s) actividad(es) de proceso prioritaria(s) que se debe(n) aplicar.

Observación

Al iniciar el proceso ITIL, el primer objetivo se debe alcanzar y ser visible a muy corto plazo (dos o tres meses como máximo). Después será necesario comunicar con fuerza la consecución de este objetivo para mantener y generar motivación en el proceso (paso 7).

Dicho esto, un cierto número de prácticas son muy estructurantes en el enfoque ITIL. En el capítulo Prácticas ITIL 4 esenciales se describen las prácticas que es absolutamente necesario implementar.

Atención: las prácticas de Gestión de activos de servicio y Gestión de la configuración, que dan soporte al sistema de gestión de la configuración (CMS y CMDB), son prácticas que requerirán tiempo, medios y recursos. Le recomendamos que no empiece a implantarlas hasta que las demás prácticas hayan alcanzado un nivel de madurez suficiente.

En la mayoría de las empresas, la práctica del Centro de servicios también es una parte clave del enfoque ITIL, ya que será responsable de todas las relaciones con los usuarios y de coordinar todas las actividades de soporte. Es importante considerar su implementación al mismo tiempo que la del proceso de gestión de incidencias.

6. Factores de éxito y causas de fracaso en la implementación de ITIL

Esta sección identifica una serie de razones por las que la implementación de ITIL se ha detenido y ha fracasado, así como una serie de recomendaciones para garantizar su éxito.

Estas razones y recomendaciones se basan en los comentarios recibidos: no son una lista exhaustiva.

6.1 Causas del fracaso

La ausencia de gestión

Si no existe una voluntad firme por parte del departamento de informática o incluso de la dirección de la empresa, de implantar ITIL, el proyecto está condenado al fracaso. ITIL es un proyecto de informática verdaderamente global y, por tanto, un proyecto corporativo. La gestión de servicios exige tomar decisiones que repercutan en la empresa (noción de compromiso con los resultados). Esto no se puede hacer sin la aprobación de la dirección.

La falta de apoyo de los mandos intermedios

Del mismo modo, los mandos intermedios deben participar en el proceso para transmitir los deseos de la dirección. Sin embargo, estos empleados no se sentirán inclinados a hacerlo: tendrán la impresión de que pierden su poder, ya que se aclararán las actividades y las funciones y se controlarán los recursos y las actividades. Por lo tanto, hay que asignar un cierto número de funciones ITIL a los administradores y supervisores (gestor de procesos, por ejemplo).

La ausencia de un patrocinador

El patrocinador es la persona que promoverá ITIL ante la alta dirección y que transmitirá los mensajes a los actores clave del enfoque. Si esta persona está ausente, ITIL ya no tendrá un defensor ante la alta dirección y la información importante quedará cortada. A largo plazo, existe el riesgo de que ya no pueda defender su caso y, por lo tanto, ya no disponga de presupuesto. Por eso, en ITIL 4 se identifica claramente la noción de patrocinador y su papel.

Síndrome del tranvía

El síndrome del tranvía tiene su origen en la forma en que se gestionaron las obras de construcción de líneas de tranvía en varias ciudades españolas hace unos diez años. Primero se anunciaba a bombo y platillo en los medios de comunicación la llegada del tranvía y sus beneficios para la ciudad, luego nada durante muchos meses y después grandes obras en toda la ciudad, sobre todo en todas las arterias principales. Las obras duraron varios años. Como resultado, tras un periodo de entusiasmo por el proyecto, esperamos sin ser necesariamente conscientes de lo que iba a ocurrir, y después todas las molestias causadas por el tráfico y el ruido, durante años, sin ver el final. La implementación de ITIL nunca se debe llevar a cabo al mismo tiempo, ya que se corre el riesgo de no ver el final del túnel y los beneficios resultantes. Incluso se corre el riesgo de generar frustración y rechazo frontal del proyecto. No hay que ser ambicioso (¿necesitan todas las ciudades una línea de tranvía?), hay que tener objetivos realistas.

Comunicación deficiente

A menudo existen conceptos erróneos sobre ITIL. Es necesario explicar periódicamente las ventajas del enfoque. Si no se comunica e informa a todos los empleados, se propagarán mensajes como: es restrictivo, requiere mucho papeleo, es burocracia, ya no podemos hacer nuestro trabajo, nos vigilan, nos meten en cajas lógicas, etcétera. Los empleados no estarán motivados y los que lo estén se pueden desmotivar muy rápidamente, porque ya no sabrán qué objetivo queremos alcanzar.

La actitud de algunos clientes

Ciertas líneas de negocio tienen mucho peso dentro de la empresa. Ciertos clientes tienen una gran influencia por su personalidad. Está claro que si estas personas no apoyan la gestión de servicios, socavará todos nuestros esfuerzos por cambiar.

El enfoque de las herramientas

En algunas empresas nos centramos más en las herramientas que en la forma de trabajar. Implantar herramientas es estructurar, pero ¿son las herramientas adecuadas y se dispone de los recursos y medios para utilizarlas sabiamente? ¿Se corresponden con el objetivo deseado? Al dar prioridad a la elección de las herramientas antes de pensar en los procesos y su definición, estás influyendo de antemano en tu forma de trabajar. Está pasando bajo la influencia de los editores.

6.2 Recomendaciones para el éxito

6.2.1 Una visión, una evaluación de la situación actual, un objetivo realista

Como vimos en la sección Metodología de implementación, una visión, una evaluación y un objetivo realista son los tres primeros pasos en la implementación de ITIL. La comunicación sobre estas tres etapas es vital para que todos los implicados se comprometan con el proyecto. Comenzando con una visión del negocio y una evaluación del estado actual de la informática, podremos identificar mejoras en la forma de operar de la informática, de modo que esté más orientada a servir al negocio en un plazo razonable.

6.2.2 Presupuesto y recursos

Implantar ITIL es un proceso que durará varios años y costará en términos de recursos y medios. Es esencial disponer de un presupuesto plurianual dedicado al proyecto. Hay que contabilizar las horas dedicadas a la implementación e incluir la compra de herramientas en el presupuesto de inversión.

6.2.3 Prioridades

Se trata de establecer bien las prioridades. Siempre daremos prioridad a lo que es visible para la prestación del servicio o más exactamente justificaremos cualquier prioridad por una ganancia en términos de relación coste/calidad para la prestación del servicio.

6.2.4 Los actores adecuados

La implementación de ITIL requiere un cierto número de empleados para mejorar los servicios prestados y las prácticas utilizadas para producirlos. Estos empleados tendrán que formar y motivar a los demás. Por tanto, habrá que elegir a las personas adecuadas en todas las entidades de informática, en todos los niveles jerárquicos y, si la informática está repartida en varios sitios, en cada uno de los establecimientos.

6.2.5 Apoyar el cambio

Implantar ITIL a menudo significa cambiar la forma de trabajar para utilizar las mejores prácticas. A la gente no le gustan los cambios en su entorno de trabajo. El cambio se percibe a menudo como un castigo. Hay mucha reticencia a cambiar nuestros hábitos de trabajo, porque significa cuestionarnos a nosotros mismos. Por eso hay que explicar regularmente las ventajas del cambio. Hay que hacer un gran esfuerzo educativo.

6.2.6 Formación

Este es uno de los factores clave del éxito del enfoque ITIL. Hay que identificar un curso de estudios que se adapte al contexto, identificar los perfiles de las personas que van a seguir un curso concreto y, sobre todo, dejar la puerta abierta a cualquier empleado que quiera invertir en formación para el enfoque ITIL.

6.2.7 Resultados rápidos

Uno de los factores clave del éxito es demostrar que lo que se está poniendo en marcha está dando resultados rápidos (*quick wins* en inglés). Hay que fijar objetivos a corto plazo (tres meses, por ejemplo) y dar visibilidad a esos resultados rápidos: hay que comunicárselo a todo el mundo, no solo al personal informático, sino también a los usuarios y clientes.

6.2.8 La elección de las partes interesadas en ITIL

A la hora de implantar el enfoque ITIL, la elección de los actores es un factor clave para el éxito. Vamos a identificar los perfiles de los actores que van a ser decisivos: el Sr. o la Sra. ITIL, el patrocinador, los responsables de las distintas prácticas, los propietarios de los servicios y, más concretamente, el responsable de la gestión de los niveles de servicio, la gestión de cambios y la gestión de incidentes.

Los otros protagonistas del éxito del enfoque ITIL son los clientes.

Sr. o Sra. ITIL

Es responsable (en el sentido "Accountable" del modelo RACI) de la aplicación del enfoque ITIL. Tiene dos funciones. La primera es la de director de proyecto ITIL. Esto significa que gestionará el proyecto y lo dirigirá hacia la consecución de los objetivos definidos, sin perder de vista los costes y los plazos. Es responsable de garantizar el éxito del proyecto y de informar sobre él al departamento de informática e incluso a la alta dirección. Tienen todas las cualidades de un director de proyectos (liderazgo, buenas habilidades interpersonales, minuciosidad, capacidad de escucha, etc.). Su segundo papel es el de consultor ITIL. Se encarga de exponer las principales opciones para implantar ITIL en la empresa (hay que adaptar ITIL antes de adoptarlo). Debe ser la persona a la que se acuda en busca de consejo. También es la persona que garantizará la coherencia entre las implantaciones de todas las prácticas. Para esta segunda función, se recomienda recurrir a un consultor externo que aporte experiencia y conocimientos sobre la aplicación de las mejores prácticas.

Esta función requiere mucho tiempo. No se puede asumir si no se dispone del tiempo necesario. No se trata de un título, sino de una función en sí misma (aunque no necesariamente a tiempo completo). Recomendamos designar para esta función al responsable de calidad informática o a un responsable de producción (por la razón antes expuesta, quizá no sea buena idea elegir al propio responsable de producción). Es una ventaja que esta persona esté familiarizada con el funcionamiento oficial y no oficial (político) de la empresa.

El patrocinador

El patrocinador es la persona que llevará el enfoque ITIL más allá de la informática, es decir, a toda la empresa, e incluso fuera de ella. Su misión es dar visibilidad al proyecto ITIL y promoverlo. Se confiará en él para obtener los presupuestos necesarios.

Está claro que la posición jerárquica es importante en este papel. Sugerimos personas como el responsable de calidad de la empresa (que normalmente se relaciona directamente con la dirección general), un director interfuncional o funcional o el adjunto del DSI (nunca el propio DSI, ya que sería juez y parte) si la informática es una organización grande.

El responsable de la práctica

El papel de un responsable de la práctica, consiste en definir la práctica, con sus procedimientos y procesos asociados, identificar los factores desencadenantes y los resultados, proporcionar los recursos y medios para aplicar y mantener la práctica, supervisar la consecución de los objetivos y mejorar la práctica. La mejora de la práctica se llevará a cabo a lo largo de varios años. Conviene que la persona que asuma este papel sea alguien estable en la empresa: ser director de práctica significa aceptar este papel durante al menos tres años (dos ciclos de mejora).

Es más probable que un gestor de prácticas tenga un perfil de métodos y calidad. Hay que tener en cuenta que gran parte de su trabajo consiste en definir actividades, tareas, procedimientos, procesos, etc.

El propietario del servicio

Se trata de una función que no es fácil de definir en muchas empresas. Es la persona que representará el servicio o la familia de servicios ante los clientes. Esta persona trabaja en la informática y actúa como contratista principal del servicio, garantizando su continuidad. Este papel lo desempeñan a menudo los jefes de proyecto, los jefes de producto o los jefes de área. Un punto clave de la misión es que esta persona es responsable de definir el servicio, su implementación, su vida útil, sus mejoras y su retirada.

Se trata de un trabajo que requiere estabilidad en el tiempo. Es mejor no encargar este trabajo a un proveedor de servicios externo.

El administrador de los niveles de servicio

El administrador de la gestión de los niveles de servicio desempeña un papel importante en el enfoque ITIL, ya que es el garante de los compromisos adquiridos por la informática con los clientes. Esta persona es a menudo uno de los colegas cercanos del DSI o incluso su adjunto. Esta persona debe tener suficiente autoridad jerárquica para asumir compromisos. Hay que darle esta legitimidad. Por tanto, recomendamos elegir a esta persona internamente y no a un proveedor de servicios externo.

Si es necesario, se apoyará en un pequeño equipo que le ayude a gestionar los contratos con clientes y proveedores. En este caso, el equipo podría estructurarse con personas encargadas de las relaciones con los clientes y otras centradas en los proveedores externos.

El administrador del cambio

El administrador del cambios es la persona clave en la transición de los servicios. Controlará y supervisará todas las actividades de construcción, integración, validación e implementación. Esta persona se debe elegir por sus competencias generales en infraestructura técnica y su conocimiento de la empresa, las aplicaciones y los servicios. También debe tener experiencia en la empresa, de modo que conozca bien su cultura y sus políticas y pueda tomar las decisiones correctas y ver cómo se aplican. A menudo se dice que el administrador del cambio debe ser reconocido en todos los departamentos de la informática. Es bastante difícil conseguir que un proveedor de servicios externo asuma esta función.

Cuando el número de cambios es grande, se puede crear un equipo de administradores del cambio.

El administrador de Incidentes

El administrador de la gestión de incidencias es una figura muy visible en el seno de la informática y, más en general, en la empresa. A la hora de elegir a la persona para este puesto, hay que tener en cuenta lo siguiente: el administrador de incidencias tiene que saber comunicar, además de ser capaz de gestionar el estrés, ser un líder, tener una mente analítica, ser minucioso, etc., y tener conocimientos técnicos y del negocio. También es un trabajo que requiere un alto grado de disponibilidad (sobre todo flexibilidad horaria).

Los clientes

Durante la fase de estado de situación (etapa 2), examinaremos la madurez de los distintos clientes con respecto al enfoque ITIL y, más concretamente, con respecto a la noción de gestión de servicios. En otras palabras, la noción de compromiso con los resultados en relación con un servicio y un nivel de calidad del servicio definidos conjuntamente por el cliente y la informática. Identificaremos al cliente más maduro y lo utilizaremos como ejemplo para influir en otros clientes para que "sean más maduros".

7. ¿Cómo se deben organizar ITIL y la agilidad?

En primer lugar, el enfoque de ITIL 4 ha eliminado la noción de función, que estaba incluida en las versiones V2 y V3 de ITIL. Como recordatorio, una función era una entidad operativa (un equipo) con sus propios recursos y medios, que se encargaba de llevar a cabo las actividades de uno o más procesos. ITIL V3 define cuatro funciones: el centro de servicios, la gestión de aplicaciones (gestión y desarrollo de proyectos), la gestión técnica (arquitectura, experiencia técnica en redes, DBMS, almacenamiento, etc.) y la gestión de operaciones (producción).

Con ITIL 4, las funciones dejan de existir, salvo el centro de servicios, que se transforma en una práctica. ¿Significará esto que las entidades operativas dejarán de existir? En otras palabras, ¿siguen existiendo la producción, el desarrollo y la arquitectura con ITIL 4?

Como ya se ha dicho, es difícil que una empresa no tenga una mezcla de desarrollo ágil y desarrollo "waterfalls". Para gestionar proyectos y servicios con el enfoque "waterfalls", hay que reducir al mínimo las unidades dedicadas al desarrollo y la producción.

En cuanto a la agilidad, ITIL 4, con su noción de una práctica que reúne todas las tareas y todos los actores, se acerca mucho a la organización propuesta por metodologías como DevOps. Se crea un equipo para un servicio determinado (creación o mejora), de hecho, para un cambio determinado, el equipo tiene todos los actores implicados: propietario del proyecto, usuarios, gestión del proyecto, desarrolladores, probadores, operadores, soporte, etc. Una de las prácticas de ITIL 4 se encarga de establecer este tipo de organización: la gestión del cambio organizativo. Con esta forma de trabajar (en agilidad), ya no tiene sentido mantener entidades dedicadas a la arquitectura, el desarrollo y la producción, por ejemplo.

Por otro lado, ITIL 4 identifica un cierto número de prácticas autónomas que no entran en el ámbito de la gestión del cambio organizativo. Sería aconsejable crear entidades dedicadas a gestionar estas prácticas. He aquí una lista de estas prácticas, agrupadas por entidades dedicadas:

- Gestión de la arquitectura para una entidad de arquitectura.
- Gestión de la seguridad informática de una unidad de seguridad.
- Gestión financiera, gestión de personal y talentos, gestión de proveedores para una entidad general de servicios informáticos.
- Gestión de la disponibilidad, gestión de la capacidad y el rendimiento, supervisión y gestión de eventos, gestión de infraestructuras y plataformas, gestión de activos de servicio para una entidad de producción u operativa.

En conclusión, se necesita una organización capaz de adaptarse a los cambios reuniendo a todos los actores y competencias (propietario del proyecto, jefe de proyecto, arquitectura, desarrollo, pruebas, producción, etc.) para apoyar la agilidad. Pero también se necesita una organización estructurada con entidades dedicadas a todo lo que no está sujeto al "Quick to market": proyectos del tipo "waterfalls", trabajos específicos que requieren experiencia, tareas recurrentes o trabajos de interés general como la gestión de infraestructuras, etc.

Capítulo 16
Las relaciones privilegiadas entre las prácticas

1. Introducción

Cierto número de prácticas no pueden funcionar por sí solas, porque tienen fuertes interacciones con otras prácticas. No se trata de meras relaciones, como un punto de entrada o una entrega, sino de interacciones reales que influyen en el funcionamiento de las distintas prácticas.

A continuación, se exponen los principales ejemplos de estas interrelaciones.

2. Supervisión y gestión de eventos, gestión de incidentes y gestión de problemas

2.1 Recordatorio de definiciones

2.1.1 Evento

Un evento es un hecho detectable que ocurre en el sistema de información y que tiene importancia para la gestión de la infraestructura o la prestación de los servicios que se ofrecen.

Un evento también es un cambio de estado de uno o más componentes de la infraestructura detectado por una herramienta.

Un suceso sólo existe si lo detecta una herramienta de supervisión, operación o control. Sin herramientas, no hay gestión de sucesos. Sin supervisión, no hay gestión de sucesos. Un suceso es un concepto informático interno y, en la mayoría de los casos, no será visible para los usuarios. Un evento no degrada la calidad del servicio ofrecido; si lo hace, ya no se habla de evento sino de incidente.

Un suceso puede ser normal (información) o anormal. En el caso de un evento anormal, es de tipo advertencia (un umbral superado) o de tipo excepción (dos umbrales superados).

2.1.2 Incidente

Un incidente es un acontecimiento que altera o degrada un servicio prestado a un usuario. Se dice que se produce un incidente cuando el servicio se detiene o cuando se reduce la calidad del servicio.

Todos los incidentes tienen su origen en un suceso, se haya detectado o no. Sin embargo, no todos los sucesos conducen durante la creación de un incidente. Se dice que se produce un incidente si el servicio que se presta al usuario se ve afectado y, por tanto, si el usuario tiene conocimiento de él o es probable que lo tenga.

Un incidente lo detecta un usuario que se pone en contacto con el centro de servicio o a través de las herramientas de supervisión o control a través del proceso de gestión de eventos.

2.1.3 Estado del servicio

El incidente repercute en el servicio y, por tanto, nos lleva a definir la noción de estado de un servicio. Un servicio tiene cuatro estados posibles:

- **Nominal**: el servicio funciona según lo especificado y diseñado. Ejemplo: se equilibra la carga de una aplicación en una granja de cinco servidores; los cinco servidores están operativos.

- **Normal** (o estándar): funciona conforme al acuerdo de nivel de servicio (SLA). Ejemplo: se equilibra la carga de una aplicación en una granja de cinco servidores donde uno de los servidores está caído, pero el rendimiento no se degrada y los usuarios no lo notan.
- **Degradado**: el servicio funciona con un nivel de calidad inferior al especificado en el acuerdo de nivel de servicio (SLA): por ejemplo, tres de los cinco servidores están caídos, la aplicación es mucho más lenta o limita el número de accesos simultáneos de los usuarios. Los usuarios notan este deterioro.
- **Detenido**: el servicio no funciona.

Para ser muy prácticos, solemos dar otra definición de incidente: un incidente se produce cuando un servicio pasa de un estado nominal o normal a un estado degradado o detenido.

2.1.4 Incidente grave

Algunos incidentes tienen un gran impacto en la empresa y sus negocios. Son los llamados incidentes graves. Quedan fuera del sistema de codificación y, por tanto, tienen una prioridad superior a P1. Se tratan de forma diferente a los demás incidentes: se aplica un procedimiento denominado "de crisis", con la creación de una célula de crisis para tratar estos incidentes denominados graves. La comunicación fuera de la informática es esencial para estos incidentes graves. Algunas empresas llegan incluso a definir un proceso específico de gestión de incidentes graves o de gestión de crisis.

2.1.5 Problema

Un problema es una situación en la que se busca la causa desconocida de uno o varios incidentes. No se puede decir que exista un problema, a menos que ya se hayan producido uno o más incidentes. Por otra parte, en el marco de lo que se conoce como actividades proactivas de gestión de problemas, el administrador de problemas puede crear problemas vinculados a situaciones repetitivas que traten un mal funcionamiento o situaciones que requieran mejoras (sin un incidente previo). Un ejemplo es una situación relacionada con eventos recurrentes.

En cambio, la gestión de problemas examina las causas reales para encontrar soluciones.

2.1.6 Error conocido y solución

Un error conocido es un problema del que conocemos la causa Y para el que hemos identificado una solución temporal o definitiva, que no necesariamente vamos a aplicar de inmediato: es la llamada solución workaround, que nos permitirá sortear un incidente similar que pudiera volver a producirse. Así que investigamos la causa, encontramos la causa y luego encontramos una solución, ya sea un parche o un correctivo: acabamos de transformar el problema en un error conocido.

Todos los errores conocidos se registran en una base de conocimientos denominada base de errores conocidos, que se pone a disposición del centro de servicios y del proceso de gestión de incidencias.

2.2 La relación entre estas tres prácticas

Las prácticas de gestión de sucesos, gestión de incidentes y gestión de problemas están estrechamente vinculadas y no se pueden aplicar por separado sin afectar gravemente a la consecución de sus respectivos objetivos.

2.2.1 La relación entre la práctica de supervisión y gestión de eventos y la práctica de gestión de incidentes

La supervisión es la acción de vigilar la infraestructura y los servicios e infraestructuras subyacentes. La gestión de eventos tiene por objeto gestionar la información comunicada por la supervisión y evitar incidentes.

Por otra parte, a menudo no es fácil separar un evento de un incidente, porque se necesita una visión de negocio para entender si la situación en cuestión tiene o no un impacto en el servicio. Implementar la gestión de eventos y distinguir entre un evento y un incidente significa implementar una auténtica gestión de servicios a nivel operativo, en lugar de una gestión de infraestructuras. En cualquier caso, si no se sabe o se duda entre un evento y un incidente, siempre se optará por el incidente. Si notifica un incidente de inmediato, suele obtener más recursos y apoyo de la dirección.

Un acontecimiento anormal que no se pueda controlar o que se controle mal, corre el riesgo de convertirse en un incidente. Por esta razón, la gestión de eventos es uno de los dos puntos de entrada para la gestión de incidentes (el segundo es, por supuesto, el centro de servicios, a través de la detección directa del incidente por parte de los usuarios).

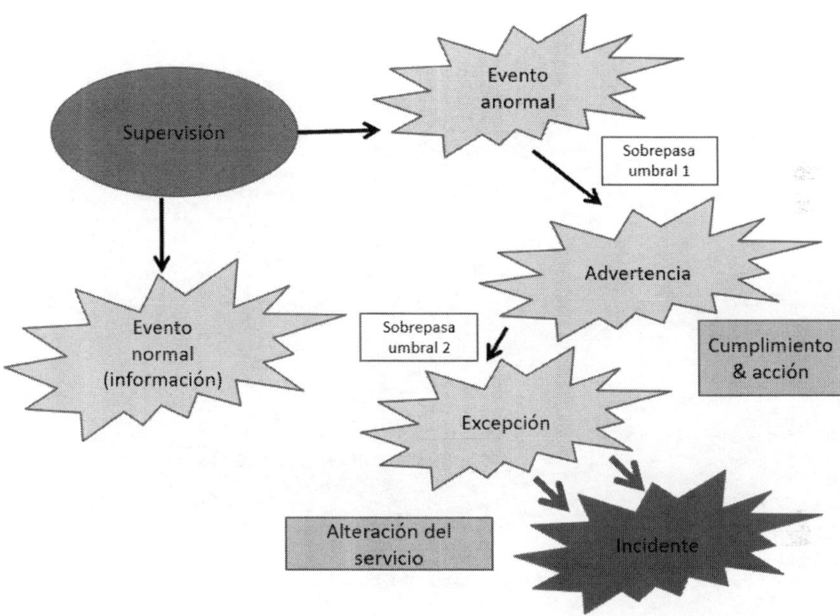

2.2.2 La relación entre la supervisión y las prácticas de la gestión de eventos y gestión de problemas

Los sucesos pueden ser recurrentes y producirse con regularidad. La función del proceso de gestión de eventos no es encontrar soluciones para combatir estos eventos recurrentes. Por eso, esta práctica tiene que pasar estas situaciones de eventos recurrentes a la práctica de gestión de problemas. Por supuesto, no se trata de abrir un problema (eso es responsabilidad del gestor de gestión de problemas), sino de presentar situaciones que podrían, si la gestión de problemas las acepta, convertirse en problemas.

2.2.3 La relación entre la práctica de la gestión de incidentes y la práctica de la gestión de problemas

Cuando los incidentes se repiten, el gestor de incidentes puede solicitar a la gestión de problemas que abra un problema. Si se abre el problema, el gestor de incidencias debe notificarlo a la gestión de problemas cada vez que se repita la incidencia.

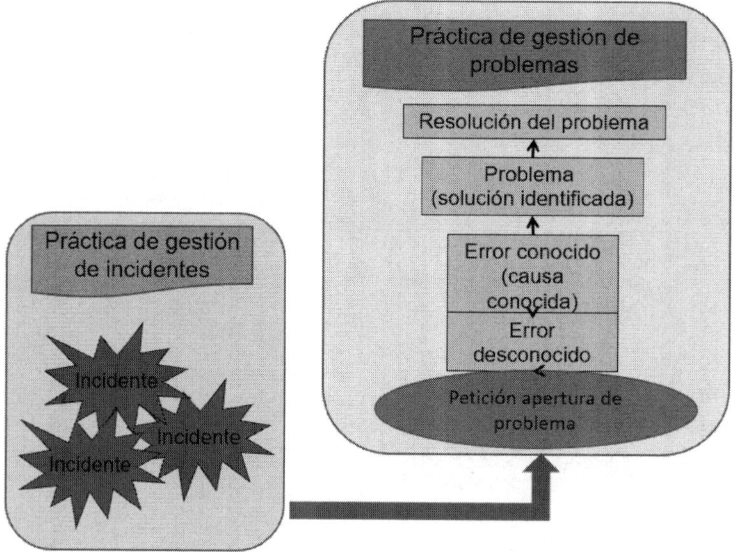

3. El centro de servicios y la gestión de las peticiones de servicio

3.1 Recordatorio de definiciones

3.1.1 Centro de servicios

El centro de servicios (*service desk*) es el único punto de contacto entre los usuarios y el departamento de informática. Es responsable de toda la relación con los usuarios. Esta relación es bidireccional: los usuarios llaman al centro de servicios para comunicarse con el departamento de informática y cuando este quiere enviar mensajes informativos a los usuarios, llama al centro de servicios. El centro de servicios se encarga de mantener informados a los usuarios día a día.

3.1.2 Petición de servicio

Una petición de servicio es una petición realizada por un usuario dentro de un marco predefinido (catálogo de peticiones de usuarios). Esta petición de servicio se puede referirse al soporte, asesoramiento, información, un simple cambio de norma, un suministro de consumibles, el acceso a un servicio o incluso una reclamación. De hecho, el término " petición de servicio" engloba cualquier petición de un usuario que no sea un incidente.

3.2 La relación entre estas tres prácticas

Estas tres prácticas están estrechamente interrelacionadas. De hecho, el centro de servicios debe distinguir entre una incidencia y una petición y remitirse a la práctica correspondiente. La gestión de incidentes delega el primer nivel de gestión de incidentes en la práctica del centro de servicios. La práctica de gestión de las peticiones de servicio, que a menudo está totalmente automatizada, es activada por la práctica del centro de servicios.

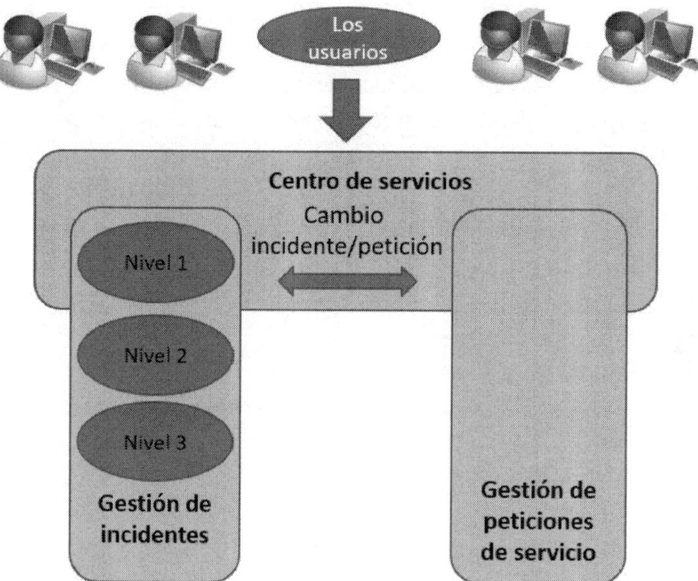

4. Gestión de cambios, validación y pruebas de servicios, gestión de versiones y gestión de despliegues

4.1 Las relaciones entre estas cuatro prácticas

La práctica de Gestión de cambios se encarga de supervisar el progreso de la aplicación de un cambio. Para ello, a través del CAB (*Change Advisory Board*), autorizará (o rechazará) el desarrollo del cambio y, a continuación, dará su autorización (o rechazo) a la puesta en producción tras los resultados dados por la práctica de validación y prueba del servicio.

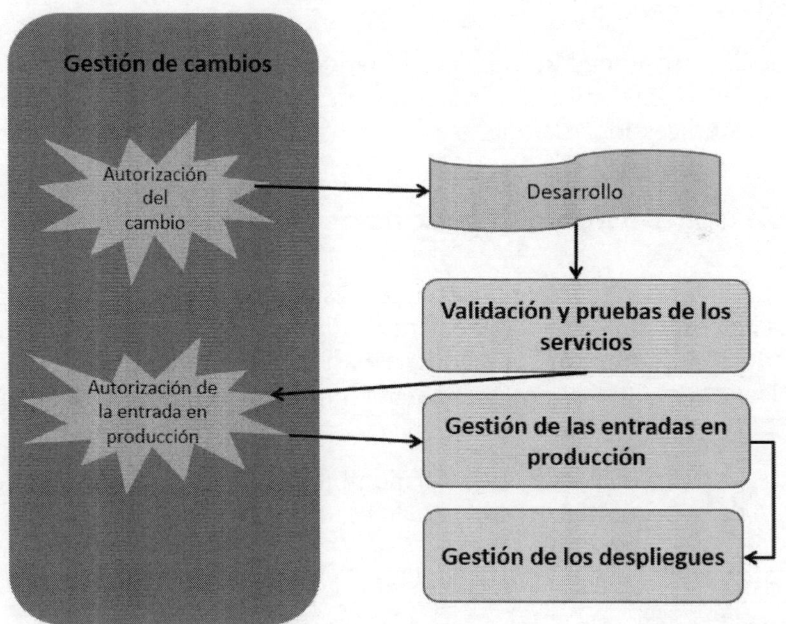

5. Gestión de la disponibilidad y gestión de la continuidad del servicio

5.1 Recordatorio de definiciones

5.1.1 Disponibilidad

La disponibilidad es la capacidad de un componente o servicio para realizar las funciones requeridas durante un periodo determinado y en un momento dado. Intentaremos mejorar la fiabilidad de los componentes o servicios, reducir los tiempos de recuperación tras una avería y, en general, el número de averías.

5.1.2 Continuidad del servicio

El objetivo de la continuidad del servicio es reducir los efectos de una catástrofe en los servicios informáticos. El objetivo de esta práctica no es prevenir las catástrofes, sino gestionar la vuelta a la normalidad tras ellas.

5.2 La relación entre estas dos prácticas

Si nos fijamos en las dos definiciones anteriores está claro que, si se ha implantado una alta disponibilidad, el plan de continuidad se verá automáticamente afectado y reducido al mínimo. Por el contrario, si los componentes o servicios no son fiables, habrá que poner en marcha un plan de continuidad más sustancial.

Por otra parte, la gestión práctica de la disponibilidad suele ser el desencadenante del plan de continuidad del servicio en caso de avería grave.

Observación

En la norma ISO 20000, sólo hay un proceso que gestiona la disponibilidad y continuidad de los servicios.

6. Gestión de la configuración, gestión de activos y gestión de infraestructuras

6.1 Recordatorio de definiciones

6.1.1 Elemento de configuración

Un elemento de configuración es un componente del sistema de información que contribuirá a la prestación de uno o varios servicios y sobre el que se debe aplicar un control.

6.1.2 Activos de servicio

Un activo de servicio es un elemento de configuración que tiene un valor financiero y, desde un punto de vista contable, es amortizable.

6.1.3 Infraestructura informática

La infraestructura informática abarca todos los elementos de configuración que tienen que ver con el sistema básico (plataforma y red).

6.2 La relación entre estas tres prácticas

Como se desprende de estas definiciones, estos tres conceptos están interrelacionados. ITIL 4 ha separado la gestión de estos tres conceptos en tres prácticas diferentes porque, en las empresas, estos conceptos los gestionan equipos diferentes:

- Elementos de configuración: producción y gestión de productos (para los servicios).
- Activos de servicio: financiación.
- Infraestructura: operaciones.

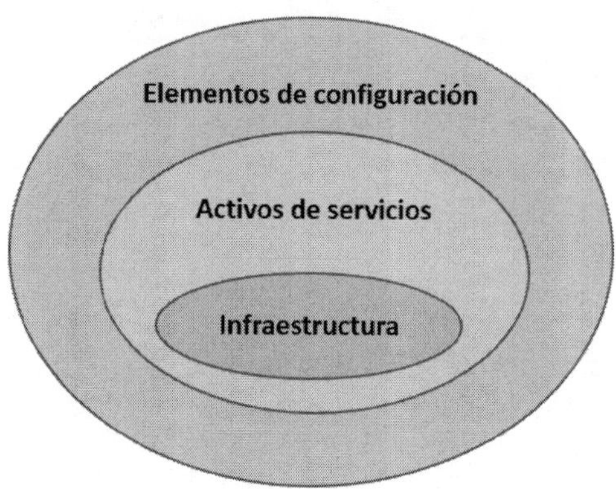

7. Estrategia y gestión del porfolio

7.1 Recordatorio de definiciones

7.1.1 Plan director

El plan director es un documento que describe la política de la entidad informática para los próximos tres o cinco años y que también muestra cómo evolucionará el sistema de información.

7.1.2 Porfolio

El porfolio representa las oportunidades y compromisos de la entidad de informática para prestar servicios a los distintos clientes de la empresa.

Se compone de dos porfolios: el porfolio de proyectos y el porfolio de clientes.

7.2 La relación entre estas dos prácticas

La práctica de Gestión del porfolio de Servicios recibe como entrada las oportunidades de mercado identificadas por la práctica de Gestión de la estrategia. Analizará estas oportunidades y llevará a cabo casos de negocio para seleccionar las que se introducirán en el porfolio de proyectos.

Por otra parte, cuando la gestión de la estrategia inicie o actualice el plan director, la gestión del porfolio contribuirá en gran medida a la planificación de nuevos servicios.

8. Gestión del porfolio, gestión de catálogos y centro de servicios

8.1 Recordatorio de definiciones

8.1.1 Porfolio

El porfolio representa las oportunidades y compromisos de la entidad de informática para prestar servicios a los distintos clientes de la empresa. Véase la sección Gestión de la estrategia y gestión del porfolio - Recordatorio de definiciones – Porfolio, en este capítulo.

8.1.2 Catálogos

Como vimos en el capítulo sobre prácticas de Gestión de servicios (sección sobre Gestión del catálogo de servicios, subsección sobre Terminología), hay varios catálogos que componen el catálogo de servicios: el catálogo de servicios de negocio, el catálogo de servicios de usuario y el catálogo de servicios técnicos informáticos.

El catálogo de servicios a las empresas contiene información detallada sobre los servicios ofrecidos a las distintas líneas de negocio. Está redactado en un lenguaje comprensible para los clientes, es decir, en su lenguaje empresarial. Ofrece una visión de los servicios prestados por la informática en el contexto de los procesos empresariales del cliente. Es la visión del cliente del catálogo de servicios.

El catálogo de servicios al usuario ofrece una visión muy operativa de los servicios: cómo pedirlos, cómo instalarlos, cuáles son los requisitos previos, etc.

El catálogo de servicios técnicos informáticos contiene los detalles de los servicios propuestos a los clientes mediante un enfoque tecnológico basado en componentes. Destaca los elementos de configuración (IC, *Configuration Item*) implicados, los recursos, medios, herramientas necesarias, nivel de seguridad, etc. que conformarán los servicios. Contiene detalles de todos los servicios de la informática que se prestan a los clientes y sus relaciones con los servicios de soporte y los servicios compartidos, así como los componentes necesarios para apoyar la prestación de servicios a la empresa.

8.2 La relación entre estas tres prácticas

El catálogo de servicios es una parte esencial del porfolio de servicios, ya que proporciona información sobre los servicios existentes y, por lo tanto, muestra dónde se pueden realizar mejoras en estos servicios. Por lo tanto, es imposible aplicar la práctica de Gestión del porfolio sin aplicar la práctica de Gestión del catálogo. Están íntimamente ligadas.

Por otra parte, la práctica del Centro de servicios, que se ocupa de los usuarios, sólo puede funcionar eficazmente si dispone de los tres catálogos (empresarial, de usuarios y técnico). De hecho, el personal del Centro de servicios necesita tener la misma visión de los servicios que los usuarios y, para investigar, necesita tener una visión técnica de estos servicios. Esto puede parecer obvio, pero a menudo no es así en muchos centros de servicios.

9. Gestión de proyectos, desarrollo y gestión de software, validación y comprobación de servicios

9.1 Recordatorio de prácticas de desarrollo y gestión de software

Es necesario recordar las tareas de esta práctica, ya que es nueva en el enfoque ITIL y es responsable de ciertas tareas que tienen un impacto directo en las otras dos prácticas (Gestión de proyectos y Validación y pruebas del servicio). Por favor, consulte el capítulo Prácticas de gestión de la tecnología, para una visión general de esta práctica.

A modo de resumen, he aquí un extracto de las tareas de esta práctica:

- Construir arquitecturas
- Diseñar soluciones
- Desarrollo de software
- Gestión de las pruebas de software
- Etc.

9.2 La relación entre estas tres prácticas

El objetivo de la práctica de Gestión de proyectos es garantizar el éxito de los proyectos. Para ello, definirá la metodología más adecuada para gestionar el proyecto: "Waterfalls" o agilidad. Una vez elegido el método, la práctica de Desarrollo y gestión de software debe tener en cuenta este contexto para definir la manera de desarrollar los distintos módulos de software. Existe, por tanto, un vínculo muy estrecho entre ambas prácticas, porque no se puede elegir un método de gestión de proyectos si no se tiene la capacidad de desarrollar los módulos de software utilizando ese método.

Lo mismo ocurre con las pruebas. Las tres prácticas – Gestión de proyectos, Desarrollo y gestión de software y Validación y pruebas de servicios – deben trabajar juntas para construir la estrategia de pruebas y la forma de llevarlas a cabo.

10. Medición e informes

ITIL 4 ha definido dos prácticas, una, Medición e informes y la otra, Reporting. Dudo mucho que estas dos prácticas se apliquen en las empresas. Es fácil ver el valor de la primera en la recopilación de mediciones e indicadores, pero la distinción entre informes y reporting es sutil. Por lo que a mí respecta, aparte del hecho de que el reporting adopta una visión más amplia, combinando varios informes a lo largo del tiempo o sobre diferentes indicadores, el resultado es bastante similar. Por tanto, yo aconsejaría fusionar estas dos prácticas.

11. Relaciones y gestión de proveedores

La práctica de la Gestión de relaciones se aplica a nivel estratégico para garantizar una relación entre las partes interesadas y el proveedor de servicios (la entidad de la informática). Algunas de estas partes interesadas son proveedores. Cuando esta práctica de Gestión de relaciones entra en juego a nivel táctico, es evidente que debe coordinarse con la práctica de Gestión de proveedores. Y viceversa, la práctica de Gestión de proveedores debe tener en cuenta las directrices de la Gestión de relaciones para construir su política de gestión de proveedores.

12. Gestión financiera y todas las demás prácticas

Las actividades de la práctica de Gestión financiera demuestran que esta práctica repercute en todas las demás. En efecto, la presupuestación, la contabilidad y la facturación afectarán a todas las prácticas: quizás no en todas las empresas para la facturación, pero para las otras dos actividades, eso es seguro. Esto es lo que llamamos control de gestión, esté o no formalizado en las prácticas ITIL.

Capítulo 17
La migración de ITIL V2 a ITIL 4

1. Introducción

En España, el enfoque ITIL V2 sigue muy vivo. Varias empresas han desarrollado este enfoque en una norma ISO, ISO 20000, que apoya todas las recomendaciones de ITIL V2 (los diez procesos), a los que los organismos de normalización han añadido otros tres procesos (gestión de las relaciones con los proveedores, gestión de las relaciones con las empresas y gestión de los informes).

Muchas empresas, que implantaron ITIL V2 a principios de la década de 2000 y, posteriormente, la norma ISO 20000, se preguntan si deberían migrar a versiones más recientes de ITIL y, en particular, a ITIL 4. Este capítulo intentará responder a esta pregunta mostrando el camino a seguir.

2. ITIL V2: ventajas y limitaciones

El enfoque ITIL V2 se centra principalmente en la fase de operación del servicio. La llevan a cabo casi exclusivamente los equipos de producción de informática. La participación de los equipos de diseño y proyecto es escasa o nula, aparte de los acuerdos de nivel de servicio (SLA), gestionados por los propietarios del servicio.

La gran fuerza de esta versión de ITIL reside en sus buenas prácticas, muy operativas y relativamente sencillas de aplicar a la hora de abordar la gestión de servicios. ITIL V2 ha demostrado que se pueden conseguir un éxito rápido (*quick wins* en inglés) con beneficios muy visibles. He aquí algunos ejemplos:

- La implantación de un centro de servicios eficaz mejora la relación con los usuarios y, por tanto, la satisfacción del cliente.
- La gestión de problemas, separada de la gestión de incidentes, eliminará los incidentes recurrentes y hará que los servicios sean más fiables.
- La gestión de cambios estructura la fase de pruebas y validación, así como las implantaciones en producción, programándolas y haciéndolas mucho más eficientes.
- Y, por último, el compromiso con los resultados demostrado por los equipos de producción y mantenimiento establece una verdadera relación "win-win" con usuarios y clientes.

Por otra parte, esta versión de ITIL V2 sigue siendo limitada porque no aborda la noción de eventos, que es diferente de la de incidentes, pero que es muy importante para los equipos de operaciones y, especialmente, para todas las actividades vinculadas a la supervisión. La respuesta a estas quejas es, por supuesto, desarrollar la implementación de ITIL V2 con las aportaciones de la versión ITIL V3.

La versión ITIL V2 también tiene una gran desventaja: no involucra a los equipos de investigación y gestión de proyectos en la gestión de servicios y, sobre todo, no trata en absoluto las metodologías asociadas a la agilidad, por lo que será difícil hacerlas coexistir.

Por estas razones, es esencial actualizar una implementación de ITIL V2 a la nueva versión de ITIL 4 o, al menos, a ITIL V3.

3. Estrategia de migración de ITIL V2 a ITIL 4

3.1 El contexto

En teoría, el esquema de migración de ITIL V2 a ITIL 4 se muestra a continuación. En teoría, porque pocas empresas, especialmente en España, han implementado todas las recomendaciones de ITIL V2, en particular en lo que respecta a los módulos de Planificación de la implementación de la gestión de servicios y Gestión de infraestructuras. La razón es sencilla: estos módulos no son muy conocidos en España y los libros oficiales del OGC nunca se han traducido al castellano.

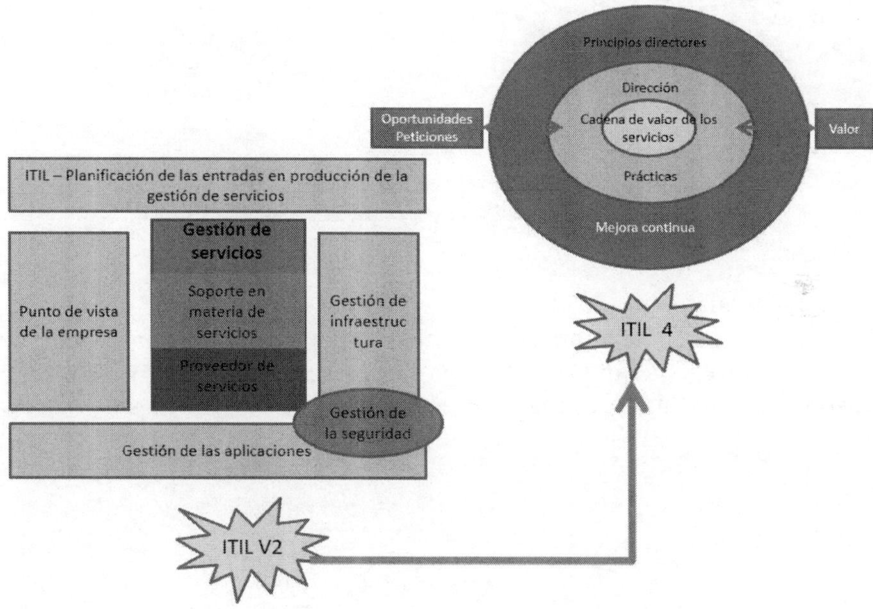

Por ello, utilizaremos un diagrama más sencillo, que sólo tiene en cuenta los procesos de gestión de servicios, agrupados en los módulos de gestión de la prestación de servicios y de soporte a los servicios.

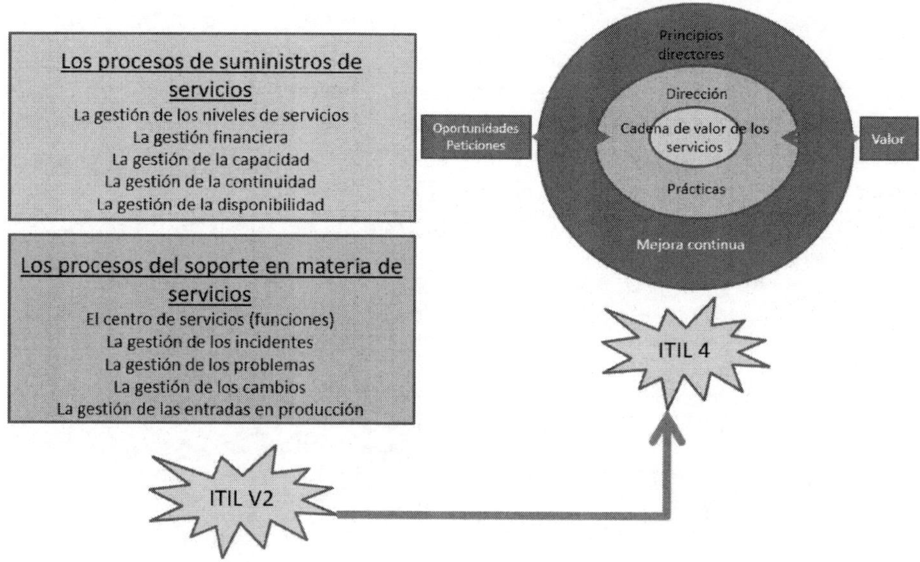

Como se ha mencionado en la introducción de este capítulo, no se puede hablar de ITIL V2 sin mencionar la norma ISO 20000 que va unida a ella. Por lo tanto, la estrategia de migración hacia ITIL 4 será similar, partiendo de un contexto ITIL V2 o de un contexto ISO 20000.

A continuación, se presentan los diagramas en el contexto de la norma ISO 20000:

– El diagrama que muestra los distintos módulos de la norma:

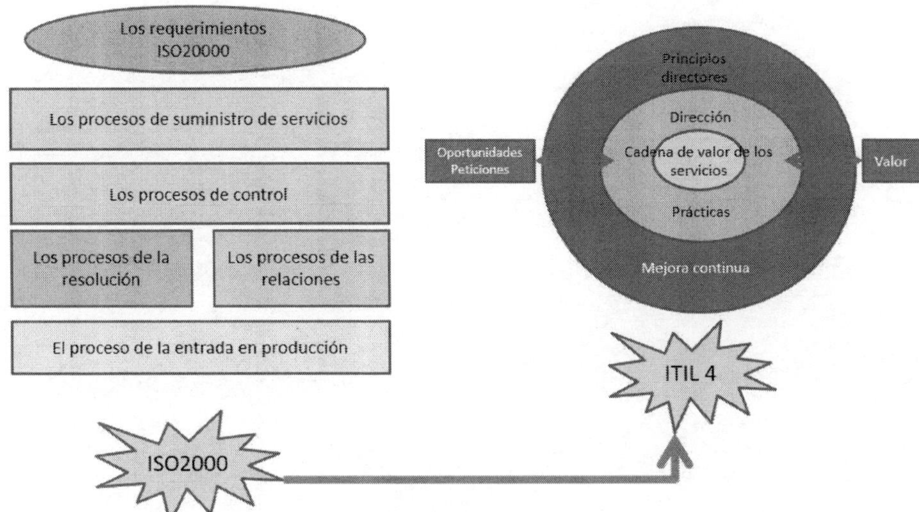

– Y el de los procesos: encontramos todos los procesos ITIL V2 y, además, otros tres procesos.

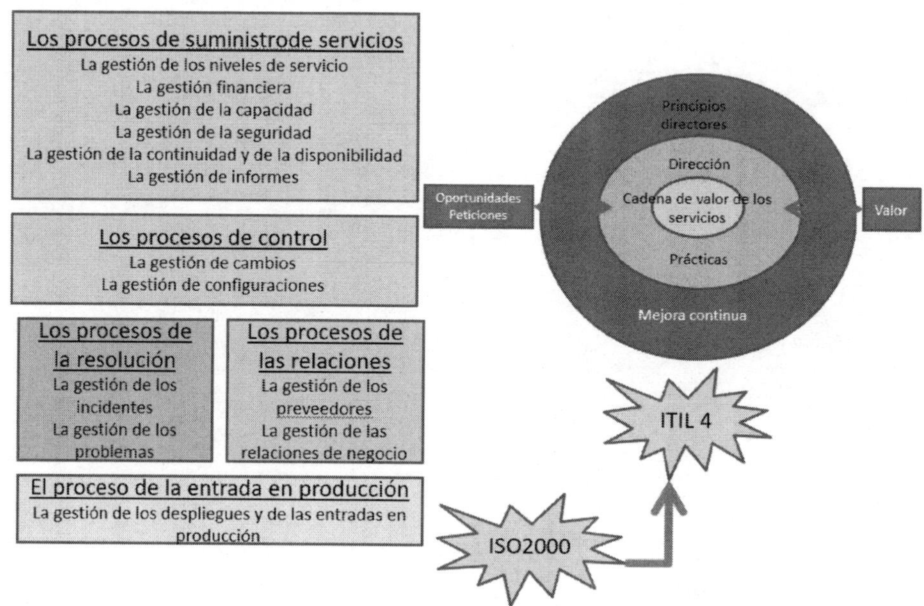

En el resto de este capítulo, ISO 20000 se equiparará a ITIL V2 para simplificar la lectura.

3.2 ¿Qué debemos conservar de ITIL V2?

Antes de implementar una evolución de una versión de ITIL a otra, es importante identificar qué principios y conceptos básicos se deben conservar de la versión actual.

Esto es lo que hay que tener en cuenta en ITIL V2:

Los conceptos de servicio y gestión de servicios

Estos son los conceptos básicos de todos los enfoques definidos en este libro, que conducen a un compromiso con los resultados. No han cambiado desde su creación a finales de la década de 1990.

Vocabulario

Los consultores que están detrás de este vocabulario han realizado un gran trabajo para definir más de un centenar de términos que han dejado su impronta en todas las metodologías de gestión de servicios. Estos términos forman ya parte del lenguaje común de las informática: incidente, problema, cambio, etc. Todo el mundo ha adoptado estos términos.

Los objetivos y actividades de los procesos del departamento de soporte

Por ejemplo, de ITIL V2 a ITIL 4 (pasando por ITIL V3), los procesos de gestión de incidentes, gestión de problemas y gestión de cambios apenas han cambiado.

Los objetivos y actividades de la gestión de los niveles de servicio, gestión de la disponibilidad y la continuidad

Estos tres procesos también han cambiado muy poco entre versiones. Constituyen el núcleo de las actividades de gestión de servicios.

El centro de servicios

Lo más importante que hay que recordar sobre ITIL V2 en el centro de servicios es la noción de un único punto de contacto entre los usuarios y informática: el SPOC (*Single Point Of Contact*).

Por su parte, ITIL 4 aportará agilidad a la gestión de servicios. Este es el principal objetivo de la migración de ITIL V2 a ITIL 4. Estamos ampliando la noción de agilidad en la gestión de proyectos a la agilidad en la gestión de servicios, para abordar mejor los problemas de *Quick to Market y Time to Market*.

ITIL 4 transformará las actividades de los procesos en prácticas, aumentando su número para centrarse en sus respectivos objetivos y definiendo principios directores globales para informática y la empresa.

Todos los equipos de informática se verán afectados por esta migración, no sólo producción. Por eso, el proceso de migración de ITIL V2 a ITIL 4 debe ser dirigido a alto nivel por un miembro del departamento de informática. También se debe identificar un patrocinador a nivel de la dirección de informática o incluso de la dirección general.

Como esta migración afectará a todo el personal de informática, es esencial concienciar a todos los equipos de informática sobre la gestión de servicios, ya que requerirá la implicación de todos.

4. Medición de la madurez de ITIL V2

4.1 Introducción

Antes de introducir cualquier mejora en un enfoque de gestión de servicios, es necesario realizar una auditoría que identifique el nivel de madurez de la implementación; de hecho, ITIL 4 así lo exige.

Para evaluar la madurez de ITIL V2, el OGC definió un enfoque muy operativo al mismo tiempo que el lanzamiento de esta versión a principios de la década de 2000. Este es el enfoque que propongo y que he utilizado durante muchos años. En algo más de veinte casos, en veinte contextos diferentes (grandes estructuras o pequeñas entidades informáticas, sector público o empresas privadas, empresas de servicios informáticos o clientes finales), ha demostrado su sencillez de aplicación y, sobre todo, su sencillez a la hora de analizar los resultados y elaborar los planes de mejora asociados. Se ajusta perfectamente a las buenas prácticas de ITIL V2. Es la referencia en términos de auditorías realizadas por todos los consultores expertos en ITIL para evaluar la madurez de los procesos de gestión de servicios y el enfoque ITIL.

4.2 La metodología del enfoque de auditoría de madurez propuesto por el OGC

En primer lugar, recordemos la posición del OGC y su papel en la promoción de las mejores prácticas de ITIL.

El enfoque ITIL es una selección de buenas prácticas altamente operativas en la gestión de servicios de informática. Son elaboradas por la OGC (*Office of Government Commerce*, Ministerio de comercio británico), que posee los derechos de propiedad intelectual. De hecho, la OGC es el distribuidor oficial de las buenas prácticas de ITIL. Publica y vende los libros oficiales de buenas prácticas, pero no productos derivados como la formación y la certificación ITIL. El contenido de las buenas prácticas ITIL no es responsabilidad del OGC; son los órganos de la asociación itSMF (*Information Technology Service Management Forum*) y consultores expertos en gestión de servicios quienes recopilan, consolidan y validan las buenas prácticas.

Con el fin de mejorar la penetración de las mejores prácticas ITIL en la década de 2000 y poner en marcha el despliegue de estas mejores prácticas en varios países de Europa y de todo el mundo, el OGC decidió proporcionar y publicar una metodología de madurez basada en cuestionarios que permiten evaluar la madurez de la implementación de los procesos ITIL. De este modo, las entidades de informática pueden conocer su madurez en materia de gestión de servicios y elaborar planes de mejora.

4.2.1 Nivel de madurez de los procesos ITIL

El OGC ha definido una metodología para medir la madurez de los procesos de gestión de servicios ITIL.

Cada proceso se evalúa individualmente en una escala de 1 a 5, con escalones de 0,5 correspondientes a subniveles: un proceso obtiene una puntuación de 1 o 1,5 o 2 o 2,5, etc., hasta 5, en función de su nivel de madurez.

Los niveles de madurez de los procesos son identificados como tales por el OGC:

- Niveles 0 a 1: inicialización. Las actividades se llevan a cabo sin estar necesariamente descritas o documentadas, pero no están estructuradas como procesos. No hay funciones ni responsabilidades identificadas.
- Niveles 1 a 2: concienciación. El proceso está definido (mínimo de actividades, funciones y responsabilidades), documentado y desplegado en la entidad de informática.
- Niveles 2 a 3: control. Se controlan las actividades del proceso. Se mide la consecución de los objetivos del proceso.
- Niveles 3 a 4: integración con otros procesos. Los entregables producidos por las actividades del proceso añaden valor a los demás procesos. Por ejemplo, la creación de la CMDB (base de datos de configuración) para el proceso de gestión de la configuración influirá en el proceso de gestión de incidentes al vincular cada incidente con los elementos de configuración pertinentes.
- Niveles 4 a 5: optimización. Las actividades del proceso han alcanzado sus objetivos y ahora buscan la eficiencia.

Observación

La eficacia es la consecución de un objetivo. La eficacia debe ser un concepto binario: o se consigue un objetivo o no se consigue. Eficiencia significa alcanzar un objetivo con el nivel de calidad requerido a un coste optimizado y en un plazo optimizado. La eficacia rara vez se consigue, pero tiende a lograrse a través de la mejora continua.

Cada nivel y subnivel designa una etapa en la madurez de los procesos:

- Nivel 1: requisitos previos. Se realizan las actividades básicas del proceso.
- Nivel 1.5: compromiso de la dirección de informática. El departamento de informática es consciente de la utilidad del proceso y apoya su implantación con medios y recursos.
- Nivel 2: capacidad del proceso. El proceso se define en términos de actividades, tal y como recomiendan las mejores prácticas ITIL.

- Nivel 2.5: integración interna. Las actividades del proceso se estructuran juntas. Si es necesario, se desglosan en herramientas.
- Nivel 3: productos. El proceso produce entregables tal y como recomiendan las mejores prácticas ITIL.
- Nivel 3.5: control de calidad. El administrador del proceso y la dirección de informática son capaces de evaluar la calidad de las actividades del proceso y la calidad de los entregables.
- Nivel 4: información de soporte a la gestión informática. El departamento de informática dispone de los indicadores y cuadros de mando que necesita para supervisar y gestionar los servicios prestados.
- Nivel 4.5: integración externa. Las actividades del proceso y sus entregables son visibles y útiles para otros procesos de gestión de servicios y para los procesos de negocio de la empresa.
- Nivel 5: la interfaz con el cliente: las líneas de negocio de la empresa colaboran con el gestor de procesos para lograr una mayor eficacia.

4.2.2 Cuestionarios OGC

Esta evaluación se basa en un cuestionario específico para cada proceso, que comprende un total de sesenta a ochenta preguntas.

Cada nivel de madurez (1 o 1,5 o 2 o 2,5...) está asociado a una serie de preguntas. Hay unas cinco o seis preguntas por nivel (o incluso algunas más, para determinados niveles o procesos). A estas preguntas hay que responder SÍ o NO. Una respuesta SÍ da los puntos correspondientes a la pregunta. Las respuestas a las preguntas son, por tanto, binarias; no hay compromiso posible.

He aquí un ejemplo de algunas preguntas relativas al proceso de gestión de incidentes:

- ¿Cuenta la gestión de incidentes con el compromiso de la dirección, los presupuestos y los recursos necesarios?
- ¿Proporciona a la dirección información sobre el porcentaje de incidentes gestionados dentro de los tiempos de respuesta establecidos?
- ¿Se han definido y comunicado las interfaces entre el centro de servicios y la gestión de incidencias?

Para cada nivel y cada proceso, se requiere una puntuación mínima para alcanzar este nivel de calidad.

4.2.3 El enfoque por niveles

Cada pregunta tiene una ponderación de 1 a 6. Esto significa que algunas preguntas son casi imprescindibles para alcanzar el nivel.

Si un proceso alcanza el nivel de madurez 1, es decir, una puntuación igual o superior al valor requerido para el nivel 1, podemos considerar las preguntas para el nivel inmediatamente superior, es decir, 1,5, y ver si obtenemos el valor requerido para el nivel 1,5. Si es así, el proceso ha alcanzado este nivel. Si es así, el proceso ha alcanzado este nivel. Continúe así hasta llegar al nivel 5.

El nivel de madurez de un proceso se determina cuando la puntuación de un nivel no alcanza el valor requerido: el proceso tiene entonces la madurez del nivel inferior. De hecho, tenemos una metodología de madurez de procesos basada en un sistema de escalera. Para obtener un nivel, es necesario tener los valores requeridos para los niveles inferiores.

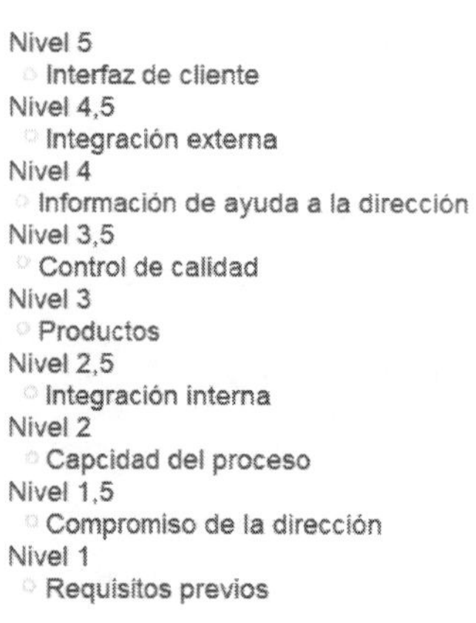

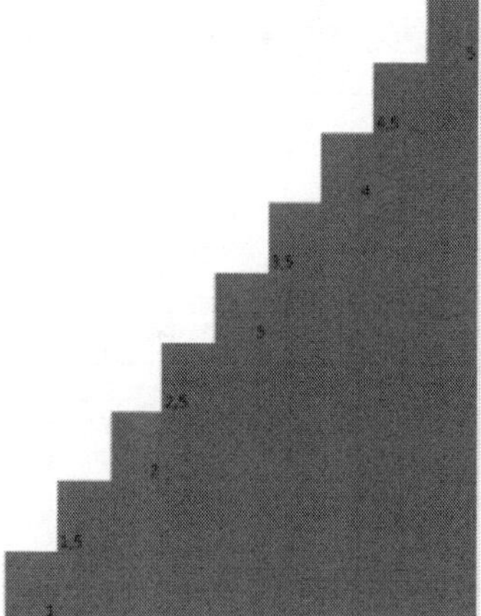

4.2.4 Formalización de los resultados del proceso de auditoría de madurez propuesto por el OGC

La formalización recomendada en el enfoque de auditoría de madurez propuesto por el OGC para los resultados de un cuestionario de procesos, es un gráfico de barras. Para cada nivel y subnivel, se comparan el valor total de los puntos asignados y la puntuación obtenida. Sin embargo, esta representación no muestra en el gráfico el nivel de madurez obtenido por el proceso. Sería muy fácil añadir una tercera barra para cada nivel y subnivel, con el valor mínimo de validación. De este modo, se puede mostrar el nivel de madurez obtenido por el proceso.

A continuación, se muestra un ejemplo de cómo formalizar los resultados de madurez para el proceso de gestión de lanzamientos. El nivel de madurez obtenido en este ejemplo es 2. 2,5 no alcanza la puntuación mínima.

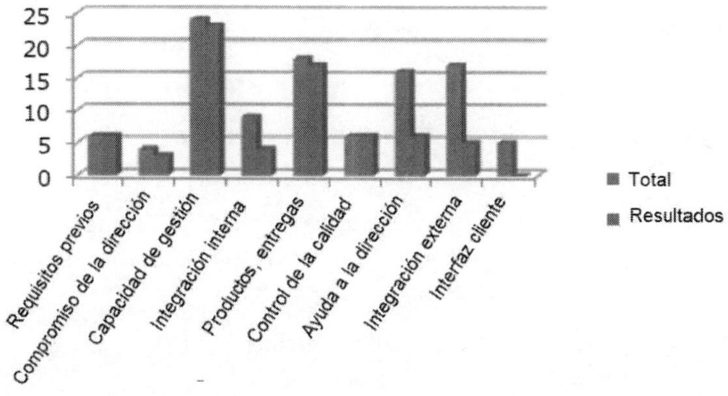

Si el enfoque de madurez se aplica a varios procesos, se recomienda utilizar un gráfico de tipo radar. Esto permite situar en el mismo gráfico la madurez de los distintos procesos analizados. De este modo, se puede ver si la madurez de los distintos procesos es coherente o no.

El ejemplo siguiente también muestra la evolución de la madurez del proceso entre un estado inicial y después de un ciclo de mejora (denominado aquí septiembre). Este ejemplo muestra los niveles de madurez, aunque también podrían haberse mostrado subniveles.

4.2.5 Ventajas de la metodología de auditoría de madurez propuesta por el OGC

La metodología de auditoría de madurez propuesta por el OGC tiene una ventaja clave: es históricamente el primer enfoque para evaluar la madurez de una implementación de buenas prácticas de gestión de servicios.

Se basa en una escala de madurez de 1 a 5, que se utiliza en otros enfoques de evaluación definidos más adelante.

Por otro lado, ha sido definida por una organización que no participa en ninguno de los componentes de auditoría o certificación. El OGC es una organización que edita, publica y promueve las mejores prácticas de ITIL, pero no participa en ninguna actividad operativa como consultoría, soporte, formación o certificación. Este enfoque es completamente independiente de cualquier empresa de consultoría o empresa de servicios de informática.

Los cuestionarios asociados permitirán elaborar planes de acción muy operativos para mejorar la madurez de los procesos y, por supuesto, su nivel de calidad. Cada uno de los procesos de gestión de servicios recomendados por ITIL se analiza y evalúa, específicamente por proceso. Se han definido las preguntas en función de cada proceso, así como los puntos asociados a las preguntas. El número de preguntas y la puntuación que se debe alcanzar por nivel, también se adaptan por proceso.

La relación directa entre las preguntas y las acciones o actividades de los procesos es una baza innegable para planificar la mejora de los procesos. Estas preguntas también mencionan aspectos muy prácticos del despliegue de los procesos y de los procedimientos o métodos operativos que los sustentan. El capítulo de este libro dedicado a los planes de acción arroja luz sobre este aspecto tan operativo de estos cuestionarios.

4.2.6 Dificultades relacionadas con la metodología del enfoque de auditoría de madurez propuesto por el OGC

Apoyo plenamente el enfoque de auditoría de madurez propuesto por el OGC, pero debo mencionar ciertas dificultades vinculadas a este enfoque.

La principal dificultad radica en los cuestionarios, que se redactaron en inglés y, lamentablemente, no se han traducido a los distintos idiomas, como ha hecho el OGC para las recomendaciones oficiales de buenas prácticas de ITIL. La dificultad no estriba en la traducción, sino en las imprecisiones del vocabulario oficial, que pueden dar lugar incluso a malentendidos.

Un ejemplo: en varias preguntas se menciona el término "cliente", que se traduce, según la pregunta, como "empresa" o "cliente" o, en otro contexto, "usuario". Cliente o usuario no es en absoluto el mismo papel en términos de gestión de servicios y buenas prácticas ITIL. El contexto debe influir en la traducción.

Otro ejemplo es el término "organización" en inglés. La traducción suele ser difícil, entre la entidad informática o la empresa global. En cada pregunta en la que se utilice el término "organización", deberá analizar el contexto y deducir la traducción correcta.

Como se menciona en la descripción del planteamiento, las respuestas a las preguntas son "sí" o "no". Se conceden puntos por una respuesta positiva a una pregunta. Para algunas preguntas, a veces es difícil ser tan binario. Por ejemplo: "¿Se hace un seguimiento de todos los incidentes ocurridos? Aunque esta pregunta es fácil de entender, es mucho más difícil decir con certeza si es así.

4.3 El procedimiento de auditoría de madurez

El primer paso para aplicar este enfoque es definir los procesos que se van a auditar. Hay que asegurarse de que los cuestionarios están disponibles y ver si es necesario adaptar las preguntas al contexto de la empresa y la entidad de informática. No dude en hacerlo, ya que le ayudará a obtener respuestas pertinentes.

El segundo punto consiste en identificar a las personas que van a responder a los cuestionarios. El responsable del proceso debe responder al cuestionario que le concierna. Como mínimo, se agradece una segunda opinión: ya sea un miembro del departamento informático o una persona clave implicada en el proceso en cuestión, o ambos. Por término medio, se tarda algo menos de dos horas en rellenar un cuestionario. En caso de diferencia de opinión sobre una respuesta entre las distintas personas entrevistadas, se aplicará la mayoría y, en caso de empate, prevalecerá la respuesta del responsable.

Una última observación: aunque se dé cuenta de que el proceso no supera un nivel o subnivel, debe responder a todas las preguntas del cuestionario. Veremos hasta qué punto es útil cuando analicemos los resultados.

4.4 Análisis de los resultados

Las secciones anteriores muestran cómo analizar las respuestas a los cuestionarios de acuerdo con las recomendaciones del OGC para determinar el nivel y subnivel de madurez de un proceso. Mi experiencia demuestra que hay otro dato muy interesante de analizar: el porcentaje de respuestas positivas sobre el conjunto del cuestionario. De hecho, cuando el nivel de madurez se calcula paso a paso, muy a menudo vemos un proceso atascado en un nivel muy bajo, como 1,5 o 2, mientras que las preguntas de los niveles superiores son positivas. A menudo se trata de una pregunta que bloquea el paso al siguiente nivel. Cuanto mayor sea el porcentaje de respuestas positivas, menor será el esfuerzo necesario para mejorar el nivel de madurez.

Los planes de acción deducidos de esta auditoría se basan en las preguntas que no recibieron respuestas positivas. Estas preguntas están jerarquizadas: las respuestas negativas de nivel más bajo reciben la máxima prioridad, seguidas de las de niveles superiores. Como resultado, los planes de acción son muy operativos y sencillos de aplicar para los directivos.

5. Ejecución de la migración

5.1 Los aspectos principales

En primer lugar, es necesario identificar "¿Por qué migrar de la Gestión de servicios ITIL V2 a ITIL 4? ¿Cuáles son los beneficios esperados para la empresa? Uno o varios talleres con todos los miembros del departamento de informática deberán identificar estos beneficios, así como las dificultades previstas y los puntos a tener en cuenta, como la reticencia de determinadas categorías o perfiles de personal. Una vez hecho esto, habrá que definir el ámbito en cuestión, en términos de servicios (ofimática, servicios gubernamentales, informática empresarial, etc.), líneas de negocio y usuarios, sitios o establecimientos, etc. Uno de los documentos de entrada importantes para estos talleres será el estudio de madurez existente (véase la sección anterior). Disponer de una visión común del estado de los servicios informáticos es la base de la reflexión.

Una vez hecho esto, llega el momento de la planificación (en el sentido más amplio del término), es decir, de evaluar los costes de esta migración y el plazo de implantación previsto. A continuación, podemos examinar los presupuestos necesarios.

Entramos entonces en una fase de gestión de proyectos bastante clásica, pero que puede desarrollarse en modo ágil o de ciclo en V. Pero, sobre todo, hay que tratar de identificar *victorias rápidas* que aporten rápidamente beneficios a todos.

Una acción continua a lo largo del proyecto de migración será promover el planteamiento con formación (véase la sección siguiente) y campañas de información sobre *quick wins*, avances, beneficios, etc.

5.2 Planes de mejora

El enfoque de ITIL 4 es muy ambicioso. Incluye principios directores, un gran número de prácticas y afecta a todo el personal de informática. Partiendo de un nivel de madurez medio de ITIL V2, hay que ser consciente de que el paso al nivel ITIL 4 es muy alto. Le recomendamos que elabore planes de mejora realizables a corto plazo (seis meses como máximo) y que siga el modelo de mejora en siete pasos. Por mi parte, empezaría por definir los siguientes cuatro principios directores en el contexto de la empresa:

- El valor.
- Lo que ya existe.
- La iteración.
- La colaboración.

En segundo lugar, los otros tres principios directores.

En cuanto a las prácticas, a continuación menciono las que creo que se deberían poner en marcha rápidamente, teniendo en cuenta que se basan en los procesos de ITIL V2:

- Gestión de proyectos.
- Gestión del porfolio.
- Gestión de peticiones.
- Supervisión y gestión de eventos.
- Validación y pruebas.

Por otro lado, hay que ser consciente de que el uso de métodos ágiles puede cambiar la propia organización de la informática: los equipos de investigación, desarrollo, pruebas y producción trabajarán en estrecha colaboración, a menudo con un responsable común. En este caso, la gestión práctica del cambio organizativo será esencial.

A continuación, añadiremos las siguientes prácticas:

- Gestión del conocimiento.
- Gestión de riesgos.
- Gestión del personal y del talento.
- Gestión del catálogo de servicios.

5.3 Formación

La aplicación total o parcial del enfoque ITIL 4 requiere que todo el personal reciba formación en gestión de servicios. Este no es el caso cuando una empresa ha implantado ITIL V2, donde sólo los equipos de producción y soporte estaban directamente implicados. Consulte el capítulo anterior para obtener información sobre la formación en ITIL 4 y a quién va dirigida.

5.4 Apoyo de un asesor experto

¿Necesito un consultor externo que me ayude a migrar de ITIL V2 a ITIL 4?

El capítulo de este libro es un buen compañero, porque da consejos para esta migración, pero todos estos consejos se deben aplicar en el contexto de la empresa. En todos mis años como consultor experto en gestión de servicios, nunca me he encontrado con dos implantaciones de ITIL idénticas. En mi opinión, la contribución de un consultor externo es esencial si se quiere migrar de ITIL V2 a ITIL 4.

Como vimos en un apartado anterior, la elección de las prácticas que se van a implantar en los distintos planes de mejora, la definición de las actividades de estas prácticas y la definición de los principios directores requieren un buen conocimiento del enfoque ITIL 4 y, sobre todo, una comprensión de las dificultades que se van a encontrar. Un consultor externo tiene una visión más global y menos influida a la hora de analizar las situaciones existentes. Podrá adaptar el enfoque al contexto de la actividad de la entidad de informática y convencer al personal interno de la pertinencia de las acciones del plan de mejora, mejor que un responsable interno, porque tendrá credibilidad en este mercado.

5.5 Las dificultades de la migración

La principal dificultad que encontraremos en esta migración es que la gestión de servicios abarcará toda la entidad de la informática, desde la dirección hasta el centro de servicios, pasando por los equipos de diseño y gestión de proyectos, producción y operaciones, así como los propietarios de proyectos, clientes y usuarios. Esto requerirá un gran esfuerzo para conseguir que todos los equipos de informática participen en la gestión de servicios y, en particular, para que todos trabajen juntos utilizando las diversas prácticas definidas por ITIL 4. Será necesario formar y sensibilizar a todo el personal de la informática, a los clientes e incluso a algunos de los usuarios, como se describe en la sección anterior.

5.6 La herramienta de gestión de servicios

Las implementaciones de ITIL V2 se basan en una herramienta de gestión de servicios disponible en el mercado (como las proporcionadas por HP, IBM, Easy Vista y muchas otras) para automatizar todas o parte de las actividades del centro de servicios, incluida la gestión de eventos, incidentes y cambios, y por supuesto para gestionar las bases de conocimiento y las CMDBs (*Configuration Management Data Base*).

Esta herramienta tendrá que migrar a una herramienta de gestión de servicios que cumpla las recomendaciones de ITIL 4, y el esfuerzo que ello implica puede ser considerable. Todos los editores de este tipo de herramientas han aplicado las recomendaciones del enfoque ITIL V3. Sin embargo, es posible que aún no hayan integrado todas las características específicas de ITIL 4. Como mínimo, debemos seguir las hojas de ruta de estas herramientas para integrar estas características específicas cuando estén disponibles.

6. Conclusión

El objetivo es alcanzar la madurez ITIL 4. En cambio, si se parte de la madurez ITIL V2, el camino a recorrer será largo y habrá que esforzarse mucho, pero merecerá la pena si se quiere mejorar la calidad del servicio prestado.

Creo que tiene sentido, como nos muestra el modelo de mejora en siete pasos, migrar primero a ITIL V3 antes de pasar a ITIL 4 y, en particular, añadir primero los procesos de Gestión de eventos y ejecución de peticiones para reestructurar las actividades de operaciones y producción de ITIL V3.

Por otro lado, deberíamos incluir gradualmente a los equipos de diseño y gestión de proyectos en la gestión de servicios, como ITIL V3 nos exige que hagamos con la fase de diseño del servicio, antes de incluir la agilidad dentro de la gestión de servicios.

Capítulo 18
La migración de ITIL V3 a ITIL 4

1. ITIL V3: ventajas y limitaciones

En España, este enfoque está bien establecido y muchas empresas lo aplicaron a mediados de la década de 2010. Se podría decir que la versión ITIL es la referencia en España. Sin embargo, la mayoría de estas empresas no han implantado todas las buenas prácticas recomendadas por este enfoque. De los 27 procesos de la versión ITIL V3-2011, las empresas han implantado los más importantes, entre diez y quince procesos como máximo.

La gran fuerza de esta versión de ITIL reside en que está muy bien estructurada en torno al ciclo de vida de todas las actividades de informática: estrategia, diseño, transición, operación y, por supuesto, mejora continua. La única actividad que no cubre este enfoque es la gestión de proyectos donde, al igual que en la versión ITIL V2, sigue haciendo referencia a la metodología PRINCE2. Se trata de la gestión de proyectos de ciclo en V (en modo *Waterfall*, como se denomina ahora). Este tipo de gestión de proyectos encaja muy bien con el enfoque ITIL V3.

El enfoque ITIL V3 ha intentado incluso estructurar los equipos, a través de las cuatro funciones: gestión de aplicaciones, gestión técnica, gestión de operaciones y centros de servicios.

Otra ventaja de este enfoque reside en la experiencia de los consultores ITIL. Gracias a su amplia experiencia, los consultores de ITIL dominan el enfoque y, en particular, la necesidad de centrarse en lo que hay que implantar para aportar valor y demostrar eficacia y eficiencia.

Implantar un enfoque ITIL V3, incluso con sólo una decena de procesos, requiere un gran esfuerzo. La experiencia demuestra que se necesitan unos dos años de trabajo para implantar este enfoque, con la participación de un consultor experto en ITIL, al menos, a media jornada. También requiere un gran esfuerzo de formación en gestión de servicios. Se calcula que al menos el 20% del personal de informática se debe formar y certificar en los fundamentos de ITIL y que todo el personal debe conocer ITIL. Por este motivo, muchos directores de informática se muestran reacios a migrar de ITIL V3 a ITIL 4 y piden que se evalúe la relación coste/beneficio (ROI, *Return On Investment*) de esta migración.

El principal inconveniente del enfoque ITIL V3 es la propia noción de proceso. Con la aparición de la agilidad (en el desarrollo o el servicio), los procesos se ven como una serie de actividades demasiado estructuradas y rígidas. El posicionamiento de los procesos también es demasiado rígido: un proceso se define en una de las cinco fases del ciclo de vida (estrategia, diseño, transición, funcionamiento y mejora) y, muy a menudo, las personas implicadas en el proceso también pertenecen a un equipo centrado en esta fase. Actuar sobre las fases del ciclo de vida, será necesario en un contexto ágil.

Como se mencionó al principio de esta sección, la versión ITIL V3 (al igual que la versión ITIL V2) también tiene otro gran inconveniente: no involucra a los equipos de diseño y gestión de proyectos en la gestión de servicios y, sobre todo, no aborda en absoluto las metodologías relacionadas con la agilidad, por lo que será difícil hacerlas coexistir.

Por estas razones, es esencial actualizar una implementación de ITIL V3 a la nueva versión de ITIL 4.

2. Estrategia de migración de ITIL V3 a ITIL 4

2.1 El contexto

En teoría, el esquema de migración de ITIL V3 a ITIL 4 se muestra a continuación. Todo esto es teoría, porque pocas empresas han implementado todas las recomendaciones de ITIL V3 y, en particular, todos los procesos. Pero todas han implementado el ciclo de vida de los servicios tal y como lo recomienda ITIL V3.

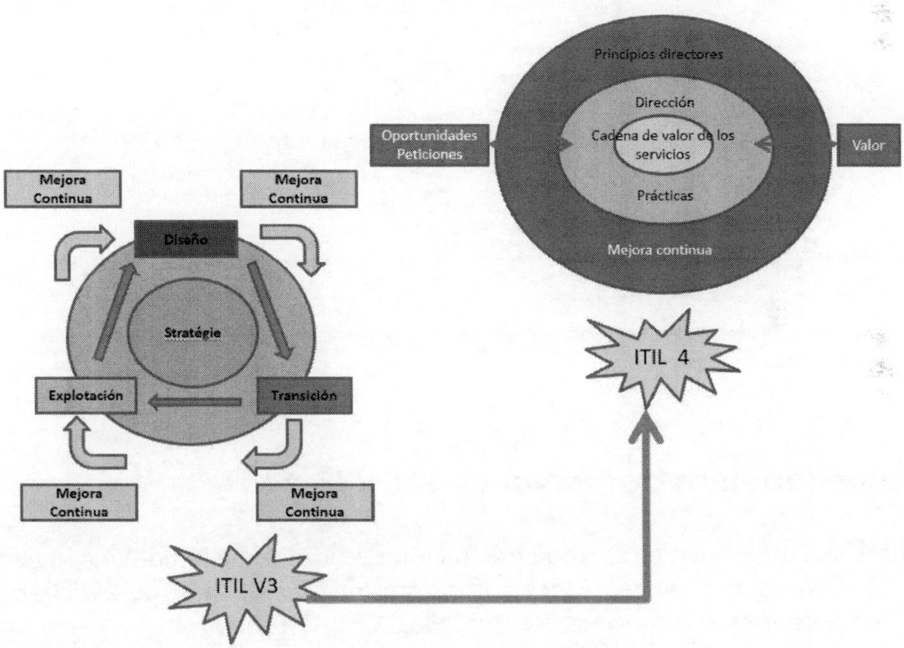

Por eso le sugiero que utilice un diagrama más sencillo, que sólo tenga en cuenta los procesos principales, los que están implantados en su mayor parte (con * en un recuadro amarillo claro en el diagrama). Estos procesos de ITIL V3 tendrán que migrar a las prácticas de ITIL 4.

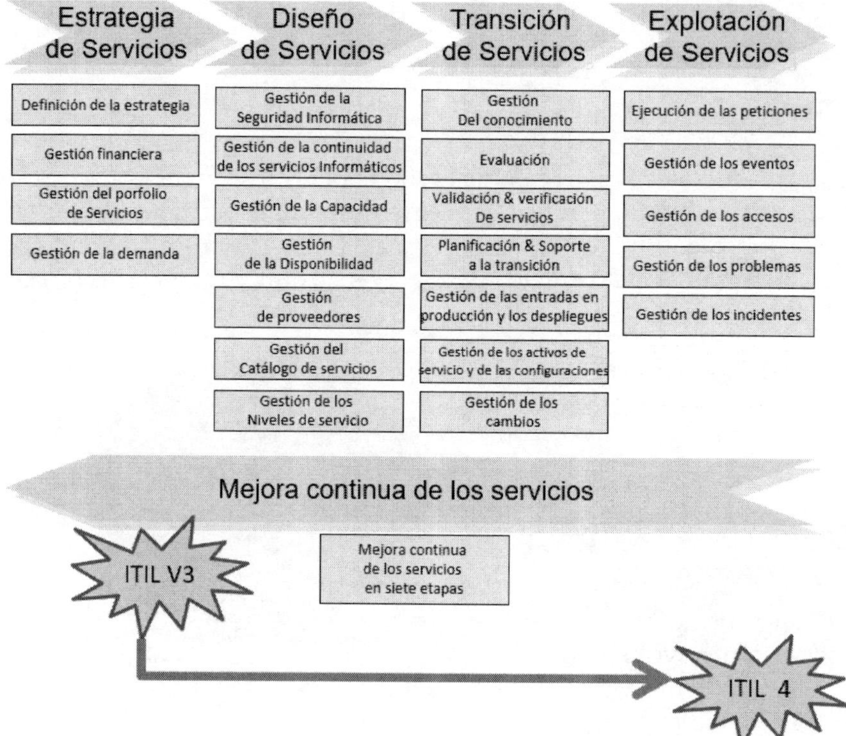

2.2 ¿Qué debemos conservar de ITIL V3?

Antes de embarcarse en la implementación de una evolución de una versión de ITIL a otra, es importante identificar los principios y conceptos básicos que se deben conservar de la versión actual ITIL V3.

Esto es lo que hay que tener en cuenta en ITIL V3:

Los conceptos de servicio y gestión de servicios

Estos son los conceptos básicos de todos los enfoques definidos en este libro, que conducen a un compromiso con los resultados. No han cambiado desde su creación a finales de la década de 1990.

Vocabulario

Los consultores que están detrás de este vocabulario han realizado un gran trabajo para definir más de un centenar de términos que han dejado su impronta en todas las metodologías de gestión de servicios. Estos términos ya forman parte del lenguaje común de la informática: incidente, problema, cambio, etc. Todo el mundo ha adoptado estos términos. ITIL V3 ha enriquecido todo el vocabulario definido en la versión anterior.

Objetivos y actividades del proceso

Todos los procesos de ITIL V3 han demostrado su valía en la Gestión de los servicios y se incluirán en el enfoque de ITIL 4, aunque se deconstruirán en prácticas. Por eso preferimos mantener las actividades y objetivos de estos procesos.

Buenas prácticas de mejora continua

ITIL V3 recomienda implementar una fase separada para tratar la mejora continua. Se trata de un enfoque muy interesante, ya que permite separar todo el trabajo de evolución y mejora de la implementación de los distintos servicios. Para ello, utilizaremos el modelo de siete pasos (detallado en el capítulo La mejora continua).

El centro de servicios

En el Centro de servicios, lo que es importante mantener en ITIL V3, como en ITIL V2, es la noción de un único punto de contacto entre los usuarios y la informática: la noción de SPOC (*Single Point Of Contact*).

El ciclo en V

La gestión de proyectos en el ciclo en V o *Waterfall* es imprescindible para el desarrollo de proyectos de naturaleza empresarial (como proyectos financieros, de recursos humanos o legislativos): se trata de proyectos en los que conocemos o podemos definir la expresión de las necesidades en una fase previa.

ITIL 4, por su parte, aportará agilidad a la gestión de servicios. Este es el principal objetivo de la migración de ITIL V3 a ITIL 4: extender la noción de agilidad en la gestión de proyectos, a la agilidad en la gestión de servicios, para abordar mejor los problemas de *Quick to Market*y *Time to Market*. La organización de la entidad de informática también se transformará con la introducción de metodologías relacionadas con la agilidad para la gestión de proyectos y la gestión de servicios.

ITIL 4 transformará las actividades de los procesos en prácticas, aumentando su número, para centrarse en sus respectivos objetivos y definiendo principios directores globales de la informática y de negocio.

La falta de directrices globales en el enfoque de ITIL V3 impide la cohesión entre todos los equipos y, sobre todo, un enfoque holístico de la gestión de servicios (actores, información, tecnología, valores de proceso). ITIL 4 pondrá remedio a esta situación.

Todos los equipos de informática se verán afectados por esta migración y, en particular, los equipos de investigación y proyectos. Por ello, el proceso de migración de ITIL V3 a ITIL 4 debe ser dirigido a alto nivel por un miembro del departamento de informática. También se debe identificar un patrocinador a nivel de la dirección informática o incluso de la dirección general.

Como esta migración afectará a todo el personal de la informática, es esencial concienciar a todos los equipos de informática sobre la gestión de servicios, ya que requerirá la implicación de todos.

3. Medición de la madurez de ITIL V3

3.1 Introducción

Antes de introducir cualquier mejora en un enfoque de gestión de servicios, es necesario realizar una auditoría que identifique el nivel de madurez de la implementación; de hecho, ITIL 4 así lo exige.

El OGC no ha definido una metodología específica para evaluar la madurez de ITIL V3 (como hizo para ITIL V2). Personalmente, como consultor experto en ITIL, utilizo los cuestionarios definidos por el OGC para la versión anterior, como base para analizar la madurez de ITIL V3. A continuación, cubro los diez procesos principales y añado preguntas para cubrir los procesos que faltan: a menudo, se trata de procesos como la gestión de eventos, la gestión de proveedores, la gestión del porfolio de servicios, la gestión del catálogo de servicios y la gestión de accesos. Entonces tenemos unos quince procesos, que es el número medio de tipos de procesos ITIL V3 implantados en España.

3.2 El procedimiento de auditoría de madurez

El procedimiento es muy similar al definido en el capítulo anterior, para una migración de ITIL V2 a ITIL 4. Véase la sección correspondiente en el capítulo anterior.

4. Ejecución de la migración

4.1 Preámbulo

El principio básico del enfoque ITIL 4 es que tiene en cuenta lo que ya existe y para mejorarlo, procede mediante iteraciones basándose en la retroalimentación. Por eso, en ITIL 4, la mejora continua se sitúa al mismo nivel en el sistema de valores SVS que los principios directores, la dirección, la cadena de valor del servicio o las prácticas. Una práctica de mejora continua también permite aplicarla a diario.

Auditoría, planificación, aplicación, verificación y retroalimentación. Ese es el ciclo de aplicación.

Otro principio importante es adoptar un enfoque holístico de esta migración. Al igual que en ITIL V2 o ITIL V3, el objetivo no es mejorar la eficacia de los procesos o servicios, sino tener en cuenta el conjunto de la cuestión, es decir, los procesos, los servicios, los actores, la tecnología, la información y el valor.

4.2 Los aspectos principales

En primer lugar, es necesario identificar "¿Por qué migrar de ITIL V3 a ITIL 4 Gestión de los servicios? ¿Cuáles son los beneficios esperados para la empresa? Uno o varios talleres con todos los miembros del departamento de informática deberán identificar estos beneficios, así como las dificultades previstas y los puntos a tener en cuenta como, en particular, la reticencia de determinadas categorías o perfiles de personal. Una vez hecho esto, será necesario definir el ámbito en cuestión, en términos de servicios (ofimática, servicios gubernamentales, informática empresarial, etc.), líneas de negocio y usuarios, sitios o establecimientos, etc. Uno de los documentos de entrada importantes para estos talleres será el estudio de madurez existente (véase la sección anterior). Disponer de una visión común del estado de los servicios informáticos es la base de la reflexión.

Una vez hecho esto, llega el momento de la planificación (en el sentido más amplio del término), es decir, de evaluar los costes de esta migración y el plazo de implantación previsto. A continuación, podemos examinar los presupuestos necesarios.

5. Tener en cuenta la agilidad

Uno de los criterios para migrar del enfoque ITIL V3 a ITIL 4 suele ser el hecho de que los equipos de investigación y gestión de proyectos adopten metodologías basadas en la noción de agilidad. De hecho, muchos de estos equipos se han dejado seducir por estos métodos, que les permiten acortar los plazos de desarrollo y pruebas, ser más reactivos a la hora de tener en cuenta nuevas funcionalidades y, de forma más general, estar más cerca de los clientes para responder mejor a sus necesidades. Respondemos así al "*Quick to market*" y al "*Time to market*".

Por tanto, ITIL 4 permite integrar la agilidad en la gestión de servicios, conservando la posibilidad de gestionar los proyectos en modo *Waterfall* o ciclo en V.

Por tanto, será necesario identificar en una fase temprana de la implantación de ITIL 4 qué aplicaciones, productos y servicios se gestionarán en modo ágil y cuáles en modo más tradicional.

De ello depende la implementación de las tres prácticas que gestionan la agilidad en ITIL 4.

Estas tres prácticas son las siguientes:

- Gestión de proyectos: elegir entre ágil o *Waterfall* en función del proyecto.
- Desarrollo y gestión de software: identificación de las metodologías utilizadas en la empresa.
- Gestión del cambio organizativo: adaptar la organización a proyectos ágiles.

5.1 Planes de mejora

Lo primero que hay que planificar es definir los principios directores. Éstos proporcionarán el marco para la gestión de los servicios de la empresa. Un principio rector es una recomendación que guía las decisiones y elecciones de la empresa y, por consiguiente, de la entidad de informática dependiente, en todas las circunstancias. Estos principios directores se deben comunicar a todo el personal, que debe hacerlos suyos. Esta es la base de una verdadera cultura de empresa adaptada a la gestión de servicios.

A título informativo, hay siete principios directores acordes con el enfoque holístico antes mencionado:

- El valor.
- Lo que ya existe.
- La iteración.
- La colaboración.
- El enfoque holístico.
- El pragmatismo.
- La optimización.

A diferencia de la migración de ITIL V2 a ITIL 4 propuesta en el capítulo anterior, se recomienda definir los siete principios directores desde el principio de la migración. El nivel de madurez de una empresa que ha implantado ITIL V3 es muy superior al de una que se ha quedado en el nivel ITIL V2.

Una vez establecidos los principios directores, la auditoría de madurez dará prioridad a los procesos que se deben mejorar. A continuación, intentaremos adoptar un enfoque holístico y aprovechar esta oportunidad para transformar el proceso en una práctica real (en el sentido ITIL 4 del término). Propongo esta primera lista de prácticas a implementar (se debe adaptar al contexto, por supuesto):

- Mejora continua.
- Mediciones e informes.
- Validación y pruebas.

- Gestión de riesgos.
- Gestión del personal y del talento.
- La transformación de los centros de servicios en la práctica.

Las tres prácticas vinculadas a la agilidad se introducirán cuando sea necesario y a medida que los proyectos se vuelvan ágiles.

En cuanto a los planes de mejora en sí, se pueden basar en los identificados en el capítulo anterior sobre la migración de ITIL V2 a ITIL 4.

5.2 Formación

La aplicación total o parcial del enfoque ITIL 4 requiere que todo el personal reciba formación en gestión de servicios. Es necesario concentrar un gran esfuerzo en los equipos de diseño y gestión de proyectos, ya que la mayoría de ellos nunca han estado familiarizados con el concepto de gestión de servicios. Su apropiación de esta noción es esencial para el éxito de la migración a ITIL 4.

Consulte el capítulo Implementación del enfoque ITIL para obtener información sobre los cursos de formación de ITIL 4 y a quién van dirigidos.

5.3 Apoyo de un consultor externo

Un consultor externo suele tener una visión más global y menos partidista de las situaciones existentes. Podrá adaptar las preguntas al contexto de la actividad de la entidad de informática y convencer al personal interno de la conveniencia de las acciones del plan de mejora, mejor que un responsable interno, porque tendrá credibilidad en este mercado.

Dicho esto, el enfoque de ITIL 4 es muy reciente y pocos consultores de ITIL habrán tenido varias experiencias de migración a ITIL 4 y, especialmente, con la retroalimentación.

5.4 Las dificultades de la migración

La principal dificultad que vamos a encontrar en esta migración es que la gestión de servicios va a abarcar toda la entidad de informática, desde la alta dirección hasta el centro de servicios, pasando por los equipos de diseño y gestión de proyectos, producción y operaciones, así como los propietarios de proyectos, clientes y usuarios. Esto requerirá un gran esfuerzo para conseguir que todos los equipos de informática adopten la gestión de servicios y, en particular, para garantizar que todos trabajen juntos utilizando las diversas prácticas definidas por ITIL 4. Será necesario formar y sensibilizar a todo el personal de informática, a los clientes e incluso a algunos usuarios.

La gestión ágil de los servicios también sacudirá la forma de trabajar de todos los equipos de informática de la empresa, con gestores de proyectos y desarrolladores que colaborarán muy estrechamente con probadores, validadores y operadores.

5.5 La herramienta de gestión de servicios

Todas las implementaciones de ITIL (ya sean V2 o V3) se basan en una herramienta de gestión de servicios para automatizar todas o parte de las actividades del centro de servicios, la gestión de eventos, incidentes y cambios y, por supuesto, para gestionar las bases de conocimiento y las CMDBs (*Configuration Management Data Base*). Todos los editores de este tipo de herramientas han aplicado las recomendaciones del enfoque ITIL V3. Sin embargo, aún no han integrado las características específicas de ITIL 4. Como mínimo, debemos seguir las hojas de ruta de estas herramientas para integrar estas características específicas cuando estén disponibles.

6. Conclusión

La principal razón para iniciar la migración a ITIL 4 es la integración de metodologías de agilidad en toda la cadena de prestación de servicios. Se trata de un verdadero activo para la creación de valor.

Capítulo 19
Las prácticas esenciales de ITIL 4

1. Introducción

El número de prácticas definidas en las recomendaciones de ITIL 4 es significativo: treinta y cuatro prácticas divididas en tres grupos. Es bastante. Recordemos que ITIL V3 definía veintiséis procesos e ITIL V2 (gestión de servicios) sólo once. Es mucho, pero tiene el mérito de cubrir todas las actividades vinculadas a la gestión de servicios.

Todo el mundo reconoce que implantar una práctica o un proceso requiere tiempo, recursos y un esfuerzo definitivo: varios meses para definirlo, varios meses para implantarlo y varios meses para ver los primeros beneficios. Por tanto, es necesario priorizar la implantación de prácticas e incluso prescindir de algunas de ellas.

El objetivo de este capítulo no es denigrar ciertas prácticas de ITIL 4, sino destacar las prácticas que son esenciales para el despliegue de la gestión de servicios, dentro de un presupuesto razonable y un plazo aceptable; en otras palabras, una gestión de servicios que busca la eficiencia.

Que sea pragmático, sencillo y basado en el sentido común.

2. El mínimo para desplegar

ITIL 4 no consiste únicamente en implantar las distintas prácticas. Estos son los puntos que es absolutamente necesario implementar:

Una estrategia

Una estrategia definida para identificar los objetivos de implantación de la gestión de servicios. Esta estrategia se debe basar en una evaluación del estado actual del sistema de información.

Actores

- Actores identificados con funciones claramente definidas (patrocinador, responsable de ITIL, gestores, etc.), tiempo asignado y un presupuesto específico para su misión.
- Un programa de formación en gestión de servicios durante los dos primeros meses.
- Sensibilización sobre la gestión de servicios para todo el personal de los equipos informáticos, desde el director hasta el hotliner, pasando por los técnicos de redes, el personal de soporte de nivel 2, los jefes de proyecto, etc. Un día para todos.
- Formación con certificación de fundamentos de ITIL para todos los supervisores y directivos.

Principios directores

Los siete principios directores definidos, documentados y difundidos a las organizaciones (véase el capítulo Los principios directores de ITIL 4 en este libro).

Prácticas

Definición y aplicación de un número limitado de procesos (incluido el centro de servicios) (véase el apartado siguiente).

Contratos de servicios

Contratos de servicios importantes, con un compromiso de resultados, firmados y aplicados.

Una herramienta

Una herramienta de gestión de servicios para gestionar las incidencias y los cambios. La herramienta de gestión de servicios estructurará todo el proceso.

3. ITIL 4 prácticas esenciales para la gestión de servicios

Una aplicación mínima del enfoque de gestión de servicios se debe basar principalmente en una serie de actividades a realizar, más que en procesos o prácticas formalizados y estructurados. No obstante, es interesante agrupar estas actividades en seis temas:

- La gestión de errores.
- El centro de servicios.
- El control de cambios.
- La gestión de los niveles de servicio.
- La seguridad de los sistemas de información.
- El plan de emergencia.

3.1 Gestión de errores

La gestión de errores es esencial para todas las entidades informáticas, ya que siempre habrá fallos a los que hacer frente. Las dos prácticas esenciales son, por un lado, la gestión de incidentes y por otro, la supervisión y gestión de eventos.

La gestión de problemas no es esencial para la gestión de errores. De hecho, gestionar un problema solo influirá en el nivel de calidad del servicio y no en la resolución de los errores.

3.2 El centro de servicios

Esta función (o proceso o práctica, según ITIL V2, V3 o ITIL 4) es esencial, ya que es responsable de toda la relación con los usuarios. El centro de servicios gestiona el primer nivel de gestión de incidencias y todas las peticiones de los usuarios (incidencias y peticiones). Canaliza esta relación entre los usuarios y la informática. La creación de un centro de servicios permitirá estructurar, canalizar y profesionalizar esta relación.

Elaborar un catálogo de las peticiones de los usuarios es esencial para el buen funcionamiento del centro de servicios. Permitirá a los usuarios conocer todas las peticiones que pueden presentar a la informática a través del centro de servicios. También proporciona un marco de trabajo real para el personal del centro de servicios.

3.3 Control de cambios

En las buenas prácticas ITIL, la gestión del cambio se sitúa en una fase muy temprana del ciclo de vida de un proyecto o servicio, pero también entra en juego a lo largo de toda la vida del proyecto. Permitirá controlar todos los cambios hasta su puesta en producción, en particular garantizando que las pruebas de validación estén debidamente cubiertas. Además, esta práctica hará más fiables las puestas en producción al evitar que se acumulen o se produzcan conflictos de recursos o medios.

3.4 Gestión de los niveles de servicio

Más que establecer un proceso con un responsable asignado, actividades, un organigrama, indicadores de volumen, eficiencia, etc., lo más importante son los contratos de servicios que definirán el nivel de calidad de los servicios prestados y el compromiso con los resultados ofrecido por la informática. En esto consiste la gestión de los niveles de servicio.

Se trata de redactar acuerdos de niveles de servicio (SLA), a menudo basados en contratos con subcontratistas (editores de software, fabricantes, operadores), en los que determinamos una tasa de disponibilidad, rendimiento, capacidad de respuesta y un nivel de seguridad.

3.5 Seguridad de los sistemas de información

La seguridad de los sistemas de información, los datos y las aplicaciones se ha vuelto vital para las empresas. Por lo tanto, es necesario aplicar prácticas de gestión de la seguridad de la información para proteger el valor de la empresa. Esta práctica puede ser apoyada y supervisada por parte de las actividades de gestión de riesgos.

3.6 El plan de emergencia

Como mínimo, hay que pensar en un plan de recuperación informática. Es mejor haber pensado de antemano en soluciones de recuperación que encontrarse ante desastres y catástrofes sin estar preparado. Por supuesto, la aplicación práctica de la gestión de la continuidad del servicio es una ventaja.

Capítulo 20
El programa de formación de ITIL 4

1. Introducción

Como se indica en el capítulo Implementación del enfoque ITIL, el enfoque ITIL requiere una inversión importante en términos de formación del personal. Por lo tanto, es un reto económico importante para las organizaciones de formación. El número potencial de personal a formar es considerable. Disponemos de pocas cifras sobre el número de personas formadas o certificadas en el enfoque ITIL en España, pero la formación en ITIL es una de las más populares. Dicho esto, de los 750.000 profesionales de informática que se calcula que hay en España, se cree que sólo el 18% están formados o certificados en ITIL V2 o ITIL V3. En el Reino Unido y los países nórdicos, la cifra supera ampliamente el 50%.

La implantación del enfoque ITIL en España depende en primer lugar de la concienciación de las empresas y también de las escuelas que otorgan diplomas de informática (Universidades, Centros de certificación, Escuelas de ingeniería o Másteres universitarios), para formar a sus empleados o estudiantes.

AXELOS es el único responsable de definir el plan de estudios de formación y certificación de ITIL 4.

2. El programa de formación ITIL 4

El programa de formación ITIL 4 se basa en tres niveles:

- Nivel 1: Fundamentos (*Foundation*)
- Nivel 2: Especialización (*Managing professional* y *Strategic leader*)
- Nivel 3: especialización (*Máster*)

Y módulos adicionales (*Extension modules*).

Cada uno de estos tres niveles y módulos complementarios corresponde a uno o varios módulos de formación, que pueden ir acompañados de una certificación.

El siguiente diagrama resume el programa de formación de ITIL 4:

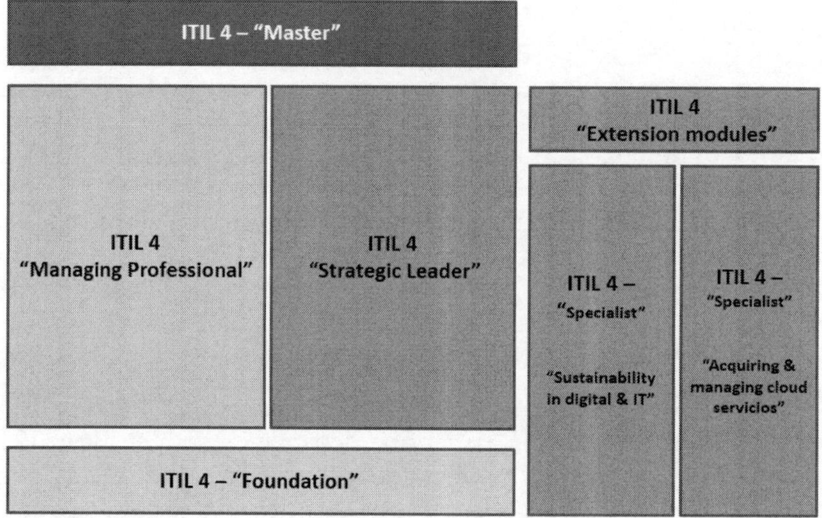

2.1 Formación ITIL 4 nivel 1

El curso de Nivel 1 Los fundamentos de ITIL 4 está disponible en España en castellano. El curso dura dos días completos, con un día adicional seguido de un examen que conduce a la certificación. El examen es de tipo MCQ: 40 preguntas, 26 respuestas correctas para obtener la certificación, 60 minutos, libros cerrados.

No hay requisitos previos para este curso.

2.2 Formación ITIL 4 nivel 2

El nivel 2, especialización, se compone de dos ramas en función del perfil de los auditores:

- Profesionales de la informática.
- Directores estratégicos.

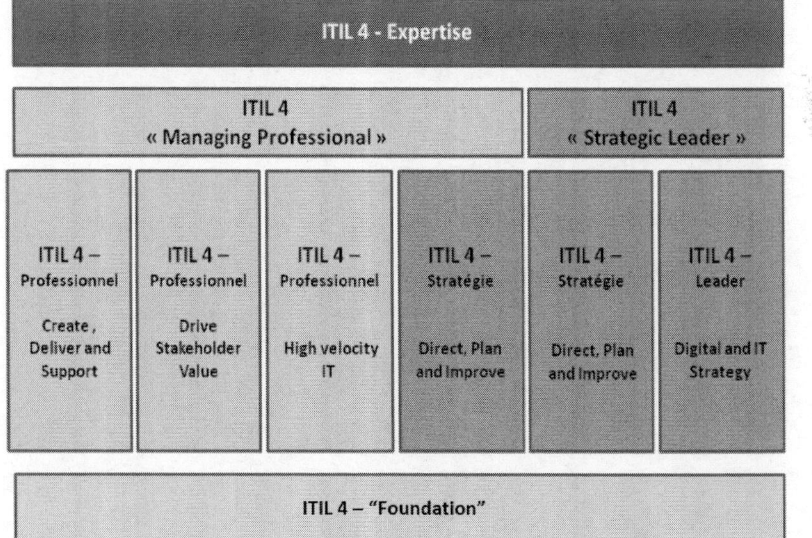

Los nombres de los módulos que componen estas dos ramas se han dejado deliberadamente en inglés, ya que actualmente no existe una traducción oficial al castellano, proporcionada por AXELOS. Estos cursos se ofrecerán en España, en castellano en el futuro.

Estos cursos de nivel 2 darán lugar a exámenes y a la obtención de una certificación. El examen de cada módulo es de tipo MCQ: 40 preguntas, 28 respuestas correctas para obtener la certificación, 90 minutos, libros cerrados.

El requisito previo para la formación de nivel 2 es la certificación Los Fundamentos de ITIL 4.

2.2.1 Profesionales informáticos

La primera rama, los profesionales de informática, está dirigida a las personas que desean mejorar sus conocimientos sobre el enfoque ITIL 4 y que deberán implantar o utilizar dicho enfoque. Proporcionará información práctica y técnica sobre cómo implantar con éxito el enfoque ITIL 4.

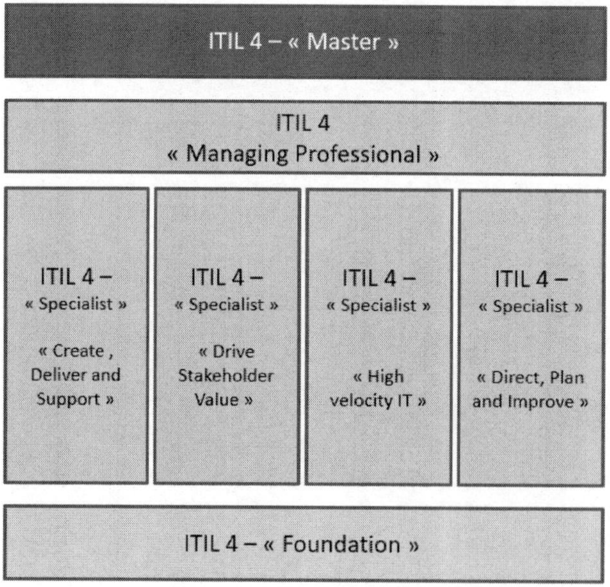

Consta de cuatro módulos:

- "Create, Deliver and Support"
- "Drive Stakeholder Value"
- "High velocity IT"
- "Direct, Plan and Improve"

Este módulo se comparte con la segunda rama.

2.2.2 Directores estratégicos

La segunda rama, administradores estratégicos, está dirigida a personas que deseen interesarse no sólo por la aplicación del enfoque ITIL a la informática, sino también por la forma en que la gestión de servicios influye en las propias empresas.

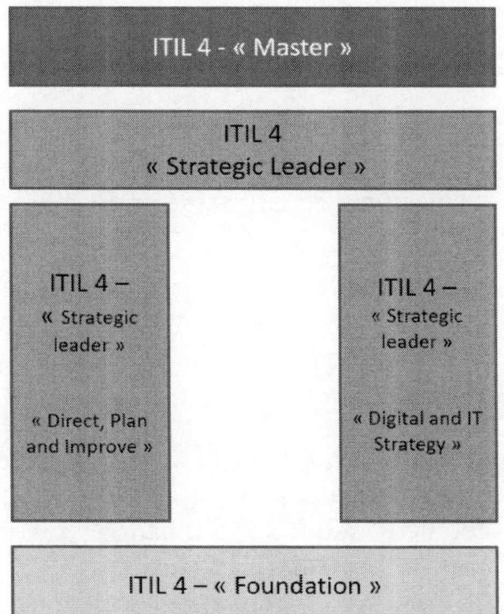

Consta de dos módulos:

- "Direct, Plan and Improve"
- "Digital and IT Strategy"

2.3 Formación ITIL 4 nivel 3

Para solicitar el título de "Master" de ITIL 4 y alcanzar la "pericia", es necesario haber completado con éxito todos los módulos de certificación de nivel 2, "Managing professional" y "Strategic Leader".

2.4 Formación ITIL 4 Módulos adicionales

No hay requisitos previos para acceder a estos dos módulos adicionales.

Estos módulos son:

- Sustainability in digital and IT
- Acquiring and managing cloud services

3. La transición entre la formación en ITIL V3 e ITIL 4

El plan de estudios de ITIL 4 es similar al de ITIL V3, quizás un poco simplificado, lo que en sí mismo no es malo. Esto permitirá una transición fácil para las personas que hayan comenzado su formación y certificación en ITIL V3 y quieran continuar con ITIL 4.

Para las personas certificadas en Fondations ITIL V3, será necesario repetir la formación y certificación en Fondation ITIL 4. AXELOS considera que hay una amplia gama de conocimientos a adquirir en ITIL 4, que no existían en Fondations ITIL V3.

Para aquellos que ya hayan completado uno o más módulos ITIL V3 "intermediate" o ITIL V2 "practitioner", Axelos recomienda continuar con el plan de estudios ITIL V3. De hecho, por cada diecisiete créditos acumulados a través de la certificación de los distintos módulos "intermediate" o "practitioner", se puede optar a un módulo específico titulado "ITIL Managing professional transition". La superación de este módulo permitirá obtener la certificación completa de ITIL 4 Managing Professional.

Para aquellos que son ITIL V3 Expert, el módulo "ITIL Managing professional transition" está abierto para ellos.

No obstante, cabe señalar que las certificaciones ITIL V3 dejarán de estar disponibles a partir de finales de 2022.

Capítulo 21
Conclusión

Este capítulo refleja la opinión del consultor-autor de este libro sobre las recomendaciones de ITIL 4. Como preámbulo, un posicionamiento de los libros de ITIL escritos por el consultor-autor.

1. Libros sobre ITIL escritos por Jean-Luc Baud

A continuación, encontrará una lista de libros sobre ITIL escritos por el consultor-autor y publicados por ENI:

- ITIL® 4 - *Comprender el enfoque y adoptar las mejores prácticas (2ª edición)* (este libro): como su título indica, este libro proporciona una comprensión del enfoque y no requiere ningún requisito previo en particular. Su objetivo es introducir los conceptos básicos, en particular las definiciones de vocabulario, e identificar los beneficios y el valor añadido del enfoque ITIL 4.
- *Preparación para la certificación ITIL® 4*: este libro está pensado para las personas que han decidido presentarse al examen de certificación Los fundamentos de ITIL 4, ya sea como candidato independiente o como complemento a la formación en Los fundamentos de ITIL 4.

2. La teoría de la gestión de servicios

Cuando uno lee por primera vez el libro oficial de AXELOS Los fundamentos de ITIL 4, tiene una sensación muy confusa sobre si se trata de un manual que teoriza sobre la gestión de servicios o de una colección de consejos sobre cómo crear valor mediante la prestación de servicios de la informática. Admitámoslo, hay un montón de palabras de moda en este momento: valor, creación de valor, holístico, iteraciones sucesivas, enfoque colaborativo, etcétera. Los consultores de AXELOS han abordado la gestión de servicios en su conjunto, lo que está bien, pero desde un ángulo demasiado elevado, por lo que lo que falta es la aplicación práctica de estos términos. ¿Cómo puedo enfocar en mi entorno la noción de creación de valor para la empresa y no para la informática? ¿Qué significa un enfoque holístico en el día a día cuando soy técnico de redes?

Creo que cuando escribieron el libro Los fundamentos de ITIL 4, los consultores de AXELOS se dieron cuenta de ello. Por eso añadieron un ejemplo de empresa como hilo conductor para describir situaciones concretas. Por lo que a mí respecta, nunca me he encontrado en ninguna de estas situaciones.

Otro punto que me parece tratado de manera teoría, es la integración de la agilidad en la gestión de servicios. ¿Cómo se combina la agilidad con la explotación del servicio, con la gestión del nivel de servicio o con el soporte? Hay pocas respuestas o ninguna. Con la gestión de proyectos lo vemos un poco mejor.

Por otro lado, para alguien que no esté familiarizado con las versiones anteriores de ITIL V2 o V3, debe ser bastante difícil abordar las treinta y cuatro prácticas sin priorizar y elegir cuáles implementar (véase el capítulo Las prácticas esenciales de ITIL 4 para más información).

3. ITIL 4, un enfoque operativo

Aunque los fundamentos de ITIL 4 son un poco teóricos en algunos aspectos, cuando se examinan en detalle todas las recomendaciones, se encuentran muchas respuestas a las preguntas sobre la gestión de servicios, sobre todo si se está familiarizado con las versiones anteriores.

ITIL 4 ayuda a las organizaciones a obtener un valor óptimo de los servicios de la informática, alineando la estrategia empresarial y las necesidades del cliente.

En términos prácticos, ITIL 4 apoya a las organizaciones en su adaptación a la cuarta revolución industrial, marcada por nuevas tecnologías emergentes como la robótica, la inteligencia artificial, la gestión en el cloud, etc. y diferentes métodos de trabajo y organización como la agilidad y la gestión ajustada.

Como el cambio es continuo, las organizaciones se deben adaptar constantemente: ITIL 4 ayuda a las organizaciones a gestionar este cambio constante, en particular con la práctica de la gestión del cambio organizativo. La agilidad es una parte integral de esto. ITIL 4 garantiza que la calidad se ofrezca más rápidamente y con mayor valor para las organizaciones y las personas.

ITIL 4, al integrar equipos de gestión de proyectos y desarrolladores de software con profesionales de la gestión de servicios, aporta una visión holística a la entrega de productos y servicios. Conocidas en ITIL V3 como las cuatro P (de Personas, Procesos, Productos y Proveedores), las cuatro dimensiones garantizan un enfoque holístico. En la actualidad, abarcan la organización y las personas (cómo se beneficia la consecución de los objetivos de la cultura de la empresa, el rendimiento y la experiencia de sus empleados), los flujos de valor y los procesos (cómo trabajan juntas las distintas partes de la empresa, en un enfoque integrado y coordinado, para crear valor añadido), la información y la tecnología (qué información, conocimientos o tecnologías se necesitan para gestionar los servicios) y, por último, los socios y proveedores (qué relaciones existen entre las empresas para desarrollar, desplegar, prestar, apoyar y mejorar los servicios).

4. Conclusión

Hoy en día, en España, la mayoría de las empresas han implantado las recomendaciones ITIL, principalmente ITIL V2 e ITIL V3. La penetración de ITIL 4 en España ha sido lenta desde 2019/2020, las fechas de publicación de los libros oficiales: esto se debe principalmente al contexto sanitario que experimentamos en 2020 y 2021. Las empresas se centraron en implementar o mejorar las técnicas para permitir el trabajo a distancia con un nivel suficiente de calidad de servicio. La contribución de ITIL 4 a la integración de la agilidad en la gestión de servicios es reconocida por todos, y creo que este es el punto que ha disparado la implantación de ITIL 4 en muchas empresas. Por otro lado, hasta la fecha no tenemos una relación para la implantación del enfoque ITIL entre V2, V3 o ITIL 4.

Capítulo 22
Glosario del enfoque ITIL 4

1. Siglas ITIL

ASP	Application Service Provider	Proveedor de servicios de software
BCaM	Business Capacity Management	Gestión de la capacidad empresarial
BCoM	Business Continuity Management	Gestión de la continuidad de las actividades
BIA	Business Impact Analysis	Análisis del impacto empresarial
BPO	Business Process Outsourcing	Subcontratación funcional
CI	Configuration Item	Elemento de configuración
CMDB	Configuration Management Database	Base de datos de gestión de la configuración
CMS	Configuration Management System	Sistema de gestión de la configuración
CP	Capacity Plan	Plan de capacidad
CSF	Critical Success Factor	Factor crítico de éxito
DHS	Definitive Hardware Store	Tienda de componentes de hardware

DML	Definitive Media Library	Librería definitiva de recursos multimedia
ITIL	Information Technology Infrastructure Library	Librería de buenas prácticas de infraestructura informática
ITIL V3	Information Technology Infrastructure Library version 3	Librería de buenas prácticas de infraestructura informática versión 3 (publicada en 2007 y actualizada en 2011) por OGC
ITIL 4	Information Technology Infrastructure Library 4	Librería de buenas prácticas de infraestructura informática versión 4 (publicación en marzo de 2019) de AXELOS
ISG	IT Steering Group	Comité de gestión de TI (tecnologías de la Información)
ITSM	IT Service Management	Gestión de servicios de TI (tecnologías de la información) o Gestión de servicios de TI
itSMF	IT Service Management Forum	Foro de gestión de servicios informáticos (tecnologías de la información)
KEDB	Known Error Database	Base de datos de errores conocidos
KPI	Key Performance Indicator	Indicador clave de resultados
KPO	Knowledge Process Outsourcing	Externalización de conocimientos funcionales
MTBF	Mean Time Between Failures	Tiempo medio entre fallos
MTBSI	Mean Time Between Service Incidents	Intervalo medio entre incidentes de servicio
MTRS	Mean Time to Restore Service	Tiempo medio de restablecimiento de un servicio
OGC	Office of Government Commerce	Ministerio de comercial británico

PBA	Pattern of Business Activity	Diagrama de actividades
PIR	Post Implementation Review	Revisión posterior a la aplicación
RACI	Responsible Accountable Consulted Informed	Productor, Aprobador, Consultado, Informado
RFC	Request for Change	Petición de modificación
ROI	Return on Investment	Retorno de la inversión
RPO	Recovery Point Objective	Objetivo del punto de recuperación del servicio
RTO	Recovery Time Objective	Objetivo temporal para la reanudación de un servicio
SAC	Service Acceptance Criteria	Criterios de aceptación del servicio
SCD	Supplier and Contract Database	Base de datos de subcontratistas y contratos
SIP	Service Improvement Plan	Plan de mejora del servicio
SKMS	Service Knowledge Management System	Sistema de gestión del conocimiento de los servicios
SLA	Service Level Agreement	Acuerdo de nivel de servicio
SLR	Service Level Requirement	Requisitos de nivel de servicio
SPO	Service Provisioning Optimisation	Optimizar la prestación de servicios
SPOF	Single Point of Failure	Punto único de fallo
SVS	Service Value System	Servicios de valor añadido
TCO	Total Cost of Ownership	Coste total de propiedad
VOI	Value on investment	Valor de la inversión

2. Terminología ITIL

Acceso a un servicio: el acceso a un servicio es el nivel y el alcance de la funcionalidad o los datos de un servicio a los que un usuario puede tener derecho.

Activos de servicio: un activo de servicio es un componente útil para la prestación del servicio y que tiene un valor financiero.

Administrador de servicios: el administrador de servicios es la persona responsable de aplicar el enfoque ITIL en la empresa.

Ágil: ágil es una metodología de gestión de proyectos que da visibilidad a los clientes haciéndoles partícipes de todo el proyecto con un proceso iterativo e incremental.

Amenaza informática: una amenaza es una acción, situación o hecho que puede obstaculizar el buen funcionamiento de un activo de servicio o conjunto de activos de servicio.

Análisis del impacto en la empresa (BIA, *Business Impact Analysis*): el análisis del impacto en la empresa es el documento que identifica las repercusiones y los efectos de las catástrofes en la empresa.

Autenticidad de los datos informáticos: la autenticidad hará fiables los intercambios introduciendo la noción de firma electrónica. Autenticidad significa no repudio, es decir, aceptar que una acción se ha realizado.

Autoridad del cambio: la autoridad del cambio (*en inglés Change Authority*) es el órgano u órganos que dirigen los cambios. Puede ser de nivel estratégico, táctico u operativo, en función de la naturaleza de los cambios.

Benchmarking: estudio que compara, en términos financieros, la posición y el funcionamiento de las actividades del departamento informático con el mercado o la competencia.

Buenas prácticas: las buenas prácticas se refieren a las recomendaciones que han surgido del mundo profesional y sobre las que existe un consenso en un campo determinado.

Cambio: un cambio es una modificación de uno o varios elementos de configuración (CI) que componen el sistema de información o de uno o varios servicios prestados por este sistema de información. Por modificación se entiende la adición, la modificación de un atributo de un CI o la supresión de uno o varios CI.

Cambio normal: un cambio normal es un cambio no estándar. Requiere una evaluación completa y autorización antes de aplicarse.

Cambio estándar: un cambio estándar es aquel que es repetitivo, de bajo riesgo, controlado y documentado (con procedimientos descritos). Se trata de cambios preautorizados.

Cambio urgente: un cambio urgente requiere una reacción más rápida de lo previsto para limitar el impacto en la empresa. Es de naturaleza excepcional.

Capacidad: la capacidad da el rendimiento nominal y actual del sistema de información en términos de almacenamiento (por ejemplo, disco, memoria), velocidad (por ejemplo, procesadores, rendimiento de la red) y capacidad de respuesta (por ejemplo, tiempo de acceso, duración de una transacción).

Catálogo de peticiones: el catálogo de peticiones identifica las peticiones de servicio que el centro de servicios puede recibir de los usuarios.

Catálogo de servicios: un catálogo de servicios es la parte del porfolio de servicios visible para los clientes. Contendrá toda la información sobre los servicios producidos actualmente por el departamento de informética y sobre los conocimientos informáticos en general.

Centro de servicios: el centro de servicios (*service Desk*) es la interfaz única entre los usuarios y el departamento de informática para todas las peticiones. En ITIL 4, el centro de servicios es una práctica de gestión de servicios.

El centro de servicios llevará a cabo las actividades de una serie de prácticas: gestión de incidencias, gestión de peticiones, gestión de cambios, gestión de despliegues y gestión de entradas en producción.

Cliente: un cliente es la persona o entidad que da el pedido, o es el propietario del proyecto.

CMDB (*Configuration Management Database*): la CMDB hace referencia a la base de datos y la herramienta de gestión asociada. Los registros de la CMDB son los elementos de configuración ("CI").

CMS (*Configuration Management System*): el CMS es un sistema que contiene toda la información relativa a los elementos de configuración en un ámbito definido. Unifica las distintas CMDB y ofrece una capa de presentación específica en función del perfil de la persona que la consulta.

Confidencialidad de los datos informáticos: la confidencialidad significa que sólo pueden acceder a la información las personas autorizadas para ello.

Continuidad informática: la continuidad informática garantiza que los servicios informáticos tendrán un nivel suficiente de rendimiento y calidad en caso de catástrofe, y que se restablecerán en los plazos necesarios y acordados.

Coste de un servicio informático: el coste es el dinero gastado en diseñar o prestar el servicio. Los costes pueden ser directos o indirectos.

Coste total de propiedad (TCO, *Total Cost of Ownership*): el coste de propiedad de informática es el coste total de la prestación de servicios de informática, desde la definición hasta la retirada, pasando por el desarrollo y la producción. Estos costes incluyen el diseño, el desarrollo, la integración, las pruebas y la validación, la explotación y la producción, el soporte y el mantenimiento y las actualizaciones.

Cumplimiento: el cumplimiento es un indicador que mide si hemos hecho lo que dijimos que íbamos a hacer.

Dirección: Para ITIL 4, la dirección es uno de los cinco componentes del sistema de valores del servicio SVS.

Dirección corporativa: la dirección corporativa proporciona una gestión correcta, honesta, transparente y responsable de la organización.

Dirección informática: la dirección informática forma parte de la dirección corporativa y garantiza que la informática apoye y amplíe las estrategias y objetivos de la empresa en todo su perímetro.

Disponibilidad: la disponibilidad es la capacidad de un componente o servicio para realizar las funciones requeridas durante un periodo determinado o en un momento dado.

DML (*Definitive Media Library*): el DML es un archivo físico seguro para los elementos de configuración de software (Cis de software) puestos en producción.

Eficacia: la eficacia es un indicador de si se ha alcanzado un objetivo.

Eficiencia: la eficiencia es un indicador que muestra que se ha alcanzado una eficacia óptima.

Elemento de configuración: un elemento de configuración denominado CI (Configuration Item) es un componente del sistema de información que contribuye a la prestación de uno o varios servicios Y sobre el que debe aplicarse un control.

Error conocido (*known error*): un error conocido es un problema cuya causa se conoce y para el que se ha identificado una solución temporal o definitiva.

Escalada: la escalada es el mecanismo utilizado para transferir un ticket de incidencia a un grupo de soporte con un nivel de competencia superior o más adecuado.

Estándar: un estándar es generalmente un documento elaborado por una empresa o un grupo de empresas que establece los requisitos, especificaciones y directrices que se deben aplicar.

Estudios de oportunidades de negocio: son estudios que permiten conocer el mercado y los retos asociados para la empresa (*business plan*).

Evento: un evento es un hecho detectable que ocurre en el sistema de información y que tiene importancia para la gestión de la infraestructura o la prestación de los servicios ofrecidos.

Fiabilidad: la fiabilidad es la capacidad de un componente o servicio para funcionar durante un largo periodo sin fallos.

Función: una función es un conjunto de responsabilidades, actividades y áreas de autoridad asignadas a un puesto.

Garantía: es la seguridad de que el servicio informático cumplirá los requisitos contractuales de nivel de calidad del servicio. La garantía es el nivel de uso del servicio.

Gestión de servicios: la gestión de servicios es un conjunto de disposiciones especializadas (prácticas, procedimientos y procesos) que permiten ofrecer valor a los clientes en forma de servicios.

Incidente: un incidente es un acontecimiento que altera o degrada un servicio prestado a un usuario. Se dice que se produce una incidencia cuando el servicio se detiene o cuando se reduce la calidad del servicio.

Incidente grave: un incidente grave es aquel que tiene un impacto importante en la empresa. Será gestionado por una célula de crisis.

Indicadores clave de rendimiento (KPI): los KPI se utilizan para medir el rendimiento actual del sistema de información. Son cualitativos y cuantitativos.

Indicadores clave de éxito (ICS): los ICS son indicadores que definen los objetivos clave que se deben alcanzar.

Integración de la telefonía informática (CTI, *Computer Telephony Integration*): la integración de la telefonía informática permite sincronizar la telefonía y la informática, por ejemplo mostrando la ficha del cliente al mismo tiempo que se atiende la llamada telefónica.

Integridad de los datos informáticos: la integridad garantiza que la información está completa y no ha sido modificada o alterada de forma fraudulenta.

Impacto de un incidente: el impacto de un incidente es el efecto del mismo en el uso del servicio.

ITIL: ITIL es el acrónimo que engloba todas las mejores prácticas en gestión de servicios desde principios de los años noventa.

Línea de referencia: la línea de referencia es un punto de comparación o una situación de hecho.

Mantenibilidad: la mantenibilidad es la capacidad de volver a poner en funcionamiento un componente o servicio defectuoso. Abarca dos conceptos: la resolución de problemas y la gestión de piezas de repuesto.

Medición: la medición sirve para validar una elección, orientar, justificarse e intervenir.

Mejores prácticas ITIL: el enfoque ITIL es una selección de mejores prácticas altamente operativas en la gestión de servicios de TI.

Modelo de mejora continua en siete pasos: el modelo de mejora continua en siete pasos es la versión de las mejores prácticas ITIL de la rueda de Deming.

Norma: una norma es un documento que define los requisitos y da las directrices y características que se deben utilizar.

Permisos: los permisos son el conjunto de reglas que definen los tipos de acceso a un servicio o grupo de servicios para un usuario o grupo de usuarios. Los permisos incluyen la lectura, escritura, supresión (de datos, por ejemplo), modificación, ejecución de un programa, etc.

Petición: una petición es la solicitud de un servicio por parte de un usuario. Esta petición de servicio se refiere al soporte, asesoramiento, información, un simple cambio estándar, un suministro de consumibles, el acceso a un servicio o incluso una reclamación.

Petición de cambio (RFC, *Request For Change* en inglés): la RFC es la formalización de una petición de puesta en producción de un cambio. Abarca todos los tipos de cambio.

PIR (*Post Implementation Review*): el PIR es el comité que analiza los cambios fallidos (no consecución de objetivos, dificultades de puesta en producción o incidentes post MEP) e identifica contramedidas para evitar que se repitan los fallos.

Plan de contingencia: un plan de contingencia es un documento que describe cómo se restablecerán los servicios informáticos tras una catástrofe.

Plan director del sistema de información: documento que describe la política del departamento informático en materia de sistemas de información para los próximos tres o cinco años.

Porfolio de servicios: documento que describe los servicios en gestación, en concepción, los servicios prestados y los servicios al final de la vida.

Práctica: una práctica es un conjunto de medios y recursos estructurados para realizar una tarea que aporte valor y alcanzar un objetivo.

Prioridad del incidente: la prioridad de un incidente es la combinación del impacto y la urgencia. Por tanto, la prioridad permite identificar la importancia relativa de los incidentes entre sí.

Principios directores: los principios directores son uno de los cinco componentes del sistema de valores del servicio. Son siete:

- El valor.
- Lo que ya existe.
- La iteración.
- La colaboración.
- El enfoque holístico.
- El pragmatismo.
- La optimización.

Precio de un servicio informático: el precio es el coste total del servicio informático más un margen. Es lo que se conoce como valoración del servicio.

Problema: un problema es una situación en la que se busca la causa desconocida de uno o varios incidentes.

Progresión: la progresión es un indicador volumétrico que muestra la evolución de una cantidad. Puede ser positiva o negativa.

Proceso: un proceso es una secuencia estructurada de acciones o actividades interrelacionadas diseñadas para alcanzar uno o varios objetivos.

Proyecto: el enfoque ITIL 4 admite dos enfoques de proyecto: agilidad y waterfall.

Estos dos enfoques son recomendables y pueden o deben coexistir.

Propietario de la práctica: el propietario de una práctica (*practice owner*) es una persona "accountable" de la misma. Es responsable de definir la práctica, garantizar su aplicación y supervisar su mejora.

Propietario del proceso: un propietario del proceso es una persona "accountable" del proceso. Es responsable de definir el proceso, garantizar su aplicación y supervisar su mejora.

Propietario del servicio: el propietario de un servicio es la persona "responsable" del servicio, es decir, el garante del servicio.

Proveedor de terceros: un proveedor de terceros es una organización externa a la empresa, que operará en virtud de un contrato denominado UC (*Underpinning Contract*).

Quick Win: esta expresión se utiliza a menudo para indicar un éxito rápido. Es la base de las metodologías ágiles.

RACI: la matriz RACI ajusta las actividades y funciones a los equipos existentes.

Resiliencia en informática: la resiliencia en informática es la capacidad de un componente o sistema para detectar el fallo de uno de sus componentes, analizar el fallo y tomar medidas para volver a funcionar sin necesidad de solucionar problemas y sin intervención humana.

Retorno de la inversión (ROI, *Return on Investment*): el retorno de la inversión es el análisis comparativo de los gastos y costes financieros asociados a un servicio informático en relación con el valor que este servicio aportará a la empresa en términos de beneficios, imagen de marca, posicionamiento en el mercado, etc.

Riesgo informático: el riesgo es el análisis de una situación, definida por activos de servicio, amenazas y un nivel de vulnerabilidad, y la comprensión de sus efectos y consecuencias.

RPO o Punto de Recuperación Objetivo (RPO, *Recovery Point Objective*): el RPO es el punto en el que se pueden recuperar los datos si un servicio deja de estar disponible. Es el compromiso de informática de restaurar los datos tal y como estaban en un momento determinado.

RTO o Tiempo de Recuperación Objetivo (RTO, *Recovery Time Objective*): este acrónimo se utiliza a menudo tal cual y no se traduce al castellano. El RTO es el tiempo máximo aceptable de indisponibilidad de un servicio antes de que la empresa se vea gravemente afectada.

Rueda de Deming: la rueda Deming es un método, inventado por el Dr. Deming, basado en un enfoque progresivo y cíclico para gestionar la mejora de un sistema.

Servicio: un servicio es una forma de aportar valor a los clientes facilitándoles los resultados que desean sin asumir toda la responsabilidad de costes o riesgos.

SIP o Plan de mejora del servicio: (SIP, *Service Improvement Plan*): en España, este documento se suele denominar plan de progreso. Enumera todas las peticiones de cambios y mejoras del servicio, ya sean iniciadas por el cliente o por el proveedor. También menciona los planes de aplicación asociados.

Sistema de referencia: un sistema de referencia es un marco de trabajo que proporciona recomendaciones para acceder a las mejores características de un producto o a las mejores prácticas de una profesión.

Sistema de valor del servicio SVS: El sistema de valor del servicio SVS de ITIL describe cómo los componentes y las actividades trabajan juntos para crear valor. Incluye:

- Los principios directores.
- La dirección.
- La cadena de valor de los servicios.
- Las prácticas.
- La mejora continua.

SKMS (*Service Knowledge Management System*): el SKMS es un sistema compuesto por todas las bases de conocimientos informáticos (base de datos de errores conocidos, CMS y CMDB, bases de datos de incidentes, etc.), unificadas y/o integradas entre sí.

SLA o Acuerdo de nivel de servicio (SLA, *Service Level Agreement*): un acuerdo de nivel de servicio es un contrato entre un cliente y el departamento de informática para uno o varios servicios, en el que se definen las funcionalidades y el nivel de calidad del servicio ofrecido.

Software de gestión de relaciones con los clientes (CRM, *Customer Relationship Management*): el software CRM gestiona los tickets de llamadas, ayuda a introducir estos tickets y permite hacer un seguimiento de las llamadas anteriores y sacar provecho de ellas.

Tasa de disponibilidad: la tasa de disponibilidad es el porcentaje de tiempo durante el cual el componente o servicio funciona correctamente (estado normal), a lo largo de un periodo acordado.

Tiempo medio de restablecimiento (MTTR, *Mean Time To Restore*): el MTTR es el tiempo medio que se tarda en solucionar un problema y restablecer un componente o servicio tras una avería, durante un periodo acordado.

Unidad de producción (*Release*): una unidad de producción es un conjunto coherente de elementos de configuración (CI) que se entrega para su puesta en producción. Puede denominarse versión si está empaquetada.

Urgencia de un incidente: la urgencia de un incidente es el tiempo disponible para restablecer el servicio antes de que se sientan los efectos del incidente.

Usuario: un usuario es la persona que utiliza el servicio a diario.

Utilidad: es la funcionalidad ofrecida por un servicio informático, tal y como la perciben el cliente o los usuarios. La utilidad son los efectos positivos producidos por el servicio, tal y como los perciben el cliente o los usuarios.

Valor: el valor es el beneficio percibido, la utilidad de algo para una persona determinada.

Vulnerabilidad: la vulnerabilidad es la probabilidad de que la amenaza se produzca en el activo o activos de servicio afectados. Se denomina nivel de vulnerabilidad.

C

D

F

G

H

I

M

N

P

R

S

U

V

W

Para poder acceder durante un año
a la versión online de este libro,
envíenos su justificante de compra a

librodigital@ediciones-eni.com

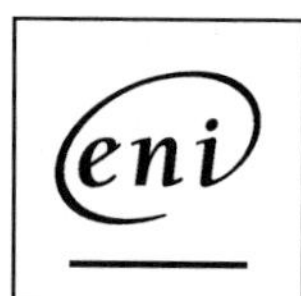